Hans Bleckwenn
Unter dem Preußen-Adler

Das brandenburgisch-preußische Heer
1640–1807

Hans Bleckwenn

Unter dem Preußen-Adler

C. Bertelsmann Verlag

Ruth Bleckwenn gewidmet

Layout: Heinz Beier
Schutzumschlag Verlag/Werbung
Karten Adolf Böhm
© 1978 C. Bertelsmann Verlag GmbH, München.
Mit freundlicher Unterstützung des Biblio Verlages, Osnabrück
Gesamtherstellung Mohndruck Reinhard Mohn GmbH, Gütersloh
ISBN 3–570–00522–4 · Printed in Germany

Inhalt

Die Essays sind durch *kursiven* Satz gekennzeichnet.

Vorwort

Wer über die altpreußische Armee schreibt, begibt sich in die Arena des Meinungsstreites. Es kann nicht anders sein: diese Institution hat bei Lebzeiten direkt, nach ihrem Ende ideell fortgewirkt und dient noch heute als Objekt der Bewunderung wie des Hasses.

Dabei arbeiten beide Seiten mehr mit Emotionen als mit Kenntnissen. Jede historische Erscheinung hat aber das Recht, auch aus den Verhältnissen ihrer eigenen Zeit betrachtet und begriffen zu werden. Diese Lücke zu füllen, soll das vorliegende Buch mithelfen. Wenn der Verfasser nach jahrzehntelanger Beschäftigung mit den Details schließlich auch zu einem Gesamturteil kam, so braucht man dieses nicht zu teilen, kann es aber trotzdem zur Überprüfung von eventuellen Vorurteilen heranziehen.

Die Epochen des Geschehens forderten Zielwechsel in der Darstellung: bis zum »Soldatenkönig« ein Heer wie viele andere – durch ihn aber wird es zu einem sozialen und ökonomischen Faktor von zunehmend europäischer Bedeutung. Unter seinem Sohn treten keine absoluten Strukturveränderungen mehr ein; so gibt der »große Friedrich« uns die Möglichkeit, nach den Grundlagen nun in Muße auch die Details zu betrachten, den Ernstfall eingeschlossen. Die Spätzeit ist und bleibt informativ, weil nichts so eindringlich das Wechselspiel von Form und Inhalt lehrt wie die Katastrophe.

Fakten und Betrachtungen müssen nach Umfang, Anlage und Zielsetzung des Bandes zunächst ohne Quellenbelege vorgestellt werden. Wer sich für die Nachweise aus den Zeugnissen der Zeit interessiert, wird in der weiterführenden Literatur Hin- bzw. Nachweise finden. Von den einschlägigen Originalakten ist zwar Wesentliches mit dem Heeresarchiv Potsdam vernichtet worden, und Weiteres wird der Benutzung praktisch noch immer entzogen; zum Glück sind jedoch zur preußischen Geschichte des 18. Jahrhunderts erhebliche Aktenbestände bereits veröffentlicht worden. Nur hilfsweise wird man auf Sekundärliteratur gelegentlich zurückgreifen müssen, soweit dort Originale offenbar objektiv genutzt wurden. Einige Archivalien, die meisten zeitgenössischen Publikationen und einen erheblichen Bildbestand konnte der Verfasser selbst sammeln und über die Zeiten hinweg bewahren.

Für Unterstützung der Arbeit ist besonders zu danken dem Geheimen Staatsarchiv Berlin der »Stiftung Preußischer Kulturbesitz« sowie der Landesbibliothek und dem Staatsarchiv Darmstadt – für Bildmaterial wiederum den Berliner Institutionen der »Stiftung«, insbesondere ihrem Bildarchiv und der Staatlichen Kunstbibliothek/Abteilung Lipperheide, außerdem aber den Verwaltungen der Staatlichen Schlösser und Gärten in Berlin-Charlottenburg und in Potsdam sowie dem Heeresgeschichtlichen Museum Wien. Unser Dank gilt auch den Besitzern oder Inhabern all der Originale, wie wir sie im Abbildungsverzeichnis aufführen. Wo – selten – die Objekte selbst nicht erreichbar waren, traten ein ihre Wiedergaben aus dem grafischen Werk von Alfred Gay (†), mit dem der Verfasser in langer Zusammenarbeit freundschaftlich verbunden war.

Der Reiz brandenburgisch-preußischer Geschichte liegt von Anfang an in dem frappierenden Mißverhältnis zwischen materieller Basis und erzielten Ergebnissen.

Wo das Leben durch Dürftigkeit und Mangel oder durch besondere Zwischenfälle bedroht wird, gewinnen administrative Maßnahmen für das Überleben hohe Bedeutung. So ist mit der Geschichte Brandenburg-Preußens, seit es sich aus der Katastrophe des Dreißigjährigen Krieges wieder erheben will, die Entwicklung seiner Truppen und ebenso (nur unscheinbarer) die seiner Verwaltung verbunden – so eng, daß anderthalb Jahrhunderte später Mirabeau Zweck und Mittel verwechselte: eine schmarotzende Militärherrschaft und ein Staat von notgedrungen militärischer Lebensform sind zwei extrem verschiedene gesellschaftliche Zustände.

Nur wer an das Gottesgnadentum der Fürsten glaubte, konnte im absurden Streubesitz der ursprünglichen brandenburgisch-preußischen Staatsgebiete mehr sehen als ein Produkt des historischen Zufalls. Die Mark selbst war von den sieben deutschen Territorien, deren Fürsten den Kaiser zu wählen hatten, wohl neben Kur-Trier das unbedeutendste – auf Kolonisationsboden hoch im Nordosten des alten Reiches gelegen, weder fruchtbar noch mit Bodenschätzen oder Handelswegen gesegnet, wahrhaft »des Heiligen Römischen Reiches Streusandbüchse«. Als man zur dürftigen Basis im 16. Jahrhundert das Herzogtum (Ost-)Preußen erbte – außerhalb der Reichsgrenzen gelegen und seinerzeit unter der Lehnshoheit Polens –, dazu Anfang des 17. Jahrhunderts im Westen einige gutentwickelte Partien des Herzogtums Cleve, wurde der Machtzuwachs durch die geographische Zerrissenheit der Gebiete mit all ihren Gefahren mehr als wettgemacht. Offen war – im Sinne Toynbees –, welche Antwort diese Herausforderung finden würde.

Der Große Kurfürst

Plünderungsszene, um 1640 Gemälde von Droochsloot (Bayerische Staatsgemälde-Sammlungen)
Die erregenden Szenen des Dreißigjährigen Krieges brachten eine militärische Genre-Malerei hervor, die bis in unsere Tage nachwirkte. Dabei wurden die Truppen noch lange ohne bestimmte nationale Kennzeichen dargestellt, als die Uniformen sich bereits entwickelten.

„Mögeſt Du einſt in der Hölle brennen, wie Du dieſes Dorf gebrannt haſt.
Zum Andenken an den Verwüſter Gallas. 1638."
Zeitgenöſſiſche Tafel an der Kirche zu Menz/Mark.

„Es iſt nichts als Sand und Luft und gar genau ein wenig dürre Gras übrig, ſondern alles vom Feinde bis auf den Erdboden verheeret und verzehret, auch kein Bürger und Bauer am Leben oder in ſeinem Hauſe zu finden."
Baner an Oxenſtierna, 1638

1640: Das politische Erbe des Krieges

Wie von außen, so von innen: in seiner Verwaltungs- und Wirtschaftsstruktur bot dies Staatsgebilde vor dem großen Krieg nur hausbackene Mittelmäßigkeit. Auch hier stand der Fürstenherrschaft die starke Macht der adligen Landstände gegenüber, gestützt auf das Recht, Steuern von Fall zu Fall zu genehmigen oder zu verweigern. Dabei war das Verhältnis zwischen Fürst und Ständen in den Marken relativ ruhig und patriarchalisch, in Ostpreußen dagegen der Fürst – in paralleler Entwicklung zum polnischen Lehnsoberhaupt – nur eben geduldet und relativ machtlos.

Als der junge Kurfürst Friedrich Wilhelm die Regierung antrat, war der wirtschaftliche Zustand seines Landes auf einem Tiefpunkt angelangt. Der Dreißigjährige Krieg hatte sich seit etwa 1628 zu einem Duell zwischen dem Kaiser und Schweden entwickelt, das eingegriffen hatte, als die kaiserliche Macht die Ostseeküste mit der Belagerung von Stralsund erreichte. Zwölf Jahre lang war der Krieg über das Land hin und her gegangen – ganz gleich, ob Torstenson Gallas verfolgte oder umgekehrt. Ob das unglückliche Brandenburg sich hierhin oder dorthin hielt, ob es eine zu schwache bewaffnete oder eine ebenso teure unbewaffnete Neutralität anstrebte – längst plünderten, verheerten, brannten und vernichteten »Freund« wie Feind gleichermaßen Land und Bevölkerung; daß die Schweden Ostpreußen, die Niederländer das Herzogtum Cleve zu großen Teilen ständig besetzten, mußte den Betroffenen fast noch als Glück erscheinen. Schließlich erlosch der Krieg dank allgemeiner Erschöpfung; selbst die Heere konnten sich nicht mehr im verwüsteten Felde halten.

Das barbarische Auftreten der Soldaten beruhte in doppelter Hinsicht auf dem Fehlen einer festen »stehenden« Heeresorganisation schon im Frieden: einmal waren diese Heere mehr oder weniger improvisierte, disziplinlose Haufen, zum zweiten lebte der Soldat unter dem Druck, für den eventuellen späteren Frieden – die Zeit seiner Arbeitslosigkeit – durch Raub und Plünderung vorsorgen zu müssen. Diese Erfahrungen begünstigten ebenso die Entwicklung stehender Heere wie eine relativ humanere Kriegführung im folgenden Jahrhundert.

Als der Friede kam, verdankte das verwüstete Brandenburg sein Überleben nicht mehr eigener Kraft, sondern nur noch politischen Gründen: einmal achtete man – vor dem Nichts angelangt

– doch wieder die alten fürstlichen »Dignitäten«, womit man der praktischen Entmachtung und Zergliederung des alten Reiches ein legales Mäntelchen umhängte; zum anderen aber wurde Brandenburg durch jene Mittellage zwischen den beiden kompromißbereiten Großmächten, Kaiser und Schwede, gerettet, die ihm vorher so viel Schaden zugefügt hatten – als Pufferstaat von wünschenswerter Schwäche nun von ihnen geduldet und kontrolliert.

Ansprüche und Enttäuschungen – die Grundlagen der Außenpolitik
»Mögen andere Krieg führen, Du, glückliches Österreich, heirate«, ist sprichwörtlich für kaiserliche Heirats- und Erbpolitik geworden. Auch Brandenburg hat in dieser Hinsicht beachtliche Versuche mit weitreichenden Wirkungen aufzuweisen. Es bestand seit 1537 eine Erbverbrüderung mit niederschlesischen Fürsten, die sich aber erst auswirkte, als diese Fürsten nach der

Empörung gegen den Kaiser und niedergeworfen durch die Schlacht am Weißen Berge 1620 geächtet waren; der Kaiser zog ihr Land als verfallenes Reichslehen ein – wir werden diesem Erbe in den nächsten hundert Jahren mehrfach begegnen! Außerdem ging es seit dem Tod des letzten Herzogs von Cleve 1609 um dessen reiche Gebiete; aber die Verhandlungen wurden durch eine Ohrfeige zwischen Fürsten so kompliziert, daß sie endgültig erst 1740 abgeschlossen werden konnten. Das waren Süd und West – im Osten hatte man Ostpreußen seit 1598 administriert und 1609 relativ reibungslos geerbt; im Norden war 1637 für Brandenburg der pommersche Erbfall durch den Tod des letzten Herzogs eingetreten. Nur war dieses Land fest in schwedischer Hand, und hier sollte es bis 1716 dauern, ehe man auf die Waffen verzichtete und weitere hundert Jahre später auch der letzte Teil Pommerns an Preußen fiel; von einem Rückkaufsrecht bis 1915 hat Schweden glücklicherweise keinen Gebrauch gemacht.

So sehen wir das kleine, 1640 fast vernichtete Brandenburg in das Prokrustesbett gewaltiger theoretischer Möglichkeiten und gerechter, aber illusorischer Ansprüche gespannt. Beim Friedensschluß 1648 zählte nur die Macht: im Westen konnte man halten, was man ab 1647 allmählich besetzt hatte, aber aus dem ganzen pommerschen Erbe verblieb nur das relativ wertlose Hinterpommern. Die Odermündungen mit Stettin hat der Kurfürst stets als eine Lebensfrage angesehen; die Entschädigung durch Halberstadt, Minden und Cammin war sehr unbedeutend, die Aussicht auf Magdeburg noch für Jahrzehnte äußerst fraglich.

Die militärpolitischen Grenzen des Jahrhunderts

Das Heerwesen ist zu allen Zeiten Ausdruck *bestehender*, gelegentlich für kurze Frist auch Ausdruck *angestrebter* allgemein staatlicher Verhältnisse gewesen; Politik, Ökonomie und die gesellschaftliche Situation bestimmen seit jeher seine Entwicklung. Die Verteilung politischer und wirtschaftlicher Macht zwischen Fürst und Ständen schloß in den deutschen Territorien das stehende Heer anfangs noch aus. Denn die wirtschaftliche Möglichkeit, ein festes Heer zu unterhalten, lag bei genau jenen adligen Ständen, die daran interessiert waren, dem Fürsten keine Machtmittel zu gestatten. So richtig diese Rechnung innenpolitisch in Friedenszeiten war, so sehr war sie falsch, wenn bei kriegerischen Verwicklungen der Schutz des Landes aus dem Nichts organisiert werden sollte. Die Flanken des Reiches standen in Ost und West offen, ohne geographischen Schutz, der bei feindlichem Einfall die Frist zur Vorbereitung geboten hätte. Das Heerwesen der deutschen Mittelstaaten ruhte nur auf zwei tönernen Füßen:

Erstens bestand seit alters her die Verpflichtung der Ritterschaft, mit ihrem Gefolge zur Verteidigung des Landes »aufzusitzen«. Waren diese Aufgebote durch das Söldnerwesen auch längst militärisch überholt, so griffen viele Landesfürsten doch aus Geldmangel auf die alte Pflicht der Untertanen zurück, das Land zu verteidigen. Daraus entwickelten sich vor allem in protestantischen Territorien »Defensionswerke«, bei denen der erfolgreiche Widerstand der Niederländer gegen Spanien offenbar Pate gestanden hat. Die Versuche scheiterten aber einmal am Widerstand der adligen Stände, die ihre bäuerlichen Untertanen nicht mehr für landesfürstliche Zwecke freistellen wollten, zum anderen am Milizcharakter der Formationen: ohne Anlehnung an geeignete Bodenverhältnisse – Wasser oder Gebirge – lief der »Bürger in Uniform« vor dem geübten Berufssoldaten davon.

Auch in Brandenburg führten die »Defensiöner« gegenüber den wenigen geworbenen Truppen ein Schattendasein. Nur unter besonderen Umständen konnte solch ein »Ausschuß« zur echten Truppe werden. Doch auch die Heeresgeschichte liebt Scherze: ausgerechnet die berühmte Potsdamer Riesengarde – bis 1918 im 1. Garderegiment zu Fuß vertreten – geht auf einen solchen Landesausschuß zurück, der 1675 gegen den Einfall der Schweden aufgeboten wurde.

Kurbrandenburgischer Adler

Kurfürst Friedrich Wilhelm und Luise Henriette von Oranien, 1649 Gemälde von Czwiczek (Berlin, Schloß Charlottenburg) Die Pendant-Bilder eines Braut- oder Ehepaares sind durch Jahrhunderte fester Bestandteil der Malerei geblieben. Die erste Ehe des Großen Kurfürsten hatte für die Mark ein »niederländisches Jahrhundert« zur Folge im Sinne der politischen und kulturellen Orientierung.

15

Zweites und bestimmendes Element der Kriegführung waren die geworbenen Berufssoldaten, die etwa ab 1480 nach den Schlachten von Grandson und Murten als Schweizer und Landsknechte zu Ansehen kamen. Diese geworbenen Söldner stellen noch die mehr oder weniger zuverlässigen Formationen des Dreißigjährigen Krieges, als nur die wenigen national-schwedischen oder -finnischen Regimenter Gustav Adolfs in eine neue Zeit weisen.

Solche Heere erforderten »Geld, Geld und nochmals Geld«, und so zieht sich durch die Militärpolitik wie ein roter Faden der Kampf um die Landessteuern für Militärzwecke. Daß Wehrlosigkeit die kostspieligste aller Möglichkeiten ist, dürfte auch dem Adel klar gewesen sein, aber der Feind plünderte nur zeitweise,

Kurfürst Friedrich Wilhelm, um 1685
Gemälde von Romandon (?)
(Berlin, Schloß Charlottenburg)
Das Gemälde zeigt den Fürsten, wie er im Gedächtnis der Nachwelt als »Großer Kurfürst« weiterlebte –
als Sieger von Fehrbellin und energischer Vater seines Landes.

ein mächtiger Landesfürst hingegen war stete unangenehme Realität.

Das militärische Real-Erbe

»Lebe beständig, kein Unglück ewig« stand auf den ersten Fahnen des ältesten brandenburgischen Infanterieregiments »Hillebrand von Kracht«. Diese Devise erwies sich als prophetisch für den ersten Abschnitt brandenburgischer Heeresgeschichte.

Was der junge Kurfürst auf militärischem Gebiet vorfand, waren die Trümmer eines höchst fortschrittlichen, aber ganz erfolglosen Versuches. Sein Vater Georg Wilhelm hatte, da Neutralität ebenso wie das Zusammengehen mit den Schweden fehlgeschlagen war, 1637 ein Bündnis mit dem Kaiser geschlossen und mit dessen Anhänger, einem Grafen Schwarzenberg als Kanzler, neue Wege versucht. Der durch Verwüstungen geschwächte Adel mußte dessen absolute Regierung dulden; sie stützte sich auf eine Militärmacht, die der Kaiser finanziell ermöglicht hatte. Diese Truppen waren in erster Linie auf den Kaiser vereidigt, dann erst auf den Kurfürsten.

Aber der Versuch schlug fehl. Die Schweden siegten wieder, denn Brandenburgs Soldaten fochten unglücklich und als Protestanten für die kaiserliche Sache auch wenig bemüht. So war das Experiment beim Thronwechsel bereits erledigt; der junge Fürst suchte Frieden mit den Schweden, nun wieder im Sinne unbewaffneter Neutralität, wobei er für den Frontwechsel erneut die Hilfe der Stände in Anspruch nehmen mußte.

Er fand aus der Ära Schwarzenberg 6 Regimenter zu Fuß und 3 zu Roß vor – unter den geschilderten Verhältnissen dem Land kein Schutz, sondern nur eine unerträgliche Last. Als er das System der Erpressungen und Unterschleife beschnitt, das diese Soldateska relativ gut ernährt hatte, kam es zur Meuterei, und der größte Teil der Truppen entwich zu den Kaiserlichen nach Schlesien. Aus den Resten formierte man den Schutz der wenigen verbliebenen Festungen und Landesteile: 3 schwache Regimenter zu Fuß und 1 Kompanie Leibgarde zu

Pferde, insgesamt etwas über 2000 Mann. Verblieben waren dem Fürsten nur noch Berlin, Spandau, Küstrin und Peitz, während die Schweden auf der Oderlinie mit Frankfurt und Krossen quer durch die Marken die Verbindung nach Schlesien hielten.

1644 mußte man schon wieder neue Truppen anwerben, als die Friedensverhandlungen begannen und das Recht Brandenburgs auf Pommern und westliche Territorien zur Sprache kam: mit 2 neuen Regimentern und der auf ein Regiment verstärkten Leibgarde zu Pferde nahm man von 1644 an bis 1650 allmählich die Grafschaften Mark (Hamm) und Ravensberg (Bielefeld) in Besitz, dann Lippstadt und Minden.

Helfer des militärischen Aufbaus
waren dem Kurfürsten in dieser düsteren Zeit in den Marken der Oberst Conrad von Burgsdorff, im Westen seit 1649 der spätere Generalfeldmarschall Otto Christoph von Sparr. Beide gehören ursprünglich zum Typ des Militärunternehmers, den der lange Krieg in Mitteleuropa als feste und hochentwickelte Institution hinterlassen hatte. Meist waren die Herren von Adel: die Schlösser hatten zwar genauso gebrannt wie die Dörfer und kleinen Städte, aber die adlige Jugend erwies sich als einschlägig vorgebildet, den Kriegsverhältnissen gewachsen und »machte« neue Vermögen durch Raub und Erpressung wie durch schlechte, aber hochbezahlte Fürstendienste. Sie waren nicht die einzigen Kriegsgewinnler, denn nicht nur der übliche Lieferantentyp hatte überdauert, sondern auch das Patriziat einiger großer Städte wie Leipzig, Köln, Nürnberg oder Hamburg, die man als Zentrum der Rüstungsindustrie und des winterlichen geselligen Lebens von der allgemeinen Vernichtung ausgespart hatte; Magdeburgs Auslöschung durch Tilly 1631 wurde in diesem Sinne bedauert, verurteilt und blieb Einzelfall.

Auf diese Art Militär war ein Fürst angewiesen, der außenpolitisch die Existenz seines Staates, innenpolitisch die eigene Machtbefugnis gegenüber den

Conrad von Burgsdorf (1595–1652)
(Bildnis in Familienbesitz)
Aus märkischer Familie geboren zu Zehden/ Neumark
1612 Studienbegleiter des Kurprinzen Georg Wilhelm
1614 Fähnrich im Regiment Ketteler
1615 Französischer Dienst; nach schwerer Verwundung
1618 Offizier bei der brandenburgischen Leibgarde zu Fuß, zugleich Kammerjunker und Johanniter-Ritter
1623 Kommandeur, dann Chef wechselnder Einheiten, dabei
1627 im polnisch-schwedischen Krieg
1633 Kommandant in Spandau, dann auch in Küstrin, dabei
1633/34 im schlesischen Feldzug
1642 Geheimrat, Oberkommandant der Festungen, auch in diplomatischen Missionen tätig

Otto Christoph von Sparr (1599–1668)
(Epitaph in der Marienkirche Berlin)
Aus märkischer Familie, geboren zu Prenden bei Bernau
1626 Dienst unter Wallenstein
1637 Kaiserlicher Oberst unter Gallas
1649 Kurkölnischer Generalmajor
1649 in Brandenburger Dienst, als Oberst eines Regiments zu Fuß und Gouverneur von Kolberg
1651 Generalfeldzeugmeister, Chef wechselnder Einheiten
1656 Führer des Brandenburger Heeres gegen Polen, Schlacht bei Warschau
1657 Generalfeldmarschall (Brandenburgs erster)
1663 Führer des brandenburgischen Hilfskorps gegen die Türken, Schlacht bei St. Gotthard/ Raab

Landständen absichern wollte. Eine adlige Solidarität zwischen Militär und Standesherren gab es nicht: wo es um Geld ging, hörte die innere Verbundenheit des Adels auf. Doch offenbarte sich in Friedrich Wilhelm bereits die Begabung der Hohenzollern, sich die richtigen Mitarbeiter auszuwählen. So bewiesen Burgsdorff in den Marken, Sparr im Westen und Männer wie Dohna oder Kreytzen in Ostpreußen Qualitäten, welche sie über das Niveau ihrer Berufsgenossen hinaushoben.

Die inneren Verhältnisse der ersten Truppen

Wenn der Fürst mit einem Militärunternehmer das Aufstellen eines Regiments akkordierte, so waren die Interessen der Vertragspartner sehr unterschiedlich. Dem Bestreben des Obristen, gegen möglichst viel Geld sein Regiment möglichst billig auf die Beine zu bringen, trat der Fürst durch die »Musterung« entgegen, die er selbst oder ein verläßlicher Kommissar wahrnahm. Er mußte darauf achten, daß die einzeln aufgerufenen Soldaten vollzählig (nicht etwa der gleiche unter verschiedenen Namen) vor den Musterungstisch traten und zugleich die Qualität der Bekleidung und Bewaffnung kontrollieren. Denn der Soldat hatte sein gesamtes »Handwerkszeug« mitzubringen, und der werbende Obrist war als Unternehmer dem Fürsten für Vollständigkeit verantwortlich.

Nach der Musterung blieb der »Inhaber« fast unbeschränkter Eigentümer der Truppe: er hatte die Kompaniechefs ausgesucht, die in seinem Auftrag warben, und nur sie bedurften der Approbation durch den Fürsten. Alle übrigen Offiziersstellen vergab der Oberst nach eigenem Ermessen, übte die Gerichtsbarkeit im Regiment aus und führte mit den vom Fürsten zu zahlenden Geldern die Wirtschaft des Regiments auf eigene Rechnung. So wird die Abneigung gegen riskante militärische Unternehmungen ebenso verständlich wie der Versuch, durch Brandschatzungen, unberechtigte Verpflegungsforderungen, falsche Bestandsziffern usw. Gewinn zu erzielen.

Hatte der Soldat auch Bewaffnung und Bekleidung zu stellen, so begann man doch in dieser Zeit beides durch zentrale Lieferungen zu vereinheitlichen, wofür dem Soldaten Abzüge vom Sold gemacht wurden. Für die Röcke war ungefärbtes, also grau-weißes Tuch das billigste, das ebenfalls nicht sehr teure blaue Tuch das praktischste. 1632 begegnen uns erstmals brandenburgische »Blauröcke«, 1634 je 1 blaues und 1 graues Regiment, und nach der Reduktion 1641 war die ganze Infanterie blau gekleidet. Nun wurden die Regimenter systema-

Oben:
Feldzeichen des Großen Kurfürsten
Graphische Darstellung von F.-G. Melzner
Standarte des Regiments »Hennigs von Treffenfeld« 1675/76
(früher Zeughaus Berlin)
Rechts Mitte:
Fahne des märkischen Bauernaufgebots 1675
(Kirche zu Dannefeld/Mark)
Rechts unten:
Fahne eines Infanterie-Regiments (früher Zeughaus Berlin)
Fahnen sagen noch mehr über die innere Verfassung des Staates und seiner Bürger aus als Waffen oder Uniformen: der Namenszug des Fürsten dokumentiert seinen Sieg über die Feudalmacht der Stände, die Fahne der Bauern eine frühe Partnerschaft zwischen Führung und Basis als Vorspiel kommender Veränderungen.

18

tisch durch das Rockfutter unterschieden, das sichtbar wird, sobald die Ärmel »auf-«, die Rockschöße »umgeschlagen« werden. Dabei ist weißliches Futter schon damals Gardefarbe – beim Regiment Burgsdorff in der Mark, zu dem die märkische Leib-Kompanie gehört, wie bei einer neuen ostpreußischen Leib-Gardekompanie; je ein Regiment in der Mark (Trott) und in Ostpreußen (v. Reder) füttert gelb, das dritte Regiment in der Mark »Ribbeck« grün. Für die ostpreußische Garde ist uns der Kostenvoranschlag für die erste Ausstattung erhalten, als ältestes jener »Ökonomie-Reglements«, die später in der preußischen Militär- und Staatswirtschaft eine so wesentliche Rolle spielen sollten.

Offenbar begann die Uniformierung nicht erst 1670 in Frankreich, sondern viel früher in Mitteleuropa, vielleicht in Brandenburg, denn ob zentrale Fertigung schon für die Truppen Wallensteins 1626 eine echte Uniformierung bedeutete, wissen wir nicht. Ein Zusammenhang mit dem kalvinistischen Streben nach Einheitlichkeit im Zivil ist wahrscheinlich.

Dank Matthias Czwiczek besitzen wir einen ersten brandenburgischen Uniformierungsbeleg. Er hat auf seinem Bild des jungen Kurfürsten 1642 je einen Musketier und einen Pikenier der Leibgarde festgehalten und damit die Doppelbewaffnung der Infanterie: die unhandliche schwere Luntenschloßmuskete, die bis etwa 1650 noch von einer Stützgabel abgefeuert wurde, war unentbehrlich, schoß aber nicht schnell genug, um die Infanterie vor Kavallerie-Attacken zu sichern. So blieb ein Drittel oder die Hälfte der Kompanie als »Pikeniere« mit der bis zu 6 m langen Pike bewaffnet, dazu mit einem Pallasch und einer Schutzrüstung aus Brustpanzer und Helm (Morion), um die nach dem Schuß zunächst wehrlosen Musketiere zu decken; um 1650 legten sie den Helm ab und trugen den breitrandigen Hut wie die Musketiere.

Denn zum letzten Mal war die Kavallerie Königin der Schlachtfelder: die alten kompakten »Gewalthaufen« boten der nun immer rascher feuernden Artillerie ein allzu lohnendes Ziel. Man entfaltete deshalb die Infanterie linear, um zugleich auch ihre Feuerkraft besser zur Geltung zu bringen; diese Aufstellung war wiederum sehr empfindlich gegen Reiterangriffe, und man blieb so lange in diesem Dilemma, bis es gelang, die Gewehre weiter zu verbessern. Dabei war auch die Reiterei beweglicher geworden: der alte, meist noch ritterbürtige Lanzierer verschwand zu Anfang des 17. Jahrhunderts; an seine Stelle trat der »Kürassier« als schwere Gattung – nicht mehr mit der ritterlichen Lanze, sondern nur noch mit Hieb- und Schußwaffe.

Das arme Brandenburg konnte sich nur die noch leichtere und billigere Gattung der »Arkebusiere« oder »Bandelier-Reuter« leisten; sie waren mit Vorderküraß und Helm ausgerüstet, ihre Hauptwaffe war ein relativ langes Feuerrohr, die Arkebuse, meist als Radschloßgewehr konstruiert. Diese Gattung blieb in Preußen wie in anderen Ländern als »Reiter« schlechthin – ohne Helm und nur zeitweise mit dem einfachen Küraß versehen – die »schwere« Reiterei des 18. Jahrhunderts; sie wurde erst später gelegentlich wieder als Kürassiere bezeichnet.

Eine ganz neue Art der Reiterei schließlich, die »Dragoner«, war infanteristisch ausgebildet, aber zum raschen Eingreifen auf billigen »Kleppern« beritten, die nicht so groß und schwer zu sein brauchten wie die Pferde für den Reiterkampf, da die Dragoner zum Einsatz absaßen. Daß sie keine echten Reiter waren, hat sie schrecklich gewurmt; zwei Jahrhunderte lang blieben sie unermüdlich bestrebt, alle infanteristischen Eierschalen abzuwerfen.

Der Kampfverlauf auf dem Schlachtfeld entsprach den plumpen Waffen wie den sehr schweren Pferden. Die Artillerie eröffnete den Kampf und kam später nur noch mehr oder weniger zufällig zu Wort, soweit es sich um schwere, allzu langsam bewegliche Kanonen handelte; es gab aber auch schon Infanterie-Begleitgeschütze, die – von Mannschaften bewegt – den Bataillonen zu folgen ver-

mochten, mit relativ beschleunigter Schußfolge.

In der Infanterielinie versuchte man durch komplizierte Manöver die fernwirksamen, aber nahkampfempfindlichen Musketiere durch Pikeniere zu decken. Dadurch kam es zu beweglichen kleinen Abteilungen; notwendig blieb jedoch eine weitere Vervollkommnung der Feuerwaffen.

Die Kavallerie pflegte ihren Angriff durch Schußwaffen vorzubereiten – bei den schweren Faustrohren und Arkebusen vermutlich »viel Lärm um nichts«, aber moralisch eindrucksvoll; trotz relativ langsamer Gangart entschied die Wucht der Attacke mit dem Degen letztlich doch oft die Schlacht.

Über Waffen und taktischen Formationen vernachlässigt man allzu leicht die Gefühle der Soldaten. Versuchen wir die Gedanken derer zu erahnen, die hier kämpften, so werden wir nationale Beweggründe selten, religiöse oder eine Kombination beider öfter beobachten. Wenige dienten freiwillig, die meisten gepreßt oder entwurzelt aus Not. In all dem Elend entstand jedoch schließlich ein Gefühl, das sich gegen Frankreich und Schweden als Nationalfeinde richtete: Brandenburg sollte diesem Gefühl auf seinem Weg zur Macht noch zweimal begegnen.

Der Herkunft nach waren die Offiziere überwiegend adlig, die Unteroffiziere vom Offizierskorps noch nicht scharf abgetrennt. In der Mannschaft boten die Verhältnisse verbrecherischen und labilen Typen einen überaus weiten Entfaltungsraum; zwar traten auch jene braven Bauern und Bürgersöhne in die Heere, die durch die Kriegsfurie Heimat, Familie und Beruf verloren hatten – aber auch für sie kannte Not kein Gebot.

Im Frieden besetzten die wenigen beibehaltenen Truppen die Festungen, wo sie in deren Kasematten (Gewölben unter dem Wall) und in »Baraquen« untergebracht oder bei den Bürgern einquartiert waren. Wurden Feldtruppen zusammengezogen, so lagen sie bei Bürgern und Bauern in Quartier – häufig mangels Sold auf Naturalverpflegung angewiesen; war eine Gegend kahlgefressen, so mußten die Quartiere gewechselt werden. Dicht vor dem Feind hielt ein Feldlager die Truppen zusammen. Eine Lagerordnung hatte sich bereits durchgesetzt, jedoch noch keine gleichmäßige Zeltausstattung; die Truppe lebte dort meist in Hütten.

Fürst gegen Stände – der Machtkampf im Inneren

Dies waren die inneren militärischen Verhältnisse, die es auf politischem Wege zu entwickeln galt. Das Scheitern des »Experiments Schwarzenberg« hatte wiederum zum Primat der Stände geführt, mit dem sich der junge Fürst endgültig auseinandersetzen mußte, wollte er die Verhältnisse bessern. Nicht nur in Deutschland, sondern in aller Welt erhob sich das absolute Fürstentum gegen eine ständisch gegliederte Gesellschaftsordnung, die zu einer Adelsherrschaft entartet war. Zumal in protestantischen Gebieten war die Kirche zu einer dem Fürsten untergeordneten Staatsinstitution geworden, während Städte und Bauern ihre Macht weitgehend an den Adel verloren hatten. Die soziale Entrechtung des Bauern beginnt Jahrhunderte zuvor mit dem Verlust der Waffe an das adlige Rittertum, das den Kern der Heere stellt; die Städte halten sich weit länger und treten erst zurück, als die wirtschaftliche Struktur sich dahin wandelt, daß der Adel der weiten mittel- und ostdeutschen Räume zum Getreidelieferanten Westeuropas wird und dabei selbständig, an den Städten vorbei, den Kornhandel direkt betreibt, auf dem vorher die Macht der Hanse wie des Deutschen Ordens beruht hatte. Er ist dazu in der Lage, als er trotz des vergeblichen Gegenstoßes der Bauern im Bauernkrieg die Leibeigenschaft im Sinne billiger, fest verpflichteter Arbeitskräfte immer drückender durchsetzen kann.

In Ausübung seiner Macht erweist sich dieser Stand jedoch als eine vielköpfige, schwerfällige und starre Organisation, die in ihrem Standesegoismus den politischen Wechselfällen nicht gewachsen ist. Auf das Recht der Steuerbewilli-

Auf Seite 20:
Soldatenfiguren 1642
Graphische Darstellung von
B. Koch, nach Hinter-
grundfiguren auf dem
Portrait des Kurfürsten von
Czwiczek
(Berlin, Schloß Charlotten-
burg)
Sie entsprechen den taktischen
Verhältnissen der Zeit: das
langwierige Laden der
Luntenschloß-Muskete
forderte für den Musketier
zusätzlichen Schutz durch
Pikeniere. Die Treff-
sicherheit des kostbaren
Schusses versuchte man
durch Auflegen des Gewehrs
auf eine Gabel zu erhöhen.

gung gestützt, vermag sie sich selbst zu pflegen, wird aber den Interessen der Allgemeinheit nicht mehr gerecht, so daß überall Territorialfürsten oder fürstliche Familien von politischer Begabung sich durchsetzen können: der Absolutismus marschiert. Wo der Adel am Zuge bleibt, führt dies entweder zu »polnischen« Zuständen oder prägt den Charakter des betreffenden Landes für lange Zeit in bedenklichem Sinne (Mecklenburg).

In diesem Ringen bezeichnete das stehende Heer eine wichtige Etappe zum Sieg des Fürsten über die Stände. In Brandenburg hatte der Kurfürst den offenen Kampf mit den Ständen gescheut. Sein Landadel war nicht nur mächtig, sondern die einzige Basis des Wiederaufbaus überhaupt, und so mußte sich der Fürst zu einer Politik der kleinen Schritte entschließen, die noch 1653 dazu führte, daß für eine sechsjährige Bewilligung von Heeresmitteln die letzten Rechte der Bauern an den Adel preisgegeben wurden. Der Fürst mußte also zunächst die Bauern dem Adel für jene Truppen verkaufen, deren drohendes Gewicht später einmal den Adel zur Folgsamkeit zwingen sollte. Aus diesem Anfangsdilemma nahm das Haus Hohenzollern für ein Jahrhundert zwei Maximen der Innenpolitik mit: eine grimmig schweigsame Frontstellung gegen den Adel als Machtgruppe und das Bestreben, ihn sozusagen hintenherum, ohne direkten Verfassungsbruch, auszumanövrieren; wir werden beiden Prinzipien in der großen Heeresreform ab 1713 begegnen.

Zunächst aber saßen die vornehmen Herren auf sehr hohem Roß, und so kommt es, daß das Geburtsdatum des stehenden Heeres für Brandenburg auch unter Fachleuten strittig ist: die Heereskundler halten sich als nüchterne Pragmatiker an die erste kleine Armee, die aus den Werbungen von 1655 auch nach dem Frieden von Oliva 1660 bestehenbleibt (C. Jany), während die Allgemeinhistoriker (G. Oestreich) das Gras sehr viel früher wachsen hören: man findet die Theorie schon in einer Denkschrift des Generals Kurt Bertram von Pfuel (1590–1649), die der Werbung von 1643/44 entspricht; dort soll die Armee nicht bloß »so lange, als dieser bluttriefende und grundverderbliche Krieg noch dauern möchte, sondern auch nach dem zu Friedenszeiten, und zwar ohne Aufhören continue« fortbestehen. Aber die Herren Stände verbitten sich das mit Erfolg und bequemen sich erst durch den Rezeß von 1653, nun wenigstens für sechs Jahre alljährlich eine größere Summe zur Verfügung zu stellen – aus drei Gründen: 1. bedrohen wieder einmal die Verwicklungen zwischen Schweden und Polen sowohl Ostpreußen wie die Mark, 2. bestätigt ein deutscher Reichstagsabschied (1654 endgültig ergangen) die Wehrpflicht der Untertanen, und unter diesen Umständen ist dem Adel eine beschränkte Zahl Truppen doch lieber als der breite Rückgriff auf

Brandenburger Soldaten des Großen Kurfürsten Zeichnung von R. Knötel nach zeitgenössischen Vorlagen – zum Teil nach den Gobelins (vgl. Seite 25 und 27)

seine Untertanen – und schließlich bietet 3. der Kurfürst dafür dem Adel eine fast uneingeschränkte Gewalt über die Bauern: wer bisher noch frei war, muß dem adligen Herrn diesen Rechtszustand jetzt schriftlich beweisen können! Aber welcher Bauer hat schon Urkunden, und noch dazu nach den Verwüstungen des Krieges.

Der Preis war bitter und nur sinnvoll, wenn es gelang, diese Geldmittel auf überzeugende Weise in militärischen Erfolg und fürstliche Autorität umzusetzen.

Krieg um Ostpreußen

Im Jahre 1655 bricht der schwedisch-polnische Krieg aus; der Kurfürst verbündet sich mit den Schweden gegen seinen polnischen Lehnsherrn, König Johann Casimir. Es marschieren je 4 Infanterie- und Kavallerie-Regimenter, zu zwei Dritteln neu geworben, nach Ostpreußen, wo inzwischen weitere 3 Regimenter jeder Gattung stehen; außerdem war dort – gegen den Willen der Stände – die Landesdefension mobil gemacht. Im ganzen waren es etwa 13 000 Mann regulärer Truppen und 6 000 – unzuverlässige – Defensions-Soldaten.

Schwedens Krieg läuft nicht, wie er soll. So wird der Kurfürst zum geschätzten Verbündeten, und 1656 schlagen beide – erstmals Brandenburger in rangierter Feldschlacht – die Polen und Tataren vor den Toren Warschaus. So wichtig der Sieg für Selbstbewußtsein

und Zusammenhalt der jungen Armee ist – ein Zwischenfall im Herbst stützt die innenpolitische Stellung des Fürsten noch wirksamer: die Tataren brechen in Masuren ein, und die Zeit der Mongolenstürme wiederholt sich: alles wird verbrannt, und was von der Bevölkerung nicht vom Schwert und in Flammen umkommt, wird nach Osten in die Sklaverei getrieben auf Nimmerwiedersehen – bis brandenburgische und schwedische Regimenter dem Spuk ein Ende machen. Emotionale Elemente kommen so dem jungen Staat und seinem Heer zu Hilfe: die Reiterwelle aus dem Osten ist ein bleibendes Schrecknis Mitteleuropas: Hunnen und Ungarn, Mongolen und Türken hinterließen ihre blutigen Spuren, und nicht umsonst trägt »der Teufel« tatarische Gesichtszüge, die Hörnchen des Schamanen und den Pferdefuß.

Als 1660 der Friede von Oliva mit der vollen Souveränität über Ostpreußen, also dem Erlöschen der polnischen Oberhoheit, eine Kette politischer und kriegerischer Wechselfälle beendet, hatte das Land zum ersten Mal den Schutz einer festgefügten Wehrmacht genossen – vom Desaster Masurens als Ausnahme von der Regel wirkungsvoll unterstrichen; das Haus Hohenzollern aber besaß nun mit Ostpreußen völlig souverän ein nicht unbedeutendes Territorium, das außerhalb der Reichsgrenzen lag, also der kaiserlichen Zentralgewalt nicht unterstand.

»Miles perpetuus« –
Fürst und Stände
im Endkampf um die Macht

Der Krieg war aus, der Streit begann. Die nun folgende Auseinandersetzung um die Heeresgelder ist für Armee und Staat in Brandenburg-Preußen innenpolitisch ebenso wichtig gewesen, wie sie folgenreich sein sollte für die Geschichte des Reiches und Europas. Ein Blick auf die etatrechtlichen Verhältnisse der Zeit wird dem Verständnis der Vorgänge dienlich sein:

Den Pflichten des Fürsten in Rechtsprechung, Landesverteidigung und anderen Ressorts entsprachen seit alters seine Einkünfte, die er aus Grundbesitz (Domänen) und Funktionsgebühren (Regalien) bezog. Diese genügten aber für die Landesverteidigung nicht mehr,

*Treffen bei Fehrbellin
Zeitgenössischer Stich
Die schwedische Nachhut –
im Stich oben – opfert sich,
um den Abmarsch
ihrer Heeresgruppe gegen
die angreifenden brandenburgischen Reiter zu decken.*

seitdem das alte Landesaufgebot – Defensionsmiliz und Lehnsreiterei – gegenüber dem Berufssoldatentum seinen militärischen Wert verloren hatte. Die freien Söldner wie später das stehende Heer waren aber so teuer, daß sie nur aus neuen »Steuern« erhalten werden konnten. Um solche Gelder mußte nun der Fürst seine Landstände, also den Adel, bitten; dieser bewilligte sie nur ungern, meist ungenügend und nur für möglichst kurze Frist, weil er sehr wohl wußte, daß ein stehendes Heer in der Hand des Fürsten das Ende adliger Vormacht bedeuten konnte.

Dies ist die Rechtslage – nun die Ereignisse: Der Versuch des Kurfürsten, trotz des Friedens einen Heeresstamm auch als Feldtruppe beizubehalten, stieß sofort auf den erbitterten Widerstand der Stände. Stehendes Heer und infolgedessen auch »stehende« Steuern mußten das Land belasten und das Machtverhältnis zwischen Fürst und Ständen – es beruhte auf der Machtlosigkeit des einen, der kurzfristigen Steuerbewilligung der anderen – in doppelter Weise verschieben. Der Kurfürst mußte in diesen Auseinandersetzungen weit hinter seine ursprünglichen Vorstellungen zurückgehen, setzte sich aber, auf längere Zeit gesehen, doch in bescheidenem Maße durch, weil er eine Schwäche seines »Staates« entscheidend zu nutzen wußte: es war noch gar kein Staat!, sondern er stand als Fürst drei völlig getrennten Territorien gegenüber, die nicht nur in den Einzelheiten ihrer Verfassungsstruktur, sondern stärker noch in ihren Interessen differierten. Hätte es »Generalstände« gegeben oder hätten sich die drei Ständeversammlungen wenigstens auf ein paralleles Verhalten einigen können – der Weg Brandenburgs wäre ein anderer geworden.

Aber sie blieben stur separat, und eine Kette politischer Krisen sorgte dafür, daß fast immer ein Landesteil im Gefühl der Bedrohung von außen etwas Geld für Militärzwecke locker machte. Die kurfürstliche Innenpolitik läßt zwar konsequent das Motiv »Geld für das Heer« erkennen, doch liegt ihr im Vorgehen keine einheitliche Taktik zugrunde, es sei denn das Streben nach dem jeweils Möglichen, das »Teile und herrsche« und die Entschlossenheit, das nötige Geld notfalls auch beim wirtschaftlich Schwächsten, meist also bei den geplagten Bauern flüssig zu machen; ein unerfreuliches Vorwärts mit kleinen Mitteln, bei dem jedoch Gewaltakte fast völlig vermieden werden konnten.

Daß auch in Ostpreußen wie im Westen das Recht der Bauern weiter geschwächt wird, ist die alte Praxis. In die Zukunft weist dagegen ein Versuch, in den Marken die Akzise zusätzlich einzu-

führen. Der Adel lehnt selbstverständlich sofort ab, »wie ein Plebejer« besteuert zu werden, das Patriziat der Städte schließt sich an – alles wie gehabt. Aber plötzlich erheben sich die Kleinbürger, und sie werden, zumal in der Altmark, in bedrohlichen Aufständen gegen die Ratsfamilien aktiv. In der Hoffnung auf eine gerechtere Verteilung der Lasten wenigstens in den Städten stellen sie die direkte Verbindung zum Fürsten her, und so wird die Akzise zunächst auf Zeit eingeführt – für Berlin und Frankfurt/ Oder sogar dauernd –; erstmals ist eine

Interessengemeinschaft zwischen Fürst und niederem Volk real praktiziert worden.

Durchgreifen mußte der Kurfürst nur in Ostpreußen, wo sich das mächtige Königsberg – mit 40 000 Einwohnern größer als Berlin – dem opponierenden Adel anschloß. Ein Herr von Kalckstein, der nach Warschau ging, um gegen die Souveränität des Kurfürsten beim früheren Lehnsherrn zu konspirieren, wurde dort gewaltsam entführt und 1670 als Hochverräter einen Kopf kürzer gemacht; der Bürgermeister Roth

Der Große Kurfürst bei Fehrbellin
Gobelin von Mercier
(Berlin, Schloß Charlottenburg)
Zentrale Szene ist der Tod des Kurfürstlichen Stallmeisters Froben, historisch richtig dargestellt, weil der berühmte Pferdetausch Legende ist. Danach soll Froben seinen Herrn gebeten haben, die Pferde zu tauschen – dann sei er auf dem auffallenden Schimmel getötet worden. Nein! Es war Ehrenpflicht des Feldherrn, allen sichtbar zu sein.

kam lebenslänglich auf Festung, und die Stadt wurde 1674 militärisch besetzt, bis man sich auf ein bestimmtes Steuerquantum einigte, das die Stadt in eigener Regie als Akzise einhob und ablieferte.

Fazit im Innern bewegter, außenpolitisch aber relativ ruhiger Jahre (1660–1672) war, daß erstmals eine kleine stehende Feldarmee erhalten blieb; sie mußte zwar 1663 nochmals reduziert werden, stellte aber unter damaligen Verhältnissen doch ein erhebliches Potential dar; Sachsen und Bayern behielten erst ab 1682 Feldtruppen auch im Frieden bei.

Zwischen West und Ost – der Krieg gegen Frankreich und Schweden 1672 bis 1678

In der Heeresgeschichte spiegeln sich deutlich die sozialen und ökonomischen Verhältnisse des Staates wider, doch spricht auch die Kriegsgeschichte ein gewichtiges Wort mit: sie kann das Geschick des Staates überhaupt bestimmen, bringt aber auf alle Fälle jene Vorbilder, Erfahrungen und Reflexionen ins Spiel, die eine Wehrstruktur zu beeinflussen vermögen.

Die Streuung der brandenburgischen Gebiete rief, nachdem 1660 die außenpolitischen Verhältnisse im Osten relativ stabilisiert waren, den Fürsten nach Westen. 1663/64 hatte man dem Kaiser zu seinen Türkenkriegen drei Regimenter zu Hilfe gesandt, aber schon ein Jahr später bedurfte der Westbesitz des Schutzes. Ein Bündnisvertrag mit den Niederlanden brachte 1666 die Mittel zu erheblicher Rüstung und zugleich den Störenfried Bischof Christian Bernhard von Münster zur Ruhe. Die Kräfte wurden damit frei, endlich die Stadt Magdeburg zur Huldigung und Aufnahme einer brandenburgischen Besatzung zu zwingen; auch die Besitzverhältnisse aus der Cleveschen Erbschaft wurden im gleichen Jahr endgültig geregelt. Dann genoß man sechs Jahre Frieden, ehe es 1672 wiederum im Westen zu Verwicklungen kam, die den Staat einer erneuten Prüfung auf Herz und Nieren unterziehen sollten.

Im Schatten des Dreißigjährigen Krieges war es dem französischen Königshaus gelungen, seinen Herrschaftsbereich im Sinne eines voll ausgebildeten Absolutismus zentralstaatlich zu organisieren. Die daraus erwachsende Machtfülle äußerte sich in Übergriffen nach Spanien, vor allem aber nach Mitteleuropa; Frankreich setzte die Politik des Krieges auch nach 1648 konsequent für fast 70 Jahre fort – ein wahres Martyrium für das erschöpfte und verfallende deutsche Reich, das sich erstmals einem von Frankreich organisierten

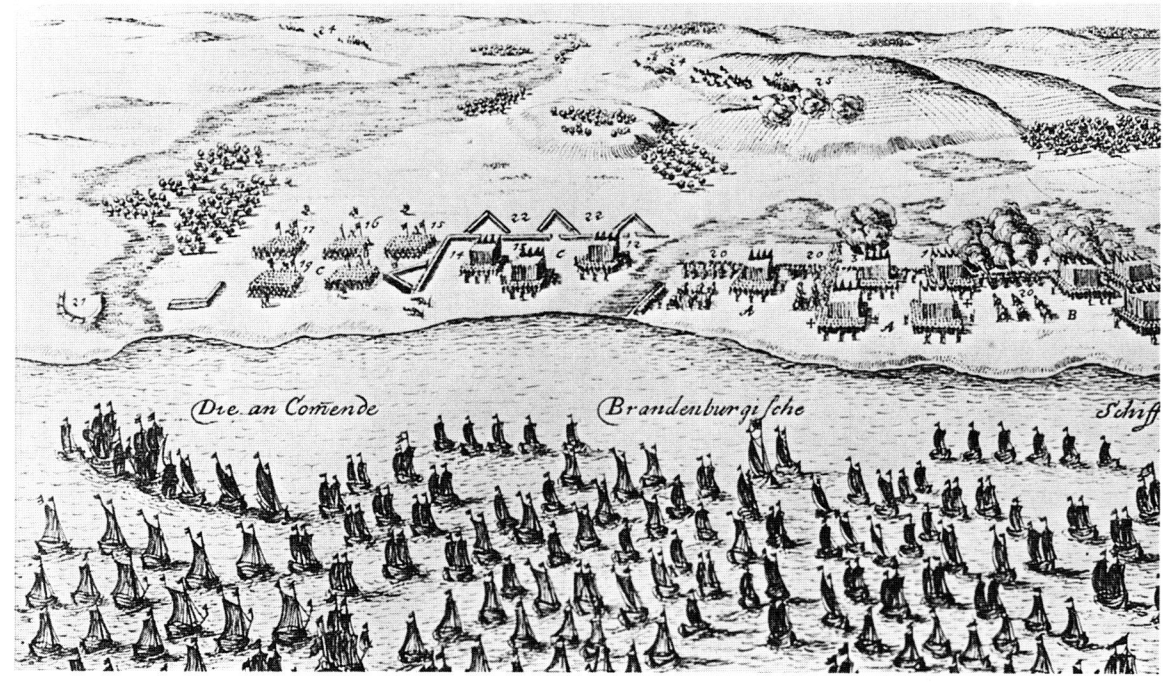

Die Landung auf Rügen 1678
Zeitgenössischer Stich
Die Vertreibung der Schweden von der Insel Rügen sollte die Belagerung Stralsunds sichern. Bei dieser amphibischen Operation wirkte die – damals noch gemietete – brandenburgische Flotte erstmals in großem Maßstab mit.

Zweifrontenkrieg am Rhein und gegen die Türken in Ungarn ausgesetzt sah. Damals entstand jenes zwiespältige Verhältnis zum französischen Nachbarn in Deutschland: Vorliebe für Kultur und Lebensstil, aber zugleich glühender Haß gegen seine Eroberungspolitik.

Auch Brandenburg wurde in diese Verhältnisse verstrickt. Der Überfall Frankreichs auf die Niederlande 1672 fand es als deren einzigen Verbündeten, da der Kurfürst dem bedrohten Land wirtschaftlich und in der Sorge um seine westlichen Territorien verbunden war; seine Ehe mit Luise Henriette von Oranien, der Schwester des jungen Erbstatthalters Wilhelm, hatte diese Verbindung noch gefestigt.

Der Krieg begann am Rhein, verlagerte sich 1673 nach Westfalen, blieb aber ergebnislos dank der verräterischen Haltung des verbündeten Kaisers, der in Wirklichkeit einen Geheimvertrag mit Frankreich zwecks Schonung der kaiserlichen Lande abgeschlossen hatte. So zog sich auch Friedrich Wilhelm 1673 vom Kriege zurück, nachdem die Niederlande den französischen Vormarsch durch

Die Landung auf Rügen 1678
Gobelin von Mercier (Berlin, Schloß Charlottenburg)
Dargestellt ist die Ausschiffung der Truppen. Die Gobelins wurden um 1695 fertiggestellt nach Kartons, die vor 1688 angefertigt wurden. Sie sind nicht in allen Details zeitgenössisch getreu; so hat z. B. den Schiffsdarstellungen das Flottenbild von Verschuer (1684) zugrunde gelegen (vgl. S. 33).

Öffnen der Deiche zum Stehen gebracht hatten. Französische Übergriffe führten jedoch 1674 zum Reichskrieg, an dem auch Brandenburg sich wieder – diesmal im Elsaß – mit relativ starken Kräften beteiligte. Wiederum war das Ergebnis gering, da der Feldzug durch verdächtige Umtriebe des wahrscheinlich verräterischen kaiserlichen Generals Bournonville gehemmt wurde.

Die Dinge nahmen eine völlig neue Wendung, als Ende 1674 französisches Geld die Schweden zum Einmarsch – ohne Kriegserklärung – in die Marken veranlaßte. Die Streitkräfte dort genügten kaum, die Festungen zu besetzen, doch führten sich die von alters her verhaßten Schweden derart auf, daß selbst die befohlene Landesdefension wirkliche Kraft mobilisierte: Berlins Bürger bewaffneten sich zum Schutz der Hauptstadt in Stärke von 2 000 Mann und versuchten, verstärkt durch 1 200 Mann Landesausschuß und Aufgebote der Bauern, Jagdbediensteten usw., das Vordringen der Schweden nach Kräften zu behindern, gestützt auf den Sumpf- und Seengürtel, der nördlich Berlin zwischen Elbe und Oder von Südwesten nach Norden zieht. So hatte der Feind erst im Juni die Havellinie nach Südwesten hin erreicht, als der Kurfürst zu Hilfe kam.

Politik, Strategie und Taktik – eine brandenburgische Premiere

Wollte der Kurfürst nicht unter französisch-schwedischem Druck heimkehren und still abrüsten, so hatte er allein einen größeren Feldzug zu führen, unter Abzug seiner Truppen aus Süddeutschland. Dazu war er finanziell und politisch zu schwach; er mußte sich erst in langen Verhandlungen mit Kaiser, Niederlanden und Dänemark verabreden, weil Kursachsen und Hannover den Schweden beizutreten drohten.

In dieser Zwangspause laufen nicht nur Werbung und Nachrüstung auf Hochtouren, sondern erstmalig auch eine strategisch-taktische Planung und Vorbereitung, wie sie für diesen Staat des steten materiellen Mangels typisch blei-

ben sollte: »Mit dem Rücken an der Wand« wird zwar der letztmögliche Einsatz, das Spiel um Sein oder Nichtsein, gewagt – aber vorher bis ins letzte durchdacht. So ist dieses erste Beispiel einer »Generalstabsarbeit« und »Blitzaktion auf der inneren Linie« einer eingehenden Betrachtung wert.

Während der schwedische Kahlfraß in den Marken – nicht etwa im Sinne eines Krieges, o nein!, als »freundnachbarlicher Druck« – immer weiter vordringt, reift im Mai die politische Situation: Kaiser und Niederlande stellen Schweden ein Ultimatum, Brandenburg erklärt ihm den Krieg: »Edelleute, Bürger und Bauern sollen ihnen die Hälse abschlagen.« Am 26. Mai bricht die Armee aus Franken auf, und als man am 10. Juni in allen Kirchen des Landes über Jesajas 20, Vers 11/12 »Laß mich deine Rache an ihnen sehen«, predigt, hat die Armee bereits in 5 Kolonnen auf 120 km Breite den äußerst unwegsamen Thüringer Wald überwunden – auf »Straßen«, die oft nur durch Pfähle markiert waren – und sich dicht vor Magdeburg vereinigt. Genau abgestimmte Kolonnenmärsche, örtlich vorbereitete Quartiere, Verpflegung und Vorspann – eine wahrhafte Generalstabsarbeit hat schwierigste Verhältnisse überwunden und alle schwedischen Vermutungen und Gegenmaßnahmen zeitlich unterlaufen. In Magdeburg verhaftet man den Kommandanten der Festung wegen Landesverrats – er wird hingerichtet –, verschließt die Stadt, um alle Nachrichten zu unterbinden, und sondert eine schnelle Truppe aus, die in der Nacht zum 13. Juni nach Osten abmarschiert: 5 600 Reiter, 1 350 Musketiere auf Wagen und – erstmals – eine »reitende« Artillerie. Die Vorhut überfällt im Morgengrauen des 14. Juni das befestigte Rathenow und macht die schwedische Besatzung nieder. Damit ist die Havel-Linie der Schweden durchbrochen; sie versuchen sich nach Norden zu konzentrieren, doch zerstören in dem schwierigen Sumpfgelände brandenburgische Streifcorps und Partisanengruppen aus der Bevölkerung die Dämme und Brücken.

Selbst die Infanterie zu Wagen bleibt zurück, als die Reiter der Spur des Feindes folgen. Weggeworfenes Gerät, steckengebliebene Wagen, Marode und Nachzügler belegen seine Nähe, und vor der zerstörten Brücke bei Fehrbellin wird auf dem Landrücken zwischen Rhin und Havelluch eine 8 000 Mann starke Kolonne gestellt. Die von Kleist dramatisierte »Eigenmächtigkeit« des Prinzen Friedrich von Homburg ist Legende; er war ein wohlerfahrener alter Krieger und handelte befehlsgemäß, als er die Schweden durch Angriffe festhielt. Ihre tapfere Nachhut wird vor Fehrbellin zusammengehauen, die übrigen vier Fünftel entkommen über die wiederhergestellte Brücke, lassen aber Geschütze und fast die ganze Bagage zurück.

Es kämpften insgesamt etwa 13 000 Mann – die Schweden verloren etwa 1 000, die Brandenburger halb soviel –, auch für die damalige Zeit relativ geringe Zahlen, welche die Bezeichnung einer Schlacht kaum rechtfertigen. Es war das Blitzartige der Aktion, was Deutschland den Atem anhalten ließ, die jähe Umkehr der Verhältnisse – denn die Schweden verschwanden sofort aus der Mark und im Verlauf zweier weiterer Jahre aus allen deutschen Besitzungen. Aber es war auch der persönliche Einsatz dieses Fürsten und seines kleinen Landes, der endlich einem der gehaßten Reichsfeinde auf die räuberischen Hände schlug.

So interessieren weniger die eigentlichen Kampfhandlungen als neue Triebkräfte und Methoden: einfache Menschen verteidigen ihre Heimat – der übliche adlige Einspruch gegen die Mobilisierung wurde glatt übergangen. Die weit ausgreifende Planung der Operation im Zusammenspiel mit den zivilen Behörden ist neu, nicht zuletzt die dadurch ermöglichte Abkehr von der schwerfälligen, landverderbenden Strategie des Jahrhunderts; Führungsgehilfe der bewegten Jahre ist vor allem Georg (von) Derfflinger, protestantischer Bauernsohn aus Österreich.

Was folgt, ist aus dem gleichen Grunde von Interesse: die mitteleuropäische Koalition wirft die Schweden aus Norddeutschland, von Bremen bis Ostpreußen, langsam aber sicher hinaus, wobei einzelne Aktionen, wie etwa die Landung auf Rügen oder der Schlittenmarsch über das Kurische Haff 1679, den neuen Stil nochmals aufleuchten lassen. Höhepunkt ist die Einnahme von Stettin nach langer Belagerung; aber nun wird Brandenburg dem Kaiser unheimlich: er läßt den Kurfürsten fallen, der – von allen Verbündeten im Stich gelassen – im Frieden von St.-Germain 1679 alles wieder herausgeben muß. So waren Mühe und Hoffnungen, Kosten und Verluste vergeblich; es blieb nur das Ansehen für den Kurfürsten und das mehr oder weniger verbreitete Gefühl, daß er und nicht der Kaiser die Interessen des Gesamtreiches vertreten hatte. In seiner politischen Isolierung mußte er sich mit Frankreich arrangieren und sogar von dort Hilfsgelder nehmen, um seinen Heeresstand aufrechtzuerhalten. In dieser eigenartigen Situation entbehrt das letzte Jahrzehnt seines Lebens der großen politischen Akzente, ist jedoch für das Heer eine Zeit der Konsolidierung.

Übergang übers Haff 1679 Zinnfiguren (Offizin W. Scholtz/Berlin) Diese – nach Fehrbellin – zweite Blitzaktion des Krieges hatte einen operettenhaften Einschlag: die Schlittenpartie einer ganzen Armee mit Fahnen und Musik quer übers Eis. Gerade die unkonventionelle Art des Vormarsches überraschte die Schweden wiederum und beendete den Krieg siegreich.

Georg (Freiherr von)
Derfflinger (1615–1695)
Gemälde von Willing (?),
vor 1670
(Berlin, Schloß Charlotten-
burg)
Aus oberösterreichischer
Bauernfamilie, geboren zu
Neuhof bei Linz
1620 als Emigrant
in böhmischen, dann
kursächsischen, schließlich
schwedischen Diensten.
1630 Hauptmann
1635 Oberstleutnant
1638 Oberst
1646 in die Mark geheiratet
1648 Abschied
1655 in brandenburgischem
Dienst als Generalmajor
Chef eines Regiments
zu Pferde
1637 Generalleutnant

»Hier gut Brandenburg . . .«

Trotz des außenpolitischen Fehlschlags bleibt die Bilanz der Mühe fast eines halben Jahrhunderts positiv. Das stehende Heer von mehr als 30 000 Mann kann zwar noch nicht aus eigener Kraft unterhalten werden, aber Brandenburgs Truppen sind im europäischen Kräftespiel schon so begehrt, daß es auch im Frieden nicht an »Subsidien« fehlt. Die eigenen Aufwendungen werden von fürstlichen Dienststellen verwaltet, die Eigenmächtigkeiten der Truppenchefs weiter beschnitten; immer deutlicher werden sie zu »Offizieren«, also Beamteten. Ihre Möglichkeiten als Unternehmer werden – unter Kontrolle – begrenzt auf die laufende Truppenökono-

mie, doch ernennen sie noch die Offiziere im Regiment, vergeben also die begehrten, weil einträglichen Kompanien.

Der Bildungsstand der Offiziere bleibt dürftig. Nur Junker aus reichen Familien haben eine »Kavalierstour« mit dem Höhepunkt Paris absolviert. Aber der Berg kommt zum Propheten: seit 1680 treten immer mehr Hugenotten ein. Sie bringen bestimmte Charaktereigenschaften mit – wer verläßt Heimat, Besitz und oft Familie um des Glaubens willen? –, vor allem aber neben französischer Kultur hohe militärische Fachkenntnisse. Denn Frankreichs Armee ist damals vorbildlich, und so dringen neue Rangbezeichnungen vom Sergeanten bis zum Lieutenant, Capitaine und Major ein, ebenso ihre Ausdrücke für den Festungsbau und das tägliche militärische Leben (Reveille, Alarm usw.). Der Höhepunkt ihres Einflusses liegt aber erst in der Folgezeit.

Die Schranke zwischen Offizier und Unteroffizier ist noch durchlässig; neben der Gunst des Chefs entscheiden Bewährung und Geld, denn die ersehnte Kompanie muß in der Regel mit erheblichen Summen gekauft werden. Adlige Geburt ist förderlich, aber nicht entscheidend; die ersten Ansätze militärischer Bildungsanstalten, nämlich Pagencorps beim Fürsten und hohen Befehlshabern sowie Ritterakademien sind allein den Junkern vorbehalten. Die internationale Fluktuation der Offiziere bleibt erheblich: die Zeit ist erfüllt von zahlreichen relativ begrenzten Konflikten; der Tüchtige sucht laufend und überall Erfahrung, Bewährung und Aufstieg.

Die Mannschaft der Infanterie besteht weiterhin aus angeblich geworbenen Söldnern. Für das relativ kleine stehende Heer kann man ihre Qualität durch Auswahl verbessern und zugleich die Disziplin in Ausbildung wie Lebensführung verschärfen; denn Unterkunft – meist beim Bürger –, Ernährung und Kleidung des einzelnen sind im stehenden Heer gesichert, und zwar langfristig. Da man vorwiegend im Inland wirbt, dringt in der Truppe das bodenständige Element vor. Der Dienst ist lebenslänglich, der Sold knapp, aber viele Soldaten bringen eine »Profession« mit oder erlernen einen Beruf, den sie neben ihrem Dienst auszuüben versuchen. Wer nicht mehr dienen kann, ist übel dran, denn man beginnt sich zwar um die Versorgung der Invaliden zu bemühen, aber noch ohne rechten Erfolg.

Bei der Kavallerie wird der Dienst besser bezahlt, ist tatsächlich freiwillig und gelegentlich so begehrt, daß der Rekrut zuzahlt, um in die Truppe zu kommen. Sie liegt auf dem Lande verteilt, was zu Mißständen führt: Ausbildung und Aufsicht sind mangelhaft, und das Recht auf Futter wird ebenso mißbraucht wie andererseits die Militärpferde Privatzwecken dienen.

Die noch sehr zunftorientierte Artillerie sieht – verantwortlich für das gesamte Munitionswesen – vor allem auf Zuverlässigkeit und in diesem Sinn besonders auf das protestantische Bekenntnis. Die Gegenreformation, insbesondere die Regeln der »Gesellschaft Jesu«, haben im protestantischen Norden ein so dauerhaftes Mißtrauen hinterlassen, daß Preußen noch achtzig Jahre später in der Not lieber protestantische kriegsgefangene Schweden zur Artillerie einstellt als katholische Landeskinder. Auch der technische Fortschritt der Waffe ist äußerst langsam; so bleibt sie auch später im Kranz der Waffengattungen lange Zeit das konservative Element – auch dann noch, als sie sich und ihr Material den rapiden Fortschritten moderner Technik nicht mehr verschließen kann.

In der Kriegführung wird ein besonderer Stil erst deutlich, als ab 1675 der Kurfürst eigene Operationen unabhängig durchführt. Die hohe Aktivität, der rasche, aber gründlich durchdachte und vorbereitete Schlag – wie etwa bei Fehrbellin, auf Rügen und im ostpreußischen Feldzug 1679 – entsprechen seinem Charakter wie seiner Erkenntnis der Möglichkeiten, die einem materiell schwachen Staat verbleiben. Die äußerste Anspannung aller Kräfte bedingt schon damals, was der Urenkel ausspricht: »Unsere Kriege müssen kurz

und vif sein.« Unter seinen Führungsgehilfen belegt der beste, Derfflinger, ein protestantischer Bauernsohn aus Oberösterreich, schon früh jene magische Anziehung, die Preußen später auf die großen militärischen Geister des Reiches ausüben sollte.

Als der Kurfürst 1686 bei Crossen ein nach Ungarn abgehendes brandenburgisches Korps mustert, sind sich die Beobachter aus ganz Europa einig, daß hier Neues und Dauerndes geboren war. Die Grenzen seiner Zeit hat Brandenburg allerdings nicht verlassen können: nach wie vor blieb das Heer dem Lande eine schwere, unwillig getragene Last, die man notgedrungen duldete, aber nicht aus Einsicht begrüßte. Trotzdem vermochte das Heer – gestützt auf den Ruhm der Feldzüge, verfassungsmäßig anerkannt als bleibendes und wesentliches Organ des Staates – Einrichtungen und Verhältnisse zu entwickeln und zu festigen, die brandenburgische Besonderheiten insofern spiegeln, als die Mißstände des Söldnertums relativ zurücktraten zugunsten von Ordnung und Zuverlässigkeit, die sich bald in weiteren Leistungen bekundeten.

1658 Generalfeldzeugmeister und Geheimer Kriegsrat (Feldzüge 1656–59) 1670 Generalfeldmarschall, daneben Chef wechselnder Regimenter 1674 Reichsfreiherr, Oberbefehlshaber der Brandenburger Truppen im Elsaß 1675–79 Feldzüge gegen Schweden 1682–90 Gouverneur von Küstrin Er war eine Mischung von rauhem Soldat und Glaubenskämpfer, gleichermaßen begabt als Organisator wie als Führer von Truppen. Stets blieb er hervorragende Figur brandenburgisch-preußischer Heeresgeschichte – »zugereist«, wie noch so viele nach ihm.

„Auserlesenere und wackerere, auch besser muntirte Völker sollen sich nicht leicht finden, auch dergestalt, daß kein Mann darunter zu tadeln oder auszuschießen seie."
Bericht des Kaiserlichen Gesandten, 27. IV. 1686

31

Marine und Kolonien

*Marine-Flagge
Graphische Darstellung
von F.-G. Melzner
(nach Verschuer)*

*Die Kurbrandenburgische
Flotte 1684
Gemälde von Verschuer
(Berlin, Schloß Charlottenburg)
Das Bild gibt den Gesamt-
bestand, der allerdings nie
komplett versammelt war.
Wenn der Traum auch kurz
gewesen ist – schon vier
Jahre später brauchte der
Nachfolger alle Gelder für
andere Zwecke –, so bleibt
die Episode bemerkenswert
als einziger wesentlicher
deutscher Versuch, neben
den Westmächten an der
Freiheit der Meere und der
Verteilung der Welt teilzu-
nehmen.*

Das militärische Bild Brandenburgs bliebe unvollständig ohne einen Blick auf die Bemühungen des Kurfürsten um Seehandel und koloniale Stützpunkte. Beide setzten eine Kriegsflotte voraus; in ihrer Struktur ist das schon veraltende militärische Unternehmertum noch deutlich, und auch die Besatzung der Schiffe wurde vom Heer gestellt. Die brandenburgische Marine darf deshalb durchaus als ein Teil dieses Heeres angesehen werden.

Den Niederlanden familiär, kulturell und politisch verbunden, hat auch der Kurfürst jene Hoffnungen gehegt, die damals aus der Enge des kriegsgeschüttelten Europas in die Welt und ihre wirtschaftlichen Möglichkeiten wiesen. Die Niederlande und England wetteiferten, den Spaniern und Portugiesen ihr Kolonialreich abzunehmen, wobei auch sie Handel – Sklaven eingeschlossen! – und Seeraub auf abstoßende Weise mit dem Wort Gottes und echten politischen Anliegen zu verbinden wußten.

Kriegsschiffe waren dazu die erste Voraussetzung. Sie wurden bereits bei den Konflikten mit Schweden gebraucht, und so nehmen die maritimen Bemühungen ab 1675 eine dauerhafte Form an: der Kurfürst engagiert den Holländer Benjamin Raule zunächst mit kurfürstlichen »Briefen« für 20 Kaperschiffe, die Raule ausrüstet, stellt und »betreibt«. Es folgt dann noch im gleichen Jahr Auftrag auf 5 Schiffe mit 56 Kanonen für die Ostsee; hinzu treten 3 von Amsterdam gemietete Fregatten. In wechselnder Stärke nehmen solche Schiffe an den Kampfhandlungen bis

1678 teil. Sie führen dann Kaperkrieg gegen Spanien und Hamburg, die schuldige Subsidienzahlungen verweigern, und dienen alsbald auch kolonialen Plänen: 1680 greift Brandenburg ein in den Handel nach Guinea an der westafrikanischen Küste, und 1683 wird dort zwischen Axim und dem Kap der Drei Spitzen die Kolonie Groß-Friedrichsburg, 1684 Accada und 1685 Taccarary (Dorotheenschanze) gegründet, weiter die Insel Arguin (Mauretanien) besetzt. Wie auch bei den »Seemächten« üblich, basierte diese Expansion auf privaten Kompanien, also auf Aktiengesellschaften, die aber staatlich unterstützt und gedeckt wurden. Abgesehen war es auf Gold, Elfenbein und auf Sklaven; die

Benjamin Raule (1634–1707)
Büste, um 1680
Niederländischer Reeder in
Middelburg
1675 Kurfürstlicher Rat,
mit Kaperbriefen aus-
gestattet
1676 Schiffsdirektor
1677 Oberdirektor in See-
sachen
1681 Generaldirektor der
Marine
1698 entlassen, 1702 bei der
Handelskompanie Emden
versorgt.
Die von ihm organisierte
Flotte unterstützte die
Kriegsführung, zum Teil
sogar direkt die Heeres-
operationen (Rügen 1678),
und führte Kaperkrieg
gegen feindlichen Handel
oder zur Beitreibung von
Forderungen (gegen
Hamburg 1679, gegen
Spanien 1680/81);
außerdem diente sie den
Kolonialplänen.

Rechts:
Magazin der Flotte in
Emden 1688
Handzeichnung der Zeit
(früher Geheimes Staats-
archiv Berlin)
Emden war Flottenstütz-
punkt und Sitz mehrerer Han-
delskompanien, die sich
bis etwa 1720, dann wieder
ab 1752 um den Afrika- und
Fernost-Handel bemühten.
Der Erfolg war gering: die
verfügbaren Mittel genügten
nicht, um in Krisenzeiten
diesen Handel effektiv zu
schützen.

Küstenstämme speisten aus Kriegszügen ins Innere einen Markt für dies »schwarze Elfenbein«, das die West-mächte als Arbeitskräfte für ihre ameri-kanischen Kolonien benötigten, nach-dem man dort die Indianer weitgehend ausgerottet hatte. Diese Unternehmun-gen stützten sich auf Nordseehäfen, und zwar zunächst gelegentlich auf das däni-sche Glückstadt, vor allem aber auf Em-den, wo der Kurfürst eine Garnison un-terhielt. Sie war dort willkommen als Faktor der Ordnung, in den wild ver-

worrenen ostfriesischen Zuständen nicht ungern gesehen.

Der Sohn Friedrichs I. hat die kolo-nialen Bemühungen noch fortgesetzt, aber der Enkel Friedrich Wilhelms I. hat sie aufgegeben als »Chimäre«, und Brandenburg-Preußen trat wieder in die Reihe der rein kontinental orientierten Mächte zurück.

Immerhin umfaßte die Flotte, die Verschuer 1684 malte, 34 Schiffe mit einigen hundert Kanonen. In Emden erinnerten bis 1945 noch einige Ge-

leuse

Siegel des Forts
Arguin 1709
Zeichnung nach Original
(Früher Archiv des Großen
Generalstabs, Berlin)
Die Festung wurde 1685 auf
einer Insel vor der Guinea-
Küste angelegt und ging
1721 nach erbittertem
Kampf an die Franzosen
verloren.

Ruine des Forts Groß-
Friedrichsburg
Zeichnung zum Bericht der
Offiziere von SMS
»Sophie« (Berlin 1884)

bäude, in Westafrika noch jüngst Ruinen
der Kolonialforts an das Wirken einer
»Brandenburgischen Admiralität«.
Spätere Lustjachten und Wachtschiffe
standen in keiner direkten Beziehung
mehr zum Militärwesen, mit Ausnahme
der »Haff-Flottille« des Siebenjährigen
Krieges, die als Teil der lokalen Verteidigung Pommerns noch zu würdigen sein
wird.

Fort Dorothea in Accoda/Goldküste Zeitgenössischer Stich Der Stützpunkt wurde 1684 befestigt und 1712 von den Niederländern zerstört.

Friedrich
Kurfürst und König

Kurfürst – König – Kronprinz

Nach einem erfüllten Leben und doch zu früh starb im Mai 1688 der »Große Kurfürst«. Denn noch seine letzte Parole »London und Amsterdam« weist auf den bevorstehenden Übergang des Oraniers Wilhelm III. nach England hin, wo die französenfreundliche Dynastie der Stuarts durch die »glorious revolution« vom Thron gestoßen werden sollte: damit begann nach Jahrzehnten hinhaltender Verteidigung der Gegenangriff Mitteleuropas gegen Frankreichs Hegemonie.

Die folgenden Auseinandersetzungen dauerten ein Vierteljahrhundert und nahmen damit die Regierungszeit seines Sohnes Friedrichs III. von Brandenburg (1688–1713) völlig ein. Genau zur Halbzeit 1701 wird er als Friedrich I. souveräner »König von Preußen«; das war aber auch der einzige Gewinn, den er aus einer weltpolitischen Konjunktur zog, die sein Vater wohl anders genutzt hätte. Die echte Zäsur in seiner Regierungszeit ist aber nicht diese Krone, denn sie wäre ohne seinen Sohn und Nachfolger eine hohle Würde ohne Kraft und Ansehen geblieben: Epoche macht – zunächst noch sehr unbemerkt – erst dieser Kronprinz Friedrich Wilhelm, wenn er durch sein Beispiel und als stille Drohung bald nach der Jahrhundertwende am innenpolitischen Horizont erscheint.

Exterritoriale Kronen waren Mode geworden für die Herren Kurfürsten: der Bayer schielte heftig nach der eines Königreichs Belgien, der Sachse prunkte bereits mit der polnischen, die – geschmückt mit dem Lorbeer der Rettung Wiens vor den Türken 1683 – den Niedergang dieses Königreichs noch nicht ahnen ließ; viel realer war die von Großbritannien basiert, die der Welfe in Hannover erwarten durfte. Gegen diese Herren war der König in Preußen höchst kläglich dotiert, denn seine neue Würde beruhte nur auf dem kleinen Herzogtum (Ost-)Preußen, das aufgrund historischer Entwicklungen auch dann außerhalb der Grenzen des »Heiligen Römischen Reiches Deutscher Nation« ge-

blieben war, als der Große Kurfürst die polnische Lehnshoheit abwarf.

Für die Krone. mußte ein hoher Preis bezahlt werden: in der bevorstehenden Auseinandersetzung um die spanische Erbfolge waren Preußens Truppen zu einem erheblichen Teil vertraglich an den Kaiser gebunden, und was noch frei war, mußte an die reichen Seemächte England und die Niederlande vermietet werden, um die Prunksucht des neuen Zaunkönigs zu finanzieren. Daraus folgte der Nachteil, daß die Vermietung »en detail« den politischen Einsatz der militärischen Kräfte für eigentlich preußische Zwecke

nicht zuließ, und so war der Gewinn Preußens aus diesem zwölfjährigen ersten Weltkrieg entsprechend dürftig. Über längere Sicht war dagegen ein Vorteil, daß die Armee als einzige »melkende Kuh« dieses Staates für die Mieter wertvoll, also tüchtig und intakt auch dann noch bleiben mußte, als die übrigen staatlichen Institutionen und wirtschaftlichen Mittel mehr und mehr durch Fürstenschwäche, Mißwirtschaft und Korruption dahinsanken.

Das Vermieten von Truppen, meist der eigenen Landeskinder, war damals übel im Schwange. Es hob das Gefühl dieser Herrscher von »Zippel-Zerbst«, wie später Friedrich II. die Sorte nannte, als Herr über viele Regimenter zu figurieren, die in friedlichen Pausen auch mal zu Hause paradieren konnten – und es brachte Geld! Duodez-Häuser wie

Württemberg, Hessen und etwa Sachsen-Gotha haben in diesen Geschäften über lange Zeiträume hin brilliert. Man darf aber nicht übersehen, daß dieses Subsidien-Unwesen zur politischen Notwendigkeit werden konnte, wo ein Fürst nur mit fremdem Geld jene Truppenmenge zu halten vermochte, deren er zur Sicherheit seines Staates und zur Wahrung gerechter Ansprüche bedurfte – und das war in Brandenburg bereits vorher ein halbes Jahrhundert lang bittere Notwendigkeit gewesen. Auch nahm die öffentliche Meinung an diesen Zuständen erst Anstoß, als die Aufklärung eine neue Menschenwürde entdeckt hatte und als dieser neue Begriff sich für die politischen Ziele Frankreichs im Kampf um Nordamerika ab 1776 dienlich anwenden ließ.

Um 1700 dagegen lag die menschliche Arbeitskraft schon wieder oder noch reichlich brach, und kein Mensch fand etwas dabei, daß sich preußische Truppen in fremdem Sold zwölf Jahre lang gegen Frankreich schlugen, und zwar mit Erfolg. Ob sie von Natur tüchtig waren – Söhne eines armen Landes, die mit Staunen den reichen flandrischen Lebensstil oder Wein, Weib und Sonne Italiens genossen – oder ob die besprochene Notwendigkeit sie zur Leistung ebenso zwang wie heute den Professional des Sportes?

Wenig besagen über ihre Brauchbarkeit die »gracieusesten Compliments«, die seitens des jeweiligen obersten Befehlshabers einer kombinierten Armee nach jedem Sieg fällig waren: daß »gerade die Truppen des Hochfürstlichen Herrn N. N. das meiste zum Siege beigetragen« hätten! Viel deutlicher sprechen die anhaltenden Bemühungen der Feldherren der Seemächte, des Kaisers und des Reiches, eine möglichst hohe Zahl preußischer Bataillone in ihren Armeen zu haben. Wie oft werden diese Regimenter des Königs von einem Schauplatz zum anderen in Marsch gesetzt – von Flandern zum Oberrhein, von dort nach Italien oder nach Ungarn gegen die Türken, sobald am neuen Ort große Entscheidungen angestrebt werden. Neben

den Hessen-Kasselern gelten sie schlichtweg als die besten – und mit Recht: im ersten Treffen bei Höchstädt 1703 decken sie unerschütterlich den Rückzug der Geschlagenen, sind ein Jahr später an gleicher Stelle maßgeblich am Sieg beteiligt, ebenso 1706 vor Turin, und den Tag von Malplaquet 1709, an dem der Soldatenkönig als Kronprinz mit ihnen im Feuer stand, hat er noch lebenslang gefeiert – tanzend mit seinen alten Generalen!

Ein Heer wie andere – und doch besser?

Unmöglich ist es jedoch, diese Leistungen und ihren Ruf etwa aus besonderen Strukturen, waffentechnischen Neuerungen oder taktischen Künsten zu erklären, denn das alles war erst der Folgezeit vorbehalten. Das stehende Heer war in Brandenburg ein paar Jahre älter, und man hat es stets besonders gepflegt: man war darauf angewiesen, es möglichst laufend und gut zu vermieten, weil es mehr ökonomische Kraft fraß, als der Staat eigentlich dafür aufbringen konnte. So wurde Tüchtigkeit zur Voraussetzung, laufende Kriegserfahrung zur Folge. Brandenburg konnte es sich nicht – wie etwa Sachsen – leisten, seine Truppen unter den üblichen staatlichen Geldkalamitäten leiden zu lassen, und so blieb das Heer die letzte Ordnungszelle, als nach dem Sturz des Kanzlers Danckelman ab 1697 Mißwirtschaft und politische Erfolglosigkeit diesen ärmlichen Staat schüttelten. Sosehr es allgemeine Eigenheiten und Mißstände des militärischen Barock teilte, so blieb es doch Ansatzpunkt für die spätere rigorose und epochemachende Neuordnung Preußens. In diesem Sinne sei es in seiner älteren Form noch einmal unter die Lupe genommen.

In der Berufsauffassung des Soldaten lebt noch immer die »Soldatengewerkschaft« des Dreißigjährigen Krieges nach, deren Internationalität sich für den gemeinen Mann im Desertieren von Heer zu Heer ausdrückt, für den Offizier im häufigen Dienstwechsel nach offiziellem Abschied. Nationale Motive sind

*Fahnenadler der
ersten Könige*

„Gib, daß ich tu mit Fleiß,
was mir zu tun gebühret,
wozu mich Dein Befehl
in meinem Stande führet.

Gib, daß ich's tue bald,
zu der Zeit, da ich soll,
und wenn ich's tu, so gib,
daß es gerate wohl."

Gesang der preußischen
Truppen auf dem Anmarsch
zur Schlacht bei Leuthen,
5. XII. 1757

nur dem Scheine nach entwickelt, dagegen ist real ein Korpsgeist, der sich beim Offizier mit dem adlig-ritterlichen Restbegriff einer Ehre verbindet, die allerdings nur Tapferkeit absolut erfordert; man hat sie vor dem Feind zu beweisen oder wenigstens im Duell, das fast sportlich gesucht und zelebriert wird. Der Junker beginnt seinen Dienst als Unteroffizier; seine Ernennung und Beförderung zum Offizier wird nun auch für die unteren Ränge durch »Patent« Sache des Fürsten, womit die Käuflichkeit der Stellen schwindet. Bei Tüchtigkeit und etwas Glück avanciert auch der Bürgerliche noch. Dem Chef bleibt das Vorschlagsrecht; »Beziehungen« sind also wichtig, und so nimmt im Offizierkorps der Anteil des kinderreichen einheimischen Kleinadels deutlich zu.

Für die Mannschaften reichen trotz noch niedriger Heeresstärken wegen der anhaltend geführten Kriege die Freiwilligen nicht mehr aus. Die vom Lande gestellten Rekruten sind meist gepreßt, also zwangsweise eingestellt. Das Zivil nutzt die Gelegenheit, sich dabei von unerwünschten Elementen zu befreien – eine soziale Sanierungsmaßnahme, die eines fürsorgerischen Akzents nicht entbehrt; wie noch heute die ähnlich strukturierte englische Armee lehrt, setzen solche Verhältnisse allerdings ein besonders tüchtiges Unteroffizierskorps voraus. Diese Asozialen und fluktuierenden Elemente »aus aller Welt« stellen den Hauptteil der Deserteure, also der chronisch Fahnenflüchtigen; die ihnen gegenüber angezeigte feste Hand verankert für zwei Jahrhunderte jenen rüden Ton in der »Erziehung zum Soldaten«, gegen den seit damals bis heute jeder vernünftige Offizier kämpft; leider ist es so verlockend einfach, Menschenführung durch Grobheit zu ersetzen.

Bleibendes Element wird immer stärker der Anteil der Landeskinder, der sich sogar in der landsmannschaftlichen Geschlossenheit der Truppe äußert, sobald von einem Regiment nur Teile zu Feld gehen, während der Rest als Garnisontruppe in der Heimat den Ersatz aushebt oder wirbt, ausbildet und nachschickt.

Pommern, Märker und Ostpreußen bewähren sich als besonders geeignet, und gegen »Undeutsche« wird man immer mißtrauischer.

Das Salz in der Suppe
Eine Ausnahme auch in dieser Beziehung bilden die »Refugiés«, die aus Frankreich seit Aufhebung des Edikts von Nantes 1685 immer stärker einströmen und vorwiegend als Offiziere und Unteroffiziere plaziert werden. Ihnen mißt »Gott« die irdischen Pflichten zu, und diese Auffassung wird zumindest im Effekt von ihren Kameraden schließlich mißmutig angenommen. Die beiden vollständig aus Refugiés gebildeten Regimenter haben bis 1806 nach Rang wie Leistung an der Spitze der Infanterie gestanden: Garde No. 15 in Potsdam und das als »Itzenplitz« berühmte Berliner Regiment No. 13. Als später in einer der drohendsten Stunden des preußischen Heeres, am 5. Dezember 1757, die Armee im Morgendämmern aufs Schlachtfeld von Leuthen marschiert, singt sie jenen Choral, der das religiöse Prinzip dieser Calvinisten am schärfsten formuliert.

Da mit ihnen besonders viele sehr junge Edelleute nach Brandenburg kamen, faßte man sie in besonderen Cadetten-Kompanien zusammen – Ursprung der preußischen Cadetten-Corps, der planmäßigen Heranbildung junger Edelleute oder Offizierssöhne zum Offizier. Weit voraus weisen die »Sentiments« des Chefs der Magdeburger Kompanie v. Bosse, die er etwa 1710 dem Kronprinzen vorlegt: sie stellen die Charakterbildung des künftigen Offiziers über die Fachbildung und haben bis 1918 eine kaum zu überschätzende Wirkung auf das preußisch-deutsche Offizierkorps und damit auf das Heer überhaupt gehabt.

»Nervus rerum« – die Militärökonomie
Der Daumen auf den staatlichen Mitteln, insbesondere auf dem Wehretat – das ist das Zeichen der absoluten Fürstenmacht. Unter dem schwachen, eitlen,

40

König Friedrich I.
Gemälde von S. T. Gericke
(Museum Schwerin)
Eine alte Überlieferung, der
König trage die Uniform des
Regiments zu Fuß No. 16,
ist mangels Vergleichs-
material nicht nachzuprüfen;
es handelt sich jedoch
zweifellos um eine Uniform,
nicht um ein Hofkleid.
Auffallend ist die Bevor-
zugung des englischen
Hosenbandordens im Dekor
des Thronsessels wie am
König selbst: Er ist durch
Cordon und Stern vertreten,
der eigene Schwarze Adler-
Orden des Königs dagegen
nur durch das Bandkreuz
an Schleife. Vielleicht wurde
das Bild doch schon kurz
vor 1701 gemalt und nach-
träglich erst »königlich«
aptiert?

kulturell verspielten ersten König war in diesem Punkt kein wesentlicher Fortschritt zu erwarten: in der Zivilverwaltung ging es drunter und drüber, und auch im »Militare« gelang die Straffung fürstlicher Kontrolle gegenüber den Truppenchefs nur unwesentlich, bis nach 1700 der Kronprinz seinen Schatten allmählich immer deutlicher vorauswarf.

ggf. das Pferd sowie Heizung, Beleuchtung u.ä. verstand, dazu Mitbenutzung der Einrichtung des Quartierwirtes – oder aber für all das eine weitere Geldabgabe! Die hieraus sich ergebenden, meist sehr unerquicklichen Fragen und Beziehungen wurden nun allerdings durch genaue Vorschriften geregelt, über deren Einhaltung durch beide Seiten

Feldzeichen des ersten Königs (Leningrad, Artilleriemuseum der Peter-Pauls-Festung; 1760 aus dem Berliner Zeughaus dorthin verbracht). Links: Infanterie-Fahne, Regiment fraglich. Rechts: Fahne der Landmiliz Zossen/Kurmark von 1703.

Die notwendigen Geldmittel fließen nach wie vor weder aus Einsicht noch nach festen staatsrechtlichen Normen, sondern müssen – am leichtesten unter dem Druck akuter Gefahr – einem immer erschöpfteren Lande abgerungen werden. Sie gehen im Laufe der Jahre immer unregelmäßiger und spärlicher ein, werden immer ungenügender ohne die Subsidien jener Großmächte, die für ihre eigenen Interessen hilfsweise preußische Truppen bluten lassen.

Dabei lasten auf dem Lande neben all den Kosten für Ergänzung, Ernährung, Bekleidung und Bewaffnung auch noch die »Servis«-Leistungen, worunter man das Natural-Quartier für den Mann und

fürstliche Kommissare wachten: ihre Tätigkeit war für das Zivil so eindrucksvoll, daß sich daraus die Bezeichnung »Kommiß« für das gesamte Heerwesen bis heute erhalten hat.

Das äußere Bild
Nach wie vor bezahlt der Soldat seine Kleidung selbst, aber nun aus Soldabzügen in die Regimentskasse. Aus ihr werden »Montur«, also Uniform und Waffen, vom Regiment beschafft nach Grundnormen, auf die der Fürst mehr und mehr Einfluß nimmt.

Musterungsberichte lassen einen gewissen Luxus erkennen. Der blaue Infanterie-Rock ist uns schon bekannt, ebenso die Staffierung im Sinne des »Zweierlei Tuch«, also vorwiegend rote, für die Garden weiße Abzeichen. Zu »Umschlag« und »Aufschlag« können nun Brustklappen (Rabatten) und schließlich kleine Umlegekragen treten – von Regiment zu Regiment verschieden. Zeittypisch ist der Besatz mit zahlreichen Knöpfen – oft in Reihen gesetzt

– und mit bunten Borten; sie decken bei den locker gewebten Stoffen die empfindlichen Kanten, Nähte und Knopflöcher. Um diese letzteren bilden sie »Schleifen«, die sich auch dann noch halten, als die Kantenbesätze allmählich zurücktreten. Den Franzosen erscheinen diese Schleifen schon für die brandenburgischen Truppen so typisch, daß ihre Bezeichnung »brandebourgs« in die Mode bzw. Kostümkunde eingeht.

Muster und Verteilung der Borten bestimmt der Regimentschef und wählt dabei, zumindest für die Spielleute, meist »Livree-Schnüre«, d.h. Farben und Figuren seines Wappens. Da diese Borten bei Chefwechseln immer seltener geän-

dert wurden, ging manches preußische Regiment 1806 noch mit den Borten aus der Zeit des ersten Königs unter. Speziell bei den Spielleuten erhielt sich durch das ganze altpreußische Jahrhundert auch noch reicher Kanten- und Nahtbesatz – das »Schwalbennest« auf der Schulter sogar bis in unsere Tage.

Ebenso verschwindet der die Zugehörigkeit zum Adel bezeichnende rote Rock des Offiziers, den wir heute noch gelegentlich im Reitsport sehen. Der Offizier verläßt also gleichsam seinen Stand und wird als Angestellter des Königs auch in der äußeren Erscheinung in die Truppe integriert; seine Besätze sind allerdings grundsätzlich in Edelmetall gestickt. Die Farbe ihres Fürsten – seit 1701 Silber mit Schwarz – tragen diese Herren im gleichen Sinne nun als Schärpe und Degenband (Portepée); auch die Hutschnüre (Cordons) sind schwarz-silbern gedreht. Dagegen verlieren die Unteroffiziere allmählich die Schärpe und führen die Nationalfarben nur in schwarzweißer Wolle; auch ihre Metallbesätze sind nur noch »leonisch«, also unechter Flitter. Diese Herabminderung kündet ihren sozialen Abstieg, die vollzogene Abtrennung vom Offizierskorps.

Zur Montur gehören weiter Weste und Hose aus Tuch, Strümpfe in regimentsweise verschiedenen Farben und Halbschuhe: der »Gamaschendienst« ist noch nicht erfunden. Wesentlich für die Silhouette des Soldaten wird Ende des 17. Jahrhunderts das Aufschlagen des Hutes zum Dreispitz; das Halstuch wird zunächst noch malerisch geschlungen, später mehr und mehr zur schlichten Halsbinde reduziert. Als Wetterschutz hat auch die Infanterie noch blaue Umhängemäntel.

Am Reiter sehen wir die gleiche Bekleidung, nur die Hose ledern und über den Strümpfen lederne Stulpstiefel. Dabei ist die Rockfarbe für die Regimenter zu Pferde, also die schweren Reiter, Weiß, während die Dragoner noch immer blaue Röcke dank ihres infanteristischen Ursprungs tragen. Der Schmuck des Berittenen findet sich weniger am

Links: Fahne des Regiments zu Fuß »Markgraf Christian Ludwig« No. 7 Rechts: Dragoner-Fahne, vielleicht Regiment »Sonsfeld«.

„Dragoner sind nicht Mensch, nicht Vieh – aufs Pferd gesetzte Infanterie." Alter Spottvers

Rock als vielmehr an Sattel- und Pistolendecken (Schabracken und Schabrunken), die auch für die Mannschaft neben Borten reichgestickte Embleme und Wahlsprüche zeigen: erst das Pferd macht den Mann.

Die Waffen und ihre Anwendung
Denn der Berittene war und blieb etwas »Besseres«, seit König Heinrich I. in Abwehr der Ungarn 800 Jahre zuvor jeden 20. Mann aufs Roß setzte: aus diesem Berufssoldaten war der adlige Ritter geworden und aus den übrigen neunzehn, die ihn zu unterhalten hatten, dessen leibeigene Untertanen. Von diesem Rittertum zehrte nicht nur der Landadel im Offizierskorps, sondern auch jeder Reiter noch ein wenig – wenn auch schon seit langem ohne die ritterliche Lanze.

Länger hält sich der 5–6 m lange Spieß der »Lanz-Knechte« bei der Infanterie. Der bereits erwähnte »Pikenier« mit Degen, Helm und leichtem Brustpanzer verschwindet erst zu Ende des 17. Jahrhunderts aus der Infanterie, nachdem man das Gewehr technisch vervollkommnet hatte. Die alte Luntenmuskete war umständlich, also nur langsam zu handhaben, während die neueren Radschloßwaffen kompliziert, also störanfällig blieben. Erst das »Füsil« mit Steinschloß, bei dem ein Funke zwischen Stahl und Feuerstein das Pulver entzündet, feuerte rascher und sicherer. Es wurde zugleich zur Blankwaffe durch das Bajonett, das man allerdings zunächst noch in den Lauf steckte: erst als man das Dillen-Bajonett erfand, an dem vorbeigefeuert werden konnte, hatten die Pike-

Kurbrandenburgische Grenadier-Garde, etwa 1698 Stiche aus der Folge Brandenburgischer Hoftypen von Peter Schenk, nach dem einzigen bekannten kolorierten Exemplar (früher Zeughaus Berlin) Von links nach rechts: Pfeifer, Offizier, Unteroffizier Der Pfeifer trägt die Hauslivree des Fürsten, der ja Chef dieser Truppe ist, der Offizier abweichend den roten Rock des Adels, der zumal für die Offiziere »vornehmer« Regimenter bis 1713 üblich blieb; nur der Unteroffizier zeigt die eigentliche Garde-Uniform.

45

Markgraf Philipp von Brandenburg-Schwedt (1669–1711) (Berlin, Schloß Charlottenburg) Stiefbruder Friedrichs I., als Chef des Regiments zu Fuß No. 12 (1685–1711) Nach dem Besatz offenbar kein Hofkleid, sondern ein Uniformrock.

Die im 17. Jahrhundert aufgekommene Handgranate erforderte besonders kaltblütige »Grenadiere«. Zum Zünden und Werfen brauchte man beide Hände, mußte also sein Gewehr am Riemen über die Schulter werfen. Dabei störte der Hut – also hing man ihn an die Patronentasche und trug im Gefecht die zipfelförmige Lagermütze, die – nun Zeichen der besonders Tapferen – alsbald liebevoll ausstaffiert wurde: aus einem Pelzbräm erwuchs die hohe Bärenmütze, während ein vorn aufgelegtes Metall-Emblem zum spitz aufsteigenden Vorderblech auswachsen konnte. Voll ausgebildet wurde dieser Schmuck allerdings erst, als die Granate selbst Anfang des 18. Jahrhunderts schon wieder aus dem Feldgebrauch verschwand; die Grenadiere jedoch blieben in Kompanien und sogar Bataillonen zusammengefaßt weiterhin eine Elitetruppe, die sich nur aus bereits erprobten Soldaten ergänzte. Wir finden sie ab 1701 immer wieder im Brennpunkt der Gefahren, und die Riesengrenadiere des Soldatenkönigs gehören ebenso zur Militärgeschichte wie die Metallmützen der preußischen Garden noch 1914.

Taktisch entfaltet sich die Infanterie trotz der verbesserten Feuerwaffe nur zögernd im Sinne der Lineartaktik, aus tiefer Aufstellung immerhin schon bis zu nur noch 4 Reihen, aber noch unter stetem Zurückhalten nicht feuernder Abteilungen; denn noch immer fürchtet man den überraschenden Kavallerieangriff, vor dem man sich in Vierecke (Karrees) zu retten versucht.

Die Reiter ändern ihre Hauptwaffen nicht; der Degen – gelegentlich schon Pallasch genannt – wird etwas schwerer, aber wichtiger ist die Wucht des Angriffs durch die nicht sehr schnellen, aber schweren und ausdauernden Pferde Holsteiner Schlages. Auch die Dragoner streben bessere Pferde an, um sich neben den eigentlichen »Reitern« zur echten Schlachten-Kavallerie zu entwickeln.

Eigentliche leichte Truppen gab es in Preußen kaum, denn deren Aufgaben der Aufklärung, der Sicherung und der Störaktionen im feindlichen Hinterland

niere ausgespielt. Alter Gewohnheit folgend behielt die Infanterie für das Nahgefecht zusätzlich noch den Degen und Offizier wie Unteroffizier ihre alte Halbpike bei, die beim Unteroffizier trotz einer Länge von 2–3 m noch immer »Kurzgewehr« oder Hellebarde (Halb-Parte) genannt wurde. Der Offizier führte in Brandenburg-Preußen seit 1690 als Stangenwaffe ein aus dem Sauspieß entwickeltes Sondermodell, das »Esponton«: die Jagd als die Schwester des Krieges.

Christian Ludwig Markgraf
von Brandenburg-Schwedt
(1677–1734)
Gemälde von A. Pesne
(Werkstatt) 1710/13
(Berlin, Schloß Charlottenburg)
Stiefbruder Friedrichs I.,
als Chef des Regiments zu
Fuß No. 7 (1695–1734)
Der rote Offiziersrock – noch
abweichend vom nachweislich
blauen der Mannschaft –
weist das Bild in die Zeit
des ersten Königs, und
Pesne arbeitete ab 1710 in
Berlin.

Schlacht bei Turin 1706
Gemälde – Kopie nach van
Hughtenburg durch Dismar
Daegen
(Potsdam, Verwaltung der
Schlösser und Gärten)
Dismar Daegen hat beim
Kopieren das Bild preußisch
»aufgebessert«: die Grena-
diergruppe im Mittelgrund
links (s. Skizze) treibt sich
nicht nur taktisch unmoti-
viert im Reiterkampf herum,
sondern trägt außerdem
Uniformen von etwa 1735;
weitere Veränderungen sind
zu vermuten. Trotzdem
bleibt das Bild ein gutes
Beispiel der »Bataillen-
Malerei« der Zeit.

49

Kronprinz Friedrich Wilhelm (I.) (1688–1740) Gemälde von S. T. Gericke (Potsdam, Verwaltung der Schlösser und Gärten) Das Alter des dargestellten Prinzen ist auf 6 bis 8 Jahre höchstens zu schätzen; es kontrastiert also zu dem Königsemblem von 1701 auf der Fahne. Entscheidend ist jedoch das Hundehalsband mit den Initialen FWCP, also Kronprinz Friedrich Wilhelm. Somit kommt sein Vetter Friedrich Wilhelm von Brandenburg-Schwedt (geb. 1700, also im Alter passender) doch nicht in Frage. Auch dieses Bild könnte nach 1701 »modernisiert« worden sein; die Uniform wäre dann die der Offiziere beim Regiment zu Fuß No. 6, dessen Chef der Kurprinz 1688 wurde. Die weißen Inschriften auf den Gemälden des preußischen Kronbesitzes sind erst im 19. Jahrhundert zugefügt, des öfteren falsch und somit ohne Bedeutung.

übernahmen stets die Husaren und die ungarischen Infanteristen (Heyducken) des Kaisers, die bei den Heeren gegen Frankreich oder die Türken nie fehlten.

Die »Fortschrittlichkeit« der Artillerie hat erst Karl Marx erfunden. In Wirklichkeit entwickelte sie sich nur auffallend langsam, wenn auch technische Neuerungen nicht ganz zu vermeiden waren: bei Fehrbellin sahen wir einige Kanonen der Kavallerie folgen, und auch die Infanterie-Begleitgeschütze Gustav Adolfs verschwanden nicht wieder. Die schweren Batterien wurden – mit erleichterten und normierten Rohren – etwas beweglicher und vermochten nun unter günstigen Umständen selbst in der Schlacht hier und da den Kampfhandlungen zu folgen. Als Organisation führte die Waffe nach wie vor ein Sonderdasein zwischen Zunft und Truppe, woran weder die Einteilung in Kompanien noch der blaue Infanterie-Rock Wesentliches änderte. Herstellung und Anwendung der Sprengmittel in den verschiedenen Formen – die Lustfeuerwerkerei, also das fürstlich-festliche Feuerwerk eingeschlossen – erforderten in allen Dienstgraden einen relativ hohen Bildungsstand, der aber mehr dem handwerklichen als dem adligen Bildungsprinzip entsprach.

Heeresleitung?

Die Aufsplitterung der preußischen Streitkräfte beleuchtet ebenso die finanzielle Mißwirtschaft wie die politische Unfähigkeit der Staatsführung; sie erklärt aber auch, weshalb sich unter dem ersten König trotz soviel militärischer Aktivität eine eigentliche Heeresleitung im Sinne der Führung zum Kampf ebensowenig entwickeln konnte, wie sich überhaupt militärische Führer ersten Ranges nicht zu profilieren vermochten. Es wurden eben nur tüchtige und gehorsame Korps-Generäle benötigt, während höhere strategisch-taktische Aufgaben und Entscheidungen dem Prinzen Eugen, dem Herzog von Marlborough oder auch mal einem Reichsgeneral wie dem badischen »Türkenlouis« vorbehalten blieben.

Intern spielte – in Berlin und ohne Feldverwendung – der Generalfeldmarschall von Wartensleben ab 1702 die militärische Hauptrolle. Es fehlte ihm nicht an Erfahrung, die er hauptsächlich bei Hessen-Kassel, im französischen und dänischen Heer und schließlich in venezianischem Sold erworben hatte. Politisch gehörte er zwar zusammen mit Kolb von Wartenberg und Graf Wittgenstein zum berüchtigten »dreifachen Weh« preußischer Mißwirtschaft – aber er hielt sich relativ zurück und pflegte Kontakt mit dem Kronprinzen. So überstand er die Katastrophe des Systems Wartenberg 1711 und lebte noch bis 1734 in königlicher Gnade.

Aus den wirklichen Truppenführern hob sich als Reichsfürst wie als Soldat eindeutig Leopold I. von Anhalt-Dessau hervor. Als militärischer Intimus des Kronprinzen war er bei der Hofkamarilla so unbeliebt, daß ihm weder Höchstädt noch Turin oder Malplaquet zum ersehnten Marschall-Stab verhalfen. Erst nach der Regierungskrise erhielt er ihn für die lächerliche Überrumpelung von Moers 1712, das die (verbündeten!) Holländer nicht hatten räumen wollen: man hatte das richtige Gefühl, dieser erlöschende Krieg werde keine bessere Gelegenheit mehr bieten. Dadurch wurde Preußen eine Kraft erhalten, die sich später als unersetzlich erwies.

Drohung und Hoffnung zugleich

Inzwischen war dem System des »in dulce jubilo«, des unverantwortlichen Leichtsinns, ein Erwachen gefolgt: 1710 erwies es sich, daß der Staat finanziell am Ende, die Wirtschaft ruiniert war, während die Bevölkerung hungerte und hörbar zu murren begann. Daß nun das Ministerium Wartenberg stürzte, half nichts mehr gegen die Pest, die über Ostpreußen bereits hereingebrochen war und alsbald auch die Marken erreichte: sie fraß dort etwa ein Drittel der Bevölkerung, und die Sterbestatistiken weisen aus, daß der nackte Hunger ihr die Bahn bereitet hatte.

Schon lange hatten sich die Augen der Einsichtigen auf den Kronprinzen ge-

50

Friedr. Wilhelm.
Prinz v. Pr. geb. 1688. König als
Friedrich Wilhelm I. 1713
gest. 1740.

richtet. Auf seine Entwicklung zu einer militärisch geprägten Persönlichkeit werden wir noch einzugehen haben; fest steht, daß der 1688 geborene Prinz auf dem militärischen Sektor schon auffallend früh Einfluß gewann: bereits 1699 wird für eine ökonomische Neuerung in einem Infanterie-Regiment darauf verwiesen, es werde im Regiment des Prinzen genauso gemacht – noch nicht elf Jahre alt war der Knabe damals.

Wen erstaunt noch, daß er 1706 höchst ernsthaft mit Wartensleben verhandelt, wie man die Truppen billiger, dabei einheitlicher und möglichst »preußisch« ausrüsten solle. Seine Befugnisse, also seine reale Macht, waren damals noch so gering, daß er wenig davon durchsetzen konnte, aber in der Armee beginnen sich die Regimenter seiner stillen Anhänger bereits abzuzeichnen durch besondere Uniformmerkmale und durch Eigenheiten in der Ausbildung, die schon in die Zukunft weisen.

Inzwischen scheint die Katastrophe des Landes einem üblen Ende zuzulaufen; die Pest steht nun schon in den Mittelprovinzen. Die von 1700 bis 1708 fast verdoppelte Steuerlast, zumal der Bauern, kann nicht mehr aufgebracht werden: 1710 fällt bereits ein Drittel der Staatseinnahmen aus, und einem Jahresetat von 4 Millionen Reichstalern steht ein Defizit von 2,5 Millionen gegenüber. Die Frage, ob dieser Staat weiterleben könne, läßt sich nicht mehr überhören.

Militärische Bilanz 1712

Gerade in diesen Jahren bereitet sich aber auch rings um Preußen ein entscheidender Wandel vor. Der Spanische Erbfolgekrieg treibt einem Patt zu; das Erbe wird geteilt, also erlischt die von Frankreich beanspruchte Hegemonie in Europa und die englische zieht herauf. Was Preußen bei der Neuverteilung erhält, ist fast Null; übrig bleibt ein relativ starkes Berufsheer, für den Frieden eher Last als Stütze. Die Infanterie zählt in 36 Feldbataillonen fast 25 000, in weiteren Garnison-Formationen etwa 5 000 Mann, die Kavallerie in 10 Reiter-Regimentern 4 500, die Dragoner in 6 Regimentern 4 000 Berittene; der Versuch einer Landmiliz zweiter Linie ist ohne militärische Bedeutung geblieben.

In der Armee sind privilegierte Garden stark vertreten und zum Teil – wie etwa die Hundertschweizer oder die Grand Mousquetaires – vorwiegend dem Hofdienst gewidmet; sosehr sie dem Charakter des Königs entsprachen, so waren sie dem Kronprinzen allesamt ein Greuel.

Unter Feldzeichen, die zunehmend Preußens Adler und die Königs-Chiffre zeigen, fühlen sich Offiziere wie Mannschaften als »königlich-preußisch« über ihre Truppe hinaus dem Staat verbunden – Ansatz der Verbundenheit auch für seine räumlich getrennten Territorien.

Als Friedrich I. – ein persönlich gütiger und gutwilliger Mensch – stirbt, geht ein Traum von Glanz und Kultur zu Ende, zerbrochen an den materiellen Verhältnissen und an menschlicher Unzulänglichkeit. Alles liegt im argen, und intakt ist nur jenes Ressort, zu dem er nie eine innere Beziehung hatte: das Heer. Höhnisch richten sich die Augen Europas, des bekriegten wie des verbündeten, auf den Erben. Er paßt nach Wesen, Auftreten und Vorstellungen so gar nicht in seine Zeit, und nur wenige aufmerksame Beobachter ahnen die Rolle, die er spielen muß und wird.

Der
Soldatenkönig

Als Friedrich Wilhelm I. folgte der Kronprinz am 25. Februar 1713 seinem Vater – ein markantes Datum für die europäische Geschichte.

Ein Staat ist keine Firma: nicht Millionen Geldes, sondern Menschenleben geben ihm Gewicht – aber in wirtschaftlicher Hinsicht entsprach die Situation des jungen Königs doch wohl der eines Kaufmanns, der ein bankrottes Unternehmen erbt. Was nun? Eingeständnis? Gehenlassen oder Bemühen? Nach Charakter, Erziehung und religiöser Überzeugung von Pflicht und Würde eines Fürsten war ihm sein Weg gewiesen.

Seine Regierungszeit wird weniger von äußeren Ereignissen beherrscht als durch innere Evolutionen charakterisiert. Sie prägten den Begriff Preußen für immer. Militärpolitische und zivile Maßnahmen waren dabei aufs engste verflochten; die neue Ordnung fand ihre Bewährung in der Belastungsprobe, die das politische Abenteuer seines Sohnes – der Kampf um Schlesien – heraufbeschwor. Da man am soziologisch-ökonomischen System des Soldatenkönigs bis zum Tode Friedrichs des Großen nichts Grundlegendes änderte, müssen und dürfen die folgenden Ausführungen sowohl sachlich die Grenzen des Militärwesens wie zeitlich die Regierung Friedrich Wilhelms I. vielfach überschreiten.

Anlagen, Erziehung und Umwelt

Als hübsches Kind und langersehnter einziger Erbe eines eleganten Hofes erfüllt er zunächst die üblichen Erwartungen. Großmutter Sophie von Hannover lobt sein schönes blondes Haar und sein liebes Wesen: »Jedwedem sagt er was Obligants.« Die alte Dame irrte sehr! Wir hören von anderer Seite Beispiele jähzornigen Trotzes, und das Ausgabenbuch des Achtjährigen läßt bereits militante Neigungen erkennen: Patronentaschen, Gewehre, Degenquäste u.ä. sowie Löhnungen für Tambours und Feuerwerker spielen die Hauptrolle – und vom Zehnjährigen liegt ein schriftliches Versprechen vor, daß er allen Kindereien entsage, »auch dem Pfeifen und Trommeln«.

Ob seine Mutter – er verlor sie mit 16 Jahren – seine Härten noch hätte mildern können, ist fraglich. Dafür verdankt er ihr eine Erziehung, die dem Berliner Hofleben ebenso widersprach, wie sie den echten Seiten seines Wesens gerecht wurde. Sein »Gouverneur« Graf Dohna-Coppet erzog ihn in der Geisteshaltung der französischen Calvinisten, die in der Pflichterfüllung an sich Gottesdienst sahen – im Gegensatz zur niederländischen und englischen Version, die nicht in der Bemühung, sondern nur im Erfolg den von Gott Auserwählten bestätigt fand.

So brachten Anlage und Erziehung den Prinzen gegen das ihn umgebende Hofleben auf, wie ihn die durch Befehl und Gehorsam, Entscheidung und Pflicht geordnete Welt des Soldaten anziehen mußte. Mehrfache Reisen führten ihn nach Holland, für dessen bürgerlich-behäbige Lebensweise er stets eine Vorliebe behielt, und schließlich auch – lang ersehnt – 1706 und 1709 in das Feldlager der Alliierten Armee gegen Frankreich. Seine eigentliche Umwelt blieb aber der väterliche Hof, der nach den Grundsätzen der Zeit gehalten wurde. Dem Barock war die »fürstliche Dignität«, also prunkvolle Würde, jener Leitstern, der vorher die Religion war, später einmal die Nation und dann das Geld werden sollten. Diese Dignität hatte auch jener Fürst zu wahren, dessen reale Mittel dem dazu nötigen Aufwand nicht entsprachen; so sah der Prinz Preußen am Rande des Abgrunds und allen Glanz als leere Illusion.

Von den akuten Traumen seiner Jugend hat er selbst zwei lebenslang als besonders tiefgreifend geschildert: erstens die Ohnmacht des neutralen Preußen, als 1711 im Nordischen Krieg Russen und Polen sein von Truppen entblößtes Gebiet verletzten, und zweitens der Zweifel, den holländische Felddeputierte 1709 öffentlich an der Leistungsfähigkeit Preußens äußerten, als man die Verluste der Schlacht bei Malplaquet ersetzen mußte. Aber auch Zeitereignisse, die seine Heimat nicht direkt berührten, haben ihn gelegentlich tief beeindruckt: die panische Flucht und Vernichtung der an sich tüchtigen sächsischen Armee durch die Schweden bei Fraustadt 1702 schlägt sich noch zwanzig Jahre später in seinem politischen Testament nieder. Er hielt diesen Krieg, den Rußland, Sachsen-Polen und Dänemark vom Zaun gebrochen hatten, für absolut »ungerecht« und hat seinen Nachfolger vor den Folgen einer solchen Tat dringend gewarnt.

Das Werden eines Königs

Die Reaktionen des begabten, partiell frühreifen Jungen spiegeln sich im militärischen Bereich, während er politisch selbst dann noch behutsam bleibt, als er nach 1710 wachsenden Einfluß gewinnt. Von klein auf der Jagd ergeben, organisiert er mit 12 Jahren bereits seine jugendlichen Jagdtreiber in Wusterhausen; 1704 formiert er sie zu einer Truppe, aus der sich sein »rotes Leib-Bataillon« entwickelt. Er unterhält es – möglichst diskret und den Augen des Vaters entzogen – aus eigenen Mitteln, Stammtruppe der späteren »Riesengarde«. Die Parallele zu den Spielgefährten Peters I. von Rußland, dem Stamm der russischen Garden, ist auffallend; das Beispiel liegt 20 Jahre früher, und Peter hat 1697 erstmals den Berliner Hof besucht.

Preußische Eigenvariante ist die Auslese möglichst großer Soldaten, erstes Zeichen der späteren »Gigantomanie«, die auf seinen Stiefonkel, den Markgrafen Philipp von Brandenburg-Schwedt, zurückgeht; daß diese Neigung – vom majestätischen Anblick abgesehen – einen realen taktischen Hintergrund hat, wird uns noch beschäftigen.

1706 berät eine hohe Kommission in Berlin Maßnahmen, die das Militärwesen vereinheitlichen und damit verbilligen sollen. Der Vorsitzende, Generalfeldmarschall v. Wartensleben, legt die Ergebnisse dem siebzehnjährigen Kronprinzen vor; dessen kritische Bemerkungen entwickeln und begründen bereits das Bild seiner späteren Armee. Im gleichen Jahr plant er den Umbau des Klosters Chorin zu einem Invalidenhaus mit 2 000 Plätzen; die Erwägungen zum Heranbilden junger Offiziere von 1710

wurde bereits erwähnt – alles in allem nur markante Einzelpunkte aus der laufenden intensiven Beschäftigung mit allen Sparten des Militärwesens.

In der Innenpolitik dagegen beschränkt er sich auch nach der Krise Wartenbergs 1710/11 darauf, jene Hofpartei zu stützen, welche die Retablierung Ostpreußens und eine Finanzreform anstrebt.

Bilanz eines Bankrotts

Trotzdem sind, als er 1713 den Thron besteigt, die östlichen Gebiete seines Staates durch die Pest fast eine Wüste, die mittleren wirtschaftlich ausgesogen, die westlichen zwar in leidlichem Zustand, aber größenmäßig unbedeutend. Außenpolitisch wird Preußen von den westlichen Verbündeten nicht mehr benötigt: Kaiser, England und Frankreich handeln den Frieden unter sich aus; im Osten wird es sogar bedroht durch den Versuch Rußlands, sich nach Schwedens Niederlage an der deutschen Ostseeküste bis über die Oder hin auszubreiten.

Auf wen soll sich der neue König stützen? Der Adel hofft und baut auf seine Schwäche, um alte Macht zurückzugewinnen. Die Kirche? Engstirniges Luthertum betrachtet den calvinistischen König eher mit Mißtrauen, und vom alten protestantischen Schwung ist längst nichts mehr zu spüren. Die Verwaltung der Städte liegt in der Hand korrupter Cliquen, welche die Magistratsstellen besetzen und zu eigenem Nutzen ausbeuten; das niedere Bürgertum hat die Schrecken des Dreißigjährigen Krieges nicht verwunden und verharrt devot und indolent in bescheidenen Verhältnissen. Noch weniger kommen als politischer Faktor die Bauern in Betracht; sie sind auf den Königsgütern, den Domänen, ebenso überlastet und ausgesaugt wie die Leibeigenen des Adels, die in einzelnen Gebieten bis zur Verkäuflichkeit des Menschen herabgestoßen sind.

Wie mußte in dieser Tristesse die Heimkehr der Armee wirken! Ruhmbedeckt, wohl ausgestattet und so perfekt ausgebildet, daß sie schon 1711 selbst die Verbündeten erschreckte: anläßlich einer

Fahnenadler des Soldatenkönigs »Er weicht der Sonne nicht« ist Ausdruck der Frontstellung gegen Frankreich im Sinne der kaiserlichhabsburgischen Reichspolitik.

55

Besichtigung ließ sich Prinz Eugen vernehmen, es sei die beste Infanterie Europas, nichts könne mit ihr verglichen werden; und als das Regiment »Kronprinz« vorexerziert, meint der englische Oberfeldherr Marlborough: ein Fürst, der 60 solcher Bataillone unterhalten könne, sei unbesiegbar. »Und«, flüstert General Lord Albemarle dem Preußen Grumbkow ins Ohr, »braucht sich nicht länger schikanieren zu lassen.«

Hier lag für den jungen König die Zukunft. Aber er war zu klug und zu verantwortungsbewußt, um sich nur auf Bajonette zu stützen. Der Staat mußte umgebaut und einer solchen Armee würdig werden, um sie tragen zu können; nicht nur halten, sondern – endlich – selbst unterhalten müßte man diese Bataillone! Von nun an greifen Innen-, Wirtschafts- und Militärpolitik ineinander, und mit dem endgültigen Ausbau der Armee verbinden sich aufs innigste sozial- und wirtschaftspolitische Ziele und Maßnahmen.

Das Fundament: die Armee

Die Armee soll »formidabel« sein im Sinne der Abschreckung und des Gewichts im politischen Spiel. Je billiger man sie unterhalten kann, desto stärker kann man sie formieren, und was sie an wirtschaftlicher Kraft beansprucht, fällt um so weniger ins Gewicht, je stärker ihr Bedarf als binnenwirtschaftlicher Impuls den allzu trägen Wirtschaftskreislauf antreiben wird.

Am Beginn der Reform steht Rationalisierung: die zahlreichen »Garden« sterben, und aus vielen Einzel- und Spezialformationen werden 25 genormte schlichte Feldregimenter zu je 2 Bataillonen formiert, neben denen allein das »rote Leibbataillon« als Garde bestehenbleibt; es vertauscht alsbald Wusterhausen und seine Kellerverstecke mit Potsdam als Garnison. Daneben bestehen 16 Kavallerie-Regimenter mit 55 Schwadronen, etwas Artillerie und einige Garnisontruppen, insgesamt 46 000 Mann. Dieses Heer wird bis 1740 nach und nach verstärkt auf 66 Bataillone mit rund je 650 Gewehren und 114 Schwadronen zu rund 150 Pferden, insgesamt 81 000 Mann.

Als Berufsheer stellt es in dieser Größenordnung eine erhebliche Belastung dar für einen Staat mit nur etwa 2,5 Millionen Einwohnern, der mit den Gaben der Natur sehr stiefmütterlich bedacht ist. Dies Mißverhältnis verlangt Maßnahmen, und eine von ihnen wird sich als eine geradezu geniale Evolution erweisen, die Preußen mehrere Revolutionen erspart hat.

Die Struktur des Heeres

Nur etwa die Hälfte der preußischen Soldaten ist einheimisch; die andere wird im »Ausland«, also vorwiegend im Reich, für preußischen Dienst angeworben, wo nach dem Frieden 1713 zunächst ein Überangebot entlassener Soldaten besteht. Später wird das schwieriger, denn es gibt wieder friedliche Arbeit, und man will in Preußen aus sehr triftigen Gründen nur noch große Soldaten haben, am liebsten 1,70 m und größer – und die Menschen waren damals viel kleiner als heute! Zudem ist der Dienst aus ebenso triftigen Gründen streng, und die Behandlung der Angeworbenen wird um so härter, je deutlicher deren moralisches Niveau sinkt. Die Werbung wird zur Menschenjagd, sobald es sich um besonders Großgewachsene handelt: »Wachse nicht, sonst fangen dich die Werber«, sagt in den Nachbarländern die Mutter zum Sohn.

Die andere Hälfte der Armee bilden Inländer, also ganz überwiegend die Bauern und Tagelöhner vom Lande oder ihre Söhne. Auch bei den Inländern ist die Größe maßgebend: kleine sind frei. Außerdem werden aber bestimmte Gruppen – Wissenschaftler, Beamte, wichtige Handwerker und pro Bauernhof eine maßgebliche Arbeitskraft – ausgenommen. Dieser Modus bildet sich nach anfänglichen Schwierigkeiten erst allmählich heraus und wird 1733 endgültig fixiert in dem Sinne, daß jedem Infanterie-Regiment ein »Kanton« von etwa 6 000 bis 8 000 Feuerstellen zusteht, der Kavallerie entsprechend weniger. Dort verzeichnet (enrolliert) die

Kronprinz Friedrich Wilhelm (I.) ca. 1710 Gemälde der Zeit (Kurhessische Hausstiftung, Schloß Fasanerie bei Fulda) Das Bild zeigt den Prinzen als Chef seines niederländischen Infanterie-Regiments: oranische Schärpe und holländische Trommel zu seinen Füßen, aber doch in der Uniform seines preußischen Regiments »Kronprinz« No. 6; trotz der niederländischen Funktion sind auch Degen und Portepee preußisch. Das Bild entspricht in Pose wie Ausführung dem Portrait in der Eichengalerie des Schlosses Charlottenburg.

„... schon Meines verstorbenen
Vaters Majestät vor vielen
Jahren die Verfassung ge=
machet haben, daß, wenn ein
an sich Leibeigener eine
geraume Zeit dem Vaterlande
in Kriegsdiensten gedienet hat,
derselbe bey seiner Verabschie=
dung, wenn er sich in einer
Stadt als Bürger ansässig
gemacht, die Freyheit dazu
bekommen solle, ohne deshalb
einiges Loßkauffgeld an seine
vorige Herrschaft zu entrichten,
noch von letzterer wiederum
zur Sclaverey der Leibeigen=
schaft reclamiret werden zu
können."
Der König an Großkanzler
von Cocceji, 1754

Truppe ihre Dienstpflichtigen und ergänzt aus ihnen laufend den vorgeschrie-
benen Inländerstamm, einschließlich
»Überkompletter« für Notfälle. Daraus
sowie aus dem Zwang, das »Maß der
Regimenter«, also die durchschnittliche
Größe der Mannschaft, weiter zu verbessern, resultiert vielfaches Auswech-
seln von Ausgebildeten gegen noch Un-
gediente: um die Mitte des Jahrhunderts
haben die Regimenter z. T. fast un-
glaubliche Mengen ausgebildeter Reser-
visten in den Kantons – ein einziges
pommersches Regiment etwa 4 000, von
denen 1 600 zur eigentlichen Truppe
rechnen; es hat darüber hinaus 20 000
Enrollierte, von denen ein Drittel bereits
vereidigt ist.

So wurde der Untertan des Adligen
zum Mann des Königs. Undenkbar, daß
der zivile Gutsherr ihn noch hätte in alter
Form behandeln können. Selbst wenn er
daheim Anlaß zur Klage gab, war nun
als relativ neutrale Instanz das Regi-
mentsgericht zuständig. Denn mochten
auch die Offiziersstellen ganz überwiegend vom Adel besetzt sein – nie hat es
gegenüber den königlichen Absichten
eine gemeinsame Front des ländlichen
und des militärischen Adels gegeben: so
eng die verwandtschaftlichen Beziehungen sein mochten, so verschieden war die
Interessenlage. So gelang es Preußens
Königen, die Macht des Adels endgültig
zu brechen, indem sie ihm seine Untertanen entzogen in eben das Heer, das die
Königsmacht nach innen und außen sta-
bilisierte.

Rüde und widerwärtig hatten diese
Maßnahmen begonnen als eine Menschenjagd auch im Inland, doch gelang es
dem König, die Mißstände in den Griff
zu bekommen, und das Resultat steht
fest:

Hier wurde die Bauernbefreiung begonnen und entschieden. Steins Reformen löschten 1809 nur endgültig die alten, in Preußen schon leer gewordenen
Untertänigkeitsformen aus. Als Steins
Nachfolger hohe Entschädigungen an
die Grundherren für alte, längst ausge-
höhlte Rechte festsetzten, haben sie das
Werk der Könige verdorben: Landflucht

der Verarmten und Schutzlosen führte
daraufhin zu jenem Stadtproletariat,
dem die Industrie des 19. Jahrhunderts
– nach dem Gesetz von Angebot und
Nachfrage – erneut unwürdige Lebens-
bedingungen auferlegen konnte. Diesmal griff kein König durch, und an der
sozialen Frage zerbrach schließlich das
Königtum selbst.

Der adlige Offizier –
Herr oder Gefangener?

Die evolutionäre Bauernbefreiung durch
Militärdienst bedeutete den endgültigen
Sieg des Fürsten im Kampf gegen die adligen Stände. In Preußen ergab sich damit die gleiche Frage wie in aller Welt:
wohin mit dem Adel? Einige Länder,
insbesondere Frankreich, aber auch das
ferne Japan haben ihn durch kostspieli-
gen Dienst am prunkvollen Hof ruiniert
und schwach gehalten. Preußen konnte
sich weder einen solchen Hof noch solche
Müßiggänger leisten: wie der Bauer als
Soldat, so hatte der Adlige als Offizier zu
dienen.

Dieser Dienst hatte Vorteile: erstens
war er standesgemäß und ehrenvoll;
zweitens mußten die jungen Herren des
so kinderreichen, aber keineswegs wohl-
habenden Adels dankbar sein, einen solchen Dienst zu erlangen. Man konnte sie
also in den niederen Rängen sparsam
bezahlen; demjenigen, der nicht gut tat,
drohte die ausgesprochen ruppige Mili-
tärjustiz, und nur wer sich wohl verhielt,
stieg allmählich in bessere Position auf –
durch Königs Gnade. Eine »Armee der
Junker« war dies Heer also nur, wenn
man etwa eine Behörde als einen Beam-
tenverein oder ein Waisenhaus als ein
Unternehmen elternloser Kinder bezeichnen wollte.

Der Adel hat sich an diesen Zustand
im zivilen Bereich nur langsam gewöhnt:
als die Nachricht von Friedrichs Niederlage bei Kolin 1757 ins Magdeburgische
kam, freuten sich die Herren, daß es nun
»mit den Hohenzollern bald aus« sein
werde. Andererseits waren die Offiziere
schon längst treue Diener des Fürsten
und haben die Blutopfer der Kriege um
Schlesien ebenso willig getragen wie der

nun wieder geachtete und in seinen Menschenrechte geschützte Bauer. Als Pflicht des Anstands und der Klugheit resultierte allerdings für die Könige genau das, was ihnen bis heute vorgeworfen wird: dem Adel seine militärische »Reservation« der Offiziersstellen zu erhalten.

Wolle und Korn – Heeresökonomie als Wirtschaftsimpuls

Die preußische Wirtschaft hatte bis 1713 auf dem Mengenexport landwirtschaftlicher Grundstoffe mittelmäßiger Qualität, insbesondere von Wolle und Korn, beruht. Für den Erlös bezog man vom »Ausland«, was man an besserer Ware oder gar Luxusgütern bedurfte; nur der primitive Bedarf an Kleidung, Nahrung, Werkzeug usw. wurde von Handwerkern oder Bauern in Eigenfertigung gedeckt. Das Manufakturwesen war trotz des hugenottischen Anstoßes noch immer relativ dürftig entwickelt und durch Mißwirtschaft vor 1713 eher wieder zurückgegangen. Dementsprechend fehlte es an Kaufleuten und Fabrikanten von Weitblick und Unternehmungsgeist, also an wirtschaftlicher Privatinitiative.

Ein Heer in der gewünschten Stärke konnte auf solcher Basis nicht unterhalten werden. Im Rahmen des zeitgemäßen Merkantilismus entschied sich der König deshalb für den Übergang zur Veredelungswirtschaft. Die Ausfuhr der Wolle als des wesentlichen Rohstoffs wurde verboten, dabei der Wollpreis im Lande reglementiert, die Verarbeitung zu Textilien höherer Qualität in jeder Weise gefördert.

Konkurrenzfähige Produkte für Exportzwecke konnten aber nur langfristig erhofft werden: erst ab 1726 hat man die gesamte russische Armee mit Uniformtuchen beliefert. Bis dahin benötigte man einen höheren Inlandsabsatz, und so wurde die verstärkte Armee als zusätzlicher Konsument eingeplant. Da man sie sehr regelmäßig und schließlich – ein Novum für ganz Europa – alljährlich neu bekleidete, konnte man sogar durch einen neuen sparsamen Schnitt – statt 5 Ellen nur noch $2^3/4$ Ellen Tuch pro

Mann – die Einzeluniform wesentlich verbilligen, ohne den Gesamtverbrauch zu mindern. Da die Uniform als vom Soldaten aus Soldabzügen bezahlt galt, gehörte sie ihm nach Ablauf der Tragezeit; so besserte sich der Bekleidungszustand der Gesamtbevölkerung, und der dunkelblaue Soldatenrock wurde im ganzen Staatsgebiet zur Volkstracht der Männer.

Teilweise parallel steuerte man die Getreidewirtschaft: staatliche Magazine nivellierten, von guten oder schlechten Ernten unabhängig, den Getreidepreis; auch die Verarbeitung, also der Brotpreis, wurde allenthalben streng überwacht. Notfalls wurde für die Armee »Kommißbrot« gebacken und an Soldaten und Bedürftige unentgeltlich verteilt. Später waren die Magazine so gefüllt, daß man auch hungernden Nachbarn gegen kleine Preise aushelfen konnte; als die Preußen 1740 in Schlesien einmarschierten, erinnerte sich die dankbare Bevölkerung der preußischen Getreidetransporte, die kurz zuvor weite Kreise vor dem Hunger bewahrt hatten. Nicht unwichtig war auch der Bierkonsum, der auf einheimischen Produkten beruhte; noch der Alte Fritz hat aus diesem Grunde den Kaffee, den er selbst so gern trank, außerordentlich hoch versteuern lassen.

Das gesamte System war generell wie in der Heeresökonomie dem Zwischenhandel durchaus feindlich: wo er sich nicht mit mäßigem Gewinn begnügte, wurde er durch direkten Kontakt zwischen Erzeuger und Verbraucher möglichst ausgeschlossen. Mit zunehmender Wirtschaftsbelebung ergab sich die Möglichkeit größerer Vermögen in einer Hand; der König hielt das für unerwünscht und antwortete den Neureichen mit der Auflage, Häuser zu bauen – in solchem Umfang, daß in Preußen die Mieten ungemein niedrig blieben. Dies wiederum erleichterte die Last der militärischen Einquartierungen; denn Kasernen wurden erst ab 1763 im wesentlichen Umfang gebaut, und auch dann längere Zeit nur für die »Beweibten« und ihre Kinder.

Fleiß und Geiz

Der Heeresbedarf konnte als Impuls nur wirksam werden, weil er vom heutigen grundverschieden war: laufende Bedürfnisse und Kosten entstanden damals fast nur aus dem Lebensunterhalt des Soldaten – also Verpflegung, Kleidung, Wohnung mit Licht und Wärme –, nicht aber aus der Rüstung. Während heute immer neue, rasch veraltende Waffen und Geräte den Wehrhaushalt belasten, hat Preußen den Kampf ums spanische Erbe wie hundert Jahr später die Kriege gegen Napoleon mit dem gleichen Waffensystem bestritten, das somit im Frieden nur relativ geringe Aufwendungen erforderte.

Trotzdem kann der Verzehr einer in sich selbst unproduktiven Institution nur unter bestimmten Voraussetzungen die Gesamtwirtschaft beflügeln. Dem Heeresbedarf mußte in der zivilen Produktion eine erhöhte Arbeitsintensität entsprechen: immer mehr Hände regten sich immer fleißiger, so daß die Produktion erhöht, der Geldumlauf beschleunigt wurde, also das Sozialprodukt wuchs.

Müßiggänger waren nicht mehr geschätzt, der »blaue Montag« verschwand, die Arbeitszeit sollte genützt, wenn nicht gesteigert werden. Selbst diensttuende Soldaten hatten an wachtfreien Tagen einen Nebenerwerb etwa als Handlanger am Bau, mit kleinen Handelsgeschäften oder sogar im Handwerk. Ihren Familien wie auch den sozial Schwachen und Armen wurden Arbeitsmöglichkeiten organisiert, notfalls beim Wollespinnen. Erst auf längere Sicht wirksam wurde die innere Kolonisation durch Wiederbesetzung verlassener Höfe und Errichtung von Gewerbebetrieben, insbesondere Spezialmanufakturen für bisher importierte Waren.

Dieser Invest erforderte auch bare Mittel, und der Geldumlauf sollte nicht nur beschleunigt, sondern möglichst auch erweitert werden; die höfischen Prunkgeschirre usw. – sogar silberne Möbel waren Mode gewesen – wanderten schlicht in die Münze. Unproduktive Pracht wurde nutzbar gemacht. So erhielt der für Preußens Politik wichtige

Zar Peter I. die Luxusjacht des ersten Königs und sein berühmtes Bernstein-Kabinett zum Geschenk. Von Sachsen erhandelte man für eine Reihe fast mannshoher chinesischer Porzellanvasen ein Dragoner-Regiment! Es blieb weiß mit Blau gekleidet, ganz wie die Vasen, hieß in der Armee »Porzellan-Dragoner« und war maßgeblich beteiligt, als fast 30 Jahre später mit der Schlacht bei Kesselsdorf 1745 Sachsen endgültig seine Stellung im protestantischen Norden an Preußen verlor.

Das erstaunlichste war aber, daß man – fast noch am Rande der wirtschaftlichen Katastrophe – bereits begann, planmäßig einen Staatsschatz anzusammeln, schlichtweg Taler in Fässern verpackt. Man wollte im Falle von Verwicklungen Bargeld an der Hand haben und durfte in Preußen von inneren Anleihen nichts erwarten: die Maschine lief zwar, jedoch noch für lange Zeit »von der Hand in den Mund« und ohne eigene Reserven.

Aus Gedanken und Maßnahmen des Königs leuchten die bitteren Erfahrungen seiner Jugend nach. Die gebotene Sparsamkeit in allem – Menschen, Material und Geld – verhärtete sich zumal im Umgang mit Geld zu fast krankhaftem Geiz. Er spricht aus unzähligen Randbemerkungen des Königs und hat sich in Einzelfällen bis zu unwürdigem Verhalten gesteigert: 1716 liefert er die Gräfin Cosel, ehemalige Geliebte Augusts des Starken, an diesen aus, als sie für ein Asyl in Halle nicht die geforderte Summe zahlen will.

Sieht man von seiner Riesengarde ab, so hat er sein eigenes Leben diesem Prinzip der Sparsamkeit in einer Weise untergeordnet, die für seine Zeit eine hämisch belächelte Sensation war. Sein Hof war in vielfacher Beziehung geradezu kleinbürgerlich und beanspruchte von den Staatseinnahmen damaliger Art nur etwa 3%. Wer vergleicht, was seine regierenden Kollegen ringsum trieben, wird ihm manche Härte verzeihen: fürstliche Serails, durch Hofjagden verwüstetes Ackerland und die Pest der Generalfinanzpächter und Hoffaktoren, die für

EDICT
Daß alle
Höcker-Weiber
Und
Herrenloses Gesinde
Wöchentlich ein Pfund Wolle vor die gewöhnliche Bezahlung spinnen und in den Residentzien dem Lägerhause, in andern Städten aber den Manufacturiers, so die Magistrate dazu benennen werden, abliefern.
Auch die
In öffentlichen Buden aufm Marckt oder Gassen feilhabende
Handwercks-Frauen
Und
Bürgers-Töchter
Die Zeit, da sie feil haben, mit Wolle, oder Flachs-Spinnen, Knütten oder Nähen zubringen und nicht müßig sitzen sollen.
Sub dato Berlin, den 14. Junii 1723.
BERLIN,
Gedruckt bey Gotthard Schlechtiger, Königl. Preußischen Hof-Buchdr.

61

den Luxus an Schlössern, Festen und Militärspielereien wie für die eigene Tasche dem Untertan die letzten Groschen abpreßten – all das gab es in Preußen nicht mehr.

Es gab hier allerdings auch keine Spitzenleistungen der Kultur mehr: Schlüter ging, Musik und Malerei sahen sich auf den Hausgebrauch beschnitten, die Akademie der Wissenschaften vegetierte unwürdig dahin, und an den Universitäten wurden nur praktische Theologie, Cameralia und nützliche Naturwissenschaft großgeschrieben. Es war kein erfreuliches Bild, aber ein solider Versuch, trügerischen Glanz in reale Existenzmöglichkeiten zu wandeln.

Staatsetat und Heereskosten

Deshalb hat man in besseren Zeiten beklagt, daß in Preußen die Aufwendungen für die Armee in geradezu schreiendem Mißverhältnis zu den Etatmitteln der übrigen Ressorts gestanden hätten. Dieses »Immergrün« antipreußischer Kritik – ebenso hartnäckig gebraucht wie die »Armee der Junker« – soll nicht übergangen werden. Tatsächlich: 70 % der Staatseinnahmen flossen in den Wehretat, und doch geht auch hier der Vorwurf an den Tatsachen vorbei.

Zu den oben bereits besprochenen althergebrachten Einkünften des Fürsten aus Domänen, Regalien u.ä. waren die von den Ständen – ausdrücklich zu Verteidigungszwecken! – bewilligten Mittel getreten, die auf dem Lande als Grundsteuer (Kontribution), in den Städten als Verbrauchssteuer (Akzise) eingehoben wurden. Von all diesen Einkünften wurden tatsächlich zwei Drittel bestimmungsgemäß für Heereszwecke verwendet. Ein Vergleich mit heutigen Verhältnissen muß aber berücksichtigen, daß der damalige Staatshaushalt nur etwa die Hälfte der heutigen Aufgaben wahrnahm. Sozialwesen, Kultur und Wissenschaft wurden durch die »Corpora pia«, also Kirchen, Universitäten usw., mit eigenem Vermögen betreut, während die niedere Verwaltung und Rechtspflege auf dem Lande den Grundherren, in den Städten den Magi-

straten oblagen; auch sie wurden durch eigene Gebühren, Strafgelder, in den Städten auch durch besondere Steuern und Stadtvermögen finanziert. Rechnet man diese und ähnliche Einrichtungen mit ihrem Finanzvolumen zum damaligen Staatsetat hinzu, so beträgt der Wehrhaushalt noch genau jenes Drittel, das auch heute in allen politischen Systemen als notwendig und vertretbar gilt.

Einer gegen zwei

Die nun ökonomisch tragbare Heeresstärke erschien aber noch ungenügend gegenüber den Gefahren der weitläufigen komplizierten Grenzen und den daraus stets drohenden Verwicklungen in Ost und West.

Da das quantitativ Mögliche ausgeschöpft schien, konnte nur noch die Qualität der Armee, also neben gediegener und reichhaltiger Ausrüstung ihre Ausbildung und damit ihre Kampfkraft, verbessert werden. Der Kronprinz und andere preußische Truppenführer waren 1712 aus dem Krieg mit der Überzeugung heimgekehrt, daß das Feuersteinschloß als derzeit letzte Verbesserung des Gewehrs die Möglichkeit eröffnete, durch geeignete zusätzliche Maßnahmen erstmals die Feuerkraft der Infanterie so zu steigern, daß sie, auch zu relativ dünner Linie entfaltet, die gefürchtete Kavallerie abwehren konnte. Denn alle Gewehre zugleich ins Gefecht zu bringen erforderte eine nur dreigliedrige Aufstellung: das erste Glied feuerte kniend, die beiden hinteren auf Lücke stehend. Diese dünne Aufstellung ohne die bisher üblichen zurückgehaltenen »Feuerreserven« konnte sich nur halten, wenn der Kavallerie auf einem längeren Anritt Salven in rascher Folge entgegenkrachten – wenn also weitreichende Gewehre rasch geladen und wieder abgefeuert wurden.

Die wirksame Reichweite des glatten Vorderladers war aber von der Länge des Laufes (Gasdruck und lange Führung der Kugel) abhängig. Um ein langes Gewehr rasch nachladen zu können, waren wiederum zwei Voraussetzungen zu erfüllen: große Leute mit entsprechender Armspannweite mußten auf schnelles Laden scharf gedrillt werden.

Die Erkenntnis insgesamt dürfte keine spezifisch preußische gewesen sein, aber die Bedingungen, sie zu realisieren, setzten an der Spitze des Staates einen eisernen Willen und eine unermüdlich zweckgerichtete Geduld voraus. So stehen wir vor zwei Erscheinungen, die den Ruf altpreußischen Militärwesens zu seiner Zeit und bis in die unsere aufs schwerste belastet haben: Lange Kerls und Korporalstock. Um dazu Stellung zu nehmen, ist eine Fülle von Details unerläßlich.

Lange Kerls

».. . denn ein kleiner Mann nicht leicht das lange Gewehr laden... könne«, schrieb 1761 ein hannoverscher Offizier dem Landrat, der ihm Rekruten zu stellen hatte. Er glaubte, den ignoranten Zivilisten auf etwas an sich ganz Selbstverständliches hinweisen zu müssen, und er zieht damit für uns den Schleier vom Phänomen der »Gigantomanie« des Soldatenkönigs, die wir 200 Jahre lang für skurril, wenn nicht gar für psychopathologisch gehalten haben.

Das 18. Jahrhundert war technisch noch nicht imstande, Hinterladewaffen mit der nötigen Gasdichtung der Patronenkammer serienmäßig herzustellen; sie kommen nur als Einzelstücke – meist als fürstliche Jagdgewehre – vor, während die Truppen nach wie vor auf den Vorderlader angewiesen blieben.

Verfolgen wir den Ladevorgang: Der Mann hatte zunächst mit der Rechten die Patrone aus der Patronentasche zu nehmen und das Papier anzubeißen, das Kugel und Pulverladung umhüllte: mutwilliges Ziehen der Vorderzähne galt als Selbstverstümmelung, weil es den Mann dienstuntauglich machte; es wurde in Preußen wie in anderen Staaten am »Bader« wie am Mann selbst schwer bestraft.

Aus der angebissenen Patrone wird eine Prise Pulver auf die geöffnete Pfanne (rechts am Gewehr über dem Abzug) geschüttet, dann der Pfannendeckel darüber geschlossen. Nun wird das Gewehr an die linke Seite genommen, das Pulver aus der angebissenen Patrone in den Lauf geschüttet, dann das Papier und die Kugel als Pfropf in die Mündung gesteckt. Der Ladestock (unter dem Lauf im Schaft ruhend) wird herausgezogen, umgekehrt und mit seinem dickeren Ende voran in den Lauf gestoßen, um die Ladung herunterzutreiben – noch mal nachgestoßen –, und zurück mit ihm unter den Lauf. Das Gewehr ist nun geladen und kann geschultert werden. Auf »Fertig« nimmt man es aufrecht vor sich, Schloß in Gesichtshöhe, und spannt den Hahn. Es folgen: »Schlagt an«, dann: »Feuer«; Druck auf den Abzugsbügel löst die Feder des Hahns; dieser schlägt herab, dabei die Pulverpfanne auf, und der in den Hahn geschraubte Feuerstein zieht an der Innenseite des verstählten Pfannendeckels einen Funken, der das Pulver in der Pfanne zur Explosion bringt. Von der Pfanne führt ein Zündloch in die Pulverladung hinten im Lauf: die Explosion schlägt durch, und der Schuß kracht los.

Diese ganze Prozedur galt als relativ einfach gegenüber den Handgriffen mit der früheren Luntenmuskete. Ein geübter europäischer Normalsoldat schoß auf diese Weise zweimal in der Minute aus einem etwa 140–145 cm langen Gewehr auf 150 m wirksam. Ein Preuße dagegen schoß – wohl gedrillt und von Jahr zu Jahr nachexerziert – dreimal pro Minute aus einem Gewehr von 155 cm Länge auf 200 m. Diese Differenz hat bei sonst gleichen Umständen den Infanteriekampf mit eben der brutalen Sicherheit entschieden wie das Zündnadelgewehr 150 Jahre später die Schlachten von 1866.

Was bei dieser Prozedur der Ladedrill bedeutet, ist klar; 120 Jahre Übung ließen ihn mit Redensarten wie »Pulver auf der Pfanne«, »auf dem Zündloch sitzen« oder dem »dicken Ende« in die Umgangssprache eingehen. Ebenso klar ist jedoch, was bei diesen weit ausholenden Handgriffen an einer möglichst langen Waffe die Armspannweite, also die Körpergröße des Soldaten, bedeuten mußte: man versuche doch mal einen so langen Stock in ein so enges Rohr zu dirigieren, aber bitte ohne Nachfassen!

Es gibt kein wesentliches Archiv des 18. Jahrhunderts, das nicht in irgendwelchen Bündeln widerhallt von den Ränken und Gewalttaten der preußischen »Werber« auf der Jagd nach hochgewachsenen Menschen. Der sonst so penible König war auf beiden Ohren taub, wenn es um »Lange Kerls« ging – ganz offenbar in der Vorstellung, der liebe Gott selbst habe die großen Rekruten in aller Welt eigens für ihn wachsen lassen, weil ja er allein ihren wahren Wert erkannt und realisiert habe, sie also nach Gebühr zu schätzen wisse. Nicht mal Kosten scheute er! Kopfgeld, Spesen und reiche Belohnungen gingen an so manches dunkle Element für wüste, aber erfolgreiche Übergriffe.

Ganze Kommandos unter geschickten Offizieren wirkten im Reich und im Ausland, und die Skandale und Beschwerden rissen nicht ab: vom Werbeoffizier, den die Holländer wegen fahrlässiger Tötung in Maastricht erschossen bis zum preußischen Gesandten in London, der ausgewiesen wurde, da sein Briefwechsel über den Ankauf von Antiquitäten sehr lebendige »Statuen« betraf. Noch im Vorfeld des Siebenjährigen Krieges setzte der Ulmer Magistrat einen

64

preußischen Leutnant fest, dessen gewaltsam entführter Garderekrut leider im dazu benutzten Sarg erstickte. Der Kaiser in Wien forderte seinen Tod, Preußen drohte mit Repressalien, und der Ulmer Magistrat war recht froh, als eingeschlichene preußische Husaren den Offizier per »Kommando-Unternehmen« befreiten; alsbald darauf starb auch er – im Kriege.

Ob der Soldatenkönig subjektiv über diesem bösen Treiben gestanden hat, ist zweifelhaft. In seinem Privattestament, das 1740 geöffnet wurde, aber seit dem letzten Krieg offenbar nicht mehr vorhanden ist, wird ein seltsamer Passus berichtet, wonach seine Marotte nur Täuschungsmanöver war: sie erwuchs aber doch auf einem höchst realen Boden. Die von ihm eingeführten »Maß-Listen« der Regimenter mit den Maßen jedes einzelnen Mannes, dem Durchschnitt pro Kompanie und pro Regiment waren auch unter seinem Sohn noch alljährlich nach Potsdam einzusenden und wurden bei den Königs-Revuen kontrolliert. »Die Kompanie im Maß verbessern«, war noch fünfzig Jahre später ein Weg zur königlichen Gnade – das Gegenteil rasch unheilvoll. Was Wunder, daß noch lange nach des Königs Tod jedes Mittel recht war.

Die »lieben blauen Kinder«

Wer sich freiwillig engagierte oder – dem Druck oder der Gewalt weichend – sich abfand und ein guter Soldat wurde, durfte auf Anerkennung und Belohnung rechnen. Das Grenadiergarde-Regiment in Potsdam, das die Riesen zu einer Schule der Taktik und des Dienstes überhaupt vereinte, wurde zwar vom König in der ummauerten Stadt eingesperrt, dort aber bestens versorgt. Waren die Lieblinge perfekt ausexerziert, plagte man sie mit Übungen nur noch wenig. Es waren ja auch viele Kranke dabei, von hypophysärem Hochwuchs oder mit sonstigen, meist hormonalen Störungen behaftet. Der König schenkte ihnen Häuser, sie konnten ein Gewerbe treiben, heiraten – der König stand gern Pate – oder auch eine offizielle Konku-

bine halten. Mit ihrem hohen Chef plauderten sie so ungeniert, daß sie schließlich ein Geschäft daraus machten, ihm Bittschriften oder sonstige Anliegen im Auftrag zu übermitteln; das mußte ihnen später glatt verboten werden, weil der König es einfach nicht fertig brachte, nein zu sagen. Fürs Seelenheil war selbstverständlich gesorgt: katholischer Pater, Pope und Imam – alles da! Denn die Herren Grenadiere kamen aus aller Welt, vom Schotten bis zum Türken, vom Mönch bis zum adligen jungen Tunichtgut.

Es spricht für diese Menschen, daß viele sich ihre persönliche Freiheit nicht abkaufen ließen, und so zerreißen grelle Mißtöne diese »Idylle«: Selbstmordversuche oder sogar Verbrechen, um hingerichtet zu werden! Gelegentlich kommt es zu Komplotten: sie wollen 30, 40

„Mein ganzes Leben hindurch war ich gezwungen, um dem Neid des österreichischen Hauses zu entgehen, zwei Leidenschaften zur Schau zu tragen, die ich nicht hatte: ungereimten Geiz und übertriebene Vorliebe für lange Soldaten. Nur wegen dieser so sehr in die Augen fallenden Schwachheiten vergönnte man mir das Einsammeln eines großen Schatzes und die Errichtung einer starken Armee. Beide sind da, und mein Nachfolger bedarf nun keiner Maske.“
Privattestament
Friedrich Wilhelms I.

China-Vase
(Berlin, Schloß Charlottenburg)
Die Vase wurde vor einigen Jahren in London erworben und soll aus Dresdener Musealbestand stammen – könnte also durchaus eines der Tauschobjekte gewesen sein.

Mann hoch den König totschlagen, Potsdam anzünden und dann über die nahe sächsische Grenze . . .

Zwischen solchen Extremen gibt es keine letzte Wahrheit. Als die Truppe 1740 aufgelöst wird und jeder, der will, gehen kann, ist leider keine Liste geführt worden; aber was bleibt – ein Traditionsbataillon, ein Invalidenbataillon

65

das Infanterie-Reglement 1726 fordert auf 9 Seiten, die das »Chargieren«, also die Feuer- und Ladegriffe, schildern, 26mal »starkes«, d.h. rasches Zufassen, Stoßen oder Werfen – »hurtig«, »geschwinde«, »aufs geschwindeste«. Wie »das Maß«, so haben die Könige alljährlich von Memel bis Wesel auf den Revue-Plätzen auch mit der Taschenuhr in der Hand kontrolliert, wie schnell die Pelotonsalven der vorexerzierenden Bataillone fielen.

»Kinder, macht, daß der König heute vergnügt speiset«, sagt der bedrückte General und Chef vorher zu seinen Leuten; aber des öfteren bleibt der Herr General mit der vorbereiteten Tafel sitzen, und auch das Regiment bekommt kein »Douceur« ausgeteilt; Majestät waren unzufrieden und sind sofort weitergefahren. Das dicke Ende folgt aus Potsdam: »Wird kassiert«, also rausgeworfen – »soll sich hüten, daß nicht nächstes Jahr . . .« – »ein Salat-Regiment« – »das letzte Landbataillon macht es besser« und ähnliche Liebenswürdigkeiten. War das Maß verbessert, krachten die Salven schnell und genau, bewegten sich die langen Linien schnurgerade und nicht »wie die Pilger im Tale« und stimmten schließlich auch Rechnung und Bestände, so war eitel Sonnenschein: Rheinwein, Bier und freundliche Scherze mit den Soldaten wurden nicht gespart.

Der Weg zum Erfolg war bitter. Zwar waren Rekruten mit Geduld und »Gelindigkeit« zu unterweisen und einzuüben; der Unteroffizier leitete an, der Offizier beaufsichtige, bis man »einen Menschen« aus ihm gemacht, den »Bauern ausgetrieben« hatte. Der Zustand, aus dem man, zumal in den ersten altpreußischen Jahrzehnten, die Menschen aus der ländlichen Untertänigkeit zum Dienst heranzog, erklärt solche Regeln, die unserem Begriff von Menschenwürde nicht entsprechen. Lernte doch so mancher Rekrut erst jetzt ein Leben ohne Krätze und sonstiges Ungeziefer, dafür in Ordnung, Sauberkeit und mit relativ guter Verpflegung kennen. Noch in unserem Jahrhundert lieferten abgelegene Gegenden Mecklenburgs ein letztes Bild

und zahlreiche Abgaben an die neue Königsgarde und andere Regimenter –, läßt den Schluß zu, daß nur wenige von der Freiheit noch Gebrauch gemacht haben – versöhnt oder gebrochen, wer wollte es entscheiden?

In Potsdam haben noch bis 1914 die Grenadiermützen der Garden an sie erinnert; die Häuschen, in denen sie wohnten, füllen noch heute die Straßen der Stadt, während Schloß und Garnisonkirche ausradiert wurden.

Der Korporalstock

Lange Arme braucht man, aber sie allein tun es noch nicht, wenn man die ungefüge »Knarre« in 20 statt in 30 Sekunden laden und abfeuern soll. Und so beginnt ein Exerzierbetrieb, wie er in Europas Heeren bis dahin nicht erlebt wurde. Schnell und doch genau heißt die Parole;

von dem, was Preußens Könige in weiten Strecken östlich der Elbe vorfanden, als sie in die dortigen Sozialverhältnisse eingriffen. Der fertige Soldat dagegen stand unter dem Stock. Wer »sich vernachlässigte« im Äußeren, in der Haltung, im Exerzieren, wurde energisch bestraft.

Kein Jahrhundert ist dem anderen gleich. Ob es überhaupt einen Fortschritt innerer Gesittung gibt oder ob die gleiche Last menschlicher Gemeinheit nur von einem Lebensgebiet oder Sachverhalt zum anderen sich verschiebt, ist durchaus noch strittig. Wir werden die Brutalität der Leibesstrafen auch im Militärwesen noch berühren; sie rühren vom Strafgesetzbuch Karls V. her, also aus dem 16. Jahrhundert. Selbst die gütige Maria Theresia hat sie im wesentlichen noch bestätigt, und nur der weniger gütige Friedrich II. hat sie teils offiziell beseitigt, teils in praxi heimlich abgeschafft: schon unter seinem Vater wurden Hinzurichtende unmerklich erdrosselt, bevor die barbarischen alten Todesstrafen wie Rädern oder Verbrennen an ihren Körpern offiziell vollzogen wurden.

So war man auch mit dem Stock nicht zimperlich, bis die Aufklärungszeit neue Maßstäbe setzte. Man unterschied aber sehr wohl das »Brutalisieren« durch wahlloses, unbedachtes Schlagen: es war dem adligen Gutsherrn genauso bei Strafe verboten wie dem Offizier und Unteroffizier, die in diesem Punkt sehr wohl kontrolliert werden konnten. Wer einen Mann »ungesund« schlug, war sowieso dran! Andererseits fielen die erlaubten Schläge recht häufig und waren weder mit Groll noch mit Schande verbunden: Die Masse der Mannschaft war von Hause nicht nur die Arbeit, sondern häufig auch die Schläge »ungemessen« gewohnt gewesen. Exzesse hat es immer wieder gegeben, aber Richtschnur war, was der ehemalige Unteroffizier J. C. Müller in seinem »Wohlexerzierten Preußischen Soldaten« vermerkt, als er von der Chargierung spricht: »Wer bey den Preußen der Letzte ist, hat alle Mal seine richtigen Schläg«, wobei der Begriff »richtig« die Grenze der Strafgewalt umreißt.

. . . und die Kavallerie?

Organisation, Ökonomie oder Taktik – alles, was der junge Soldatenkönig ordnend ergriff, hatte entweder allgemeine Bedeutung, oder es bezog sich nur auf eine der drei Waffengattungen, nämlich die Infanterie: hierin gehörte er zu den »Grenadiervätern« seiner Zeit.

Zur Kavallerie hat er zeitlebens kein entsprechendes Verhältnis gefunden. Sie war ihm ein allzu labiler, nervöser Organismus: unter günstigen Umständen ungemein effektiv, aber unzuverlässig, in unberechenbare Abhängigkeiten verstrickt. Mal entsprach das Gelände nicht, mal hatten die Pferde einfach keine Lust; ohne Zweifel wird er in zwei Feldzügen auch jenes rätselhafte Versagen ganzer Kavallerie-Verbände erlebt haben, wie es seinem Sohn später bei Kolin den Sieg kostete. So sah er die Notwendigkeit der

Grenadier und Musketier vom Infanterie-Regiment »Markgraf Carl« (No. 19), ca. 1738
Graph. Darstellung von A. Gay, nach Gemälden von Weidemann (?, früher Zeughaus Berlin)
Die beiden Portraits – namentlich bezeichnet – dürften aus der einschlägigen Sammlung des Markgrafen Carl von Brandenburg-Schwedt stammen, der die Bilder-Liebhaberei des Soldatenkönigs teilte. Sie zeigen, was 1738 als perfekt schöner Soldat galt.

Regiment von Bredow

Artillerie

Kavallerie ein, liebte sie aber nicht, und die Folgen sollten sich zeigen.

Gleich anfangs ging ökonomisch alles verquer. Während er die Wirtschaft der Infanterie ordnete und 1724 mit den Ökonomie-Reglements fixierend abschloß, hatte die Kavallerie ohne Anleitung weitergewurstelt. Die Chefs wollten gern den Neigungen des Königs entsprechen, waren aber dabei mangels Anweisung und System so in Schulden geraten, daß man der Kavallerie 1724 statt

Ökonomie-Reglements erst mal ein dreijähriges Moratorium gewähren mußte, um die Regimenter zu sanieren.

Als sie um 1730 ökonomisch in Ordnung waren, hatten sie gefährlich infanteristische Züge angenommen. »Kolosse auf Elefanten« nannte sie der Sohn respektlos: wenn sein Vater länger regiert hätte, würden sie sich vermutlich noch Schönheitspflästerchen aufgeklebt haben. Dafür von Reitergeist und Reiterfähigkeit kein Hauch! – einzelne Chefs

Regiment von Prinz Wilhelm.

Ober-Officier. **Trompeter.** **Unter-Officier.** **Reuter.**

Regiment von Prinz Eugene.

Ober-Officier. **Tambour** **Unter-Officier.** **Dragoner.**

Vier Blätter der Dessauer Spezifikation von 1737 (Archiv Bleckwenn) Bredow: Infanterie No. 9 Prinz Wilhelm: Kürassiere K 2 Artillerie Prinz Eugen: Dragoner D VII Die beiden Dessauer Spezifikationen – Geburtstagsgeschenke Fürst Leopolds von Anhalt an den Soldatenkönig – sind die ältesten umfassenden Uniformdarstellungen der preußischen Armee überhaupt. Die Serie von 1737 zeigt zum ersten Mal auch die verschiedenen Chargen-Gruppen.

vielleicht ausgenommen wie etwa den Markgrafen von Schwedt, bei dem Seydlitz bis 1740 das Reiten lernte; man nannte ihn auch den »tollen Markgrafen«, vermutlich, weil er so aus dem Rahmen fiel. Dafür waren die Kürassiere im Fußexerzieren und Schießen eminent tüchtig, und die Schonung der teuren Pferde wurde großgeschrieben. Erst bei Mollwitz 1741 lernten sie – von Österreichs Kürassieren abscheulich zugerichtet –, daß der Reiterei große Leute, exaktes Feuern und fette Pferde zum Attackieren nichts nützen.

Trotz der Mißgriffe muß der Grund auch bei dieser Waffe gut gewesen sein. Der Reiter dünkte sich ja stets etwas Besseres, wurde noch immer höher bezahlt, und die Regimenter hatten viele Freiwillige und relativ wenige »Ausländer« in ihren Reihen. Disziplin hatten sie genug, und als ihnen Friedrich II. auch noch das Reiten und die furiosen Galopp-Attacken beigebracht hatte, wendete sich das Blatt in auffallend kurzer Frist. Schon 1742 ritten sie bei Chotusitz ganz anders, und der Triumph der Dragoner »Bayreuth« bei Hohenfriedeberg 1745 war noch bis in unsere Tage lebendig. Sieht man von den der Waffe stets anhaftenden Unsicherheiten ab, so hat die Kavallerie von den Schlachten des Siebenjährigen Krieges Roßbach fast allein erledigt, Leuthen zuletzt entschieden und gegen die Russen bei Zorndorf wie bei Kunersdorf mehr als ihre Pflicht getan – nun schon in Seydlitzens Schule.

Kürassier vom Regiment K 8, 1739
Gemälde, Maler unbekannt (früher Zeughaus Berlin)
Die Serie umfaßte alle zwölf Regimenter, ist aber offensichtlich verloren bis auf Fotos und wenige Farbkopien.

Auf Seite 71:
Grenadiere der Riesengarde 1714 (links) und etwa 1735 (rechts)
Graph. Darstellung von A. Gay, nach Gemälden in Lebensgröße (Berlin, Museum für Deutsche Geschichte).
1714 wurde von Merck eine ganze Serie dieser Riesen lebensgroß gemalt; der »gelbe« Grenadier aus den 30er Jahren ist offenbar stets Einzelstück gewesen.
Der »rote« Grenadier ist fälschlich unter dem Namen James Kirkland bekannt, doch ist die Fußpartie mit dieser Inschrift erst im 19. Jahrhundert an das im übrigen ältere Portrait angefügt worden.

Ergebnis: »das preußische Heer«

Spätestens 1730 hatten die neuen Strukturen erprobte und endgültige Formen gefunden. Ein weiteres Jahrzehnt des Friedens bewirkte ebenso Wichtiges: die Basis wuchs hinein in diese von oben her verfügte und zunächst oft aufgezwungene Form. Schließlich waren Soldaten etwa 7% der männlichen Bevölkerung sowie schätzungsweise die Hälfte des Adels als Offizier; hinter ihnen standen erhebliche Reserven ausgebildeter Leute, eine aufblühende Wirtschaft, als ringsum unerhörte Einrichtung ein Staatsschatz – vor allem aber bewußt oder unbewußt der Gedanke vom Staat als Verpflichtung und als Schutz für alle.

Wie nahm sich all das von unten her aus? Von den beiden heterogenen Bestandteilen der Mannschaft traten die Inländer – von »unsicheren Kantonisten« abgesehen, die man nicht nach

Hause ließ – militärisch nur als Rekruten und in der Exerzierzeit in Erscheinung. Und doch hat gerade ihre Dienstpflicht den Staat soziologisch tiefer verändert als all die zivilen Reformen des Königs, die wir hier nicht würdigen können. Die Verhältnisse auf dem Lande hatten sich nach anfänglichen Schwierigkeiten so erleichtert, daß um die Mitte des Jahrhunderts in den Mittelprovinzen statt des früheren »Austretens« Dienstpflichtiger, also der Flucht aus dem Lande, eine Bauernflucht umgekehrt aus den Nachbarländern in preußische Gebiete hinein nachzuweisen ist; daneben waren große Siedlergruppen in Ostpreußen (Salzburger), Pommern und später im Oderbruch planmäßig aufgenommen worden; sie waren für die Anfangsjahre von allen Pflichten befreit und haben sich dann völlig eingefügt.

Wer nicht Inländer, also Kantonist, war, galt juristisch als »Ausländer« – eine in sich stark differenzierte und mit vielfältigen Problemen belastete Gruppe, auf der mindestens 10 Monate im Jahr der gesamte Dienstbetrieb ruhte. Die Verhältnisse in beiden Gruppen sollen uns eingehender beschäftigen.

»Enrollierte« und »Beurlaubte«: frei durch Dienst

Die Kantons der einzelnen Regimenter blieben stets die gleichen und waren lange Zeit noch nach Kompanien unterteilt; so dienten ganze Dörfer geschlossen im engsten Rahmen: in 7 von 12 Kompanien eines der besten Berliner Regimenter, die aus der Zauche stammten, wurde deshalb sogar wendisch kommandiert. Musterungsliste, Musterungskommission und Kompaniechef spielten in Dörfern und kleinen Städten auch im zivilen Leben eine große Rolle. »Enrolliert« wurden die Knaben mit der Geburt, vereidigt konnten sie erst nach der Konfirmation werden. Ob und wann sie einberufen wurden, darüber entschieden Wachstum und der Bedarf des Regiments; inzwischen trug der Enrollierte von klein auf die rote Halsbinde und den Hutpuschel »seiner« Truppe. Gelegentlich bittet ein – ergo ungedienter – Landschulmeister um einen kleinen militärischen Rang von wegen der Autorität.

Der nach der Grundausbildung wieder beurlaubte Soldat lebte und arbeitete den allergrößten Teil des Jahres zu Hause, blieb dabei aber rechtlich Soldat, in Uniform an den Sonn- und Feiertagen oder sobald er eine Ortschaft mit Garnison betrat. Gerichtsstand und Personalbehörde – z.B. für Heiratserlaubnis – war nicht mehr der Gutsherr, sondern das Regiment.

Den gleichen Rechtsstand haben mit gutem Grund die Enrollierten angestrebt, also jene, die entweder gedient hatten und entlassen worden waren oder – noch ungedient – zur eventuellen späteren Einberufung vorgemerkt blieben. Hier ist die Rechtspraxis unterschiedlich und auch theoretisch nie fest umrissen worden: Langgediente blieben generell »frei«, während man Ungedienten in der frühen Zeit der Einrichtung häufiger den Militärstatus zubilligte als später; offenbar hatten die ländlichen Patrimonialgerichte die Furcht des

Herrn gelernt, so daß man ihnen nun die Enrollierten eher anvertrauen konnte. Weitere, nie grundsätzlich gelöste Fragen warf der Gerichtsstand der Frauen und Kinder der Beurlaubten auf.

Bestätigt finden sich die Auswirkungen des Systems durch eine eigenartige Umkehrung: sofort nach dem Tode Friedrichs II., also Ende 1786, muß eine königliche Ordre die Regimentschefs anweisen, sie sollen ihre beurlaubten Soldaten anhalten, zu Hause nicht so frech zu ihrer Gutsherrschaft zu sein, und notfalls mit Strafen in diesem Sinne nachhelfen. Die Emanzipation der einst Hörigen kann nicht besser bestätigt werden.

Die »Ausländer« und der Ruf des Heeres

So langfristige Beurlaubungen zugunsten der Wirtschaft setzten zwingend einen starken Rahmen dauernd diensttuender Soldaten voraus, sollte die Armee nicht zur Miliz herabsinken. Diese Kader bestanden nur zum kleinsten Teil aus den Inländern, die 1, 2 oder auch 3 Jahre ihren Grunddienst ableisteten, vielmehr aus jenen »Geworbenen«, die nach Dienstmotivation und soldatischer Qualität mit den Inländern oft nicht zu vergleichen waren.

Oft!, denn diese Gruppe war in sich different. Es gehörten hierher zunächst die Soldatensöhne, deren Väter Berufssoldaten aus früherer Zeit waren. Ihnen war das Regiment gewohntes Milieu, in das sie selbstverständlich hineinwuchsen.

Auch unter den eigentlich Geworbenen gab es durchaus achtbare Soldaten von Ambition, die den preußischen Dienst jedem anderen vorzogen; er war zwar hart, doch gab es pünktliche Besoldung, gute Uniform – und später begann er sich durch den Glanz der Siege abzuheben. Ihnen schlossen sich jene Geworbenen, oft auch roh Gepreßten, an, die von Preußen hofften oder dort lernten, daß übergeordnete Willkür auch begrenzt werden kann; Mecklenburger und Untertanen anderer Duodezfürsten dominierten hier.

Zahlenmäßig können wir diese besseren Elemente nicht abgrenzen gegen jene Unwilligen oder aber sozial Minderwertigen, die einen erpreßten oder lästigen Dienst notgedrungen verrichteten, dem sie sich gern und je eher, desto lieber entzogen hätten. Sie stellten in kurzfristiger Fluktuation ganz überwiegend die zahlreichen Deserteure, und sie sind es, die das Erscheinungsbild des preußischen Heeres für die Zivilisten der Zeit wie für die Nachwelt in negativer Weise geprägt haben.

Aber all diese Verhältnisse gelten nur für die Infanterie, die in den Städten meist bataillonsweise, in den großen Festungen und Berlin zu mehreren Regimentern vereint garnisonierte. Die Kavallerie ergänzte sich weitgehend durch Freiwillige und lag in den kleinen Landstädten oder großen Dörfern, schon der Ställe und der billigen Fourage wegen. Natürlich gab es auch dort gelegentlich Querelen, aber ungleich weniger – und wer außer Pastor und Lehrer schrieb dort schon etwas auf?

Ganz anders bei der Infanterie in den größeren Städten: hier bestimmten fast das ganze Jahr über Unwillige und Asoziale mit ihren Exzessen und Desertionen, noch stärker aber mit den dagegen gerichteten Vorbeugungs-, Kontroll- und Strafmaßnahmen das Bild. Man ahnt nicht, wie wenig schwarze Schafe dafür genügen. All das belästigte den Bürger mit Recht, und es haben sich genug Federn gefunden, welche die Unerquicklichkeiten getreulich festhielten: das tägliche Geschrei der kontrollierenden Unteroffiziere, die Zernierung der Stadt durch Mauern und bewachte Tore – jeder muß sich ausweisen (und zugleich auch noch Akzise für eingeführte Waren zahlen!). War ein Soldat geflohen, so donnert die Alarmkanone, Patrouillen durchsuchen Wirtschaften und verdächtige Häuser; erwischt man ihn, ist das brutale Spießrutenlaufen auf dem Exerzierplatz fällig, also meist auf dem Markt und in aller Öffentlichkeit. So bestimmen etwa 5–10 % der Infanterie das Bild der preußischen Armee für Um- und Nachwelt.

Weniger spektakulär, aber im Privatquartier gleich unangenehm, waren jene Frauen und Kinder, die diesem sozialen Treibgut Mitteleuropas anhafteten: erstere vielfach Huren, letztere entsprechend »erzogen«. Auch hier halfen Schandpfahl und Auspeitschen wenig: wirksamer waren Waisenhäuser, auch für gefährdete Kinder (wie wir heute sagen würden) – an der Spitze das Potsdamer mit fast 1 000 Plätzen und die vorbildlichen Franckeschen Stiftungen in Halle. Regierung und Kirche versuchten außerdem den Status durch Arbeitsmöglichkeit (Wollespinnen) zu heben; ohne Zweifel war das auch »Kinderarbeit«, aber nicht im Sinne der Ausbeutung des späteren Manchestertums: der Pietismus als aktivste Richtung christlicher Nächstenliebe streute nicht mehr Wohltaten aus um des eigenen Seelenheils willen, sondern versuchte sie gezielt einzusetzen als Resozialisierung oder – wie wir heute sagen würden – Rehabilitation. Pestalozzis Industrieschulen waren hier präformiert.

Der Unteroffizier

Die Gruppe der Unteroffiziere sahen wir schon um die Jahrhundertwende sozial absteigen; die Notwendigkeit, dem entmachteten Adel die Offiziersstellen zu reservieren, hat diesen Vorgang besiegelt. Nun bildeten sie zusammen mit den Gemeinen ein für allemal »die Mannschaft«. Ein Aufstieg war selten; er begann dann zwar sofort mit dem Leutnant – der Fähnrich wurde übersprungen –, endete aber in der Regel wegen Überalterung oder Anpassungsschwierigkeiten bald bei einem Garnisonregiment. Gelegenheit zur Bewährung im Krieg war in diesen Jahren noch nicht gegeben.

Diese Sperre mußte Spannungen erzeugen: eine Kompanie-Stammrolle, 1752 bis 1806 bei einem guten Feldregiment geführt, weist einen auffallend hohen Abgang gescheiterter Existenzen nach, meist wegen Trunksucht; die Parallele zu ähnlichen Erscheinungen in der sonst so vorzüglichen Reichswehr 1920 bis 1933 ist deutlich. In Vergangenheit wie Gegenwart liegt die Schwierigkeit

darin, daß die Gruppen der Unteroffiziere wie der Offiziere gleich wichtig und achtbar sind, sehr differente Voraussetzungen und Tätigkeitsmerkmale den Übergang jedoch erschweren und bei alldem eine Gruppe der anderen vorgesetzt bleibt, nach Gebührnissen und gesellschaftlichem Rang bevorzugt. Der offenbar einzig mögliche Kompromiß genereller Durchlässigkeit der Schranke bei nachgewiesener Eignung und nach Schulung war für die altpreußischen Strukturen zu kompliziert.

Daß die Unteroffiziere erst nach längeren Diensten unter den Gemeinen zum Kommandierenden und Ausbilder herangezogen wurden, ergab weitere Spannungen. Trotz alldem waren jedoch alte Unteroffiziere von guter Führung persönlich hoch geachtet; der König interessierte sich durchaus für ihr Wohlergehen, und hohe Dienstjubiläen – 40 oder 50 Jahre waren keine Seltenheit – wurden nur bei Gemeinen, Unteroffizieren und Regimentschefs herzlich und ausgiebig gefeiert, dazwischen durchaus nicht. Zumal in längeren Friedenszeiten wie nach 1716 und 1763 bildeten diese »Knasterbärte« mit ihren praktischen Erfahrungen das Rückgrat der Kompanie: ein wohlgepflegter Bart – auch bei bartlosen Regimentern und offenbar vom »Kanaster« lieblich gefärbt – sowie der Stock belegten ihre Würde, das Parolebuch die Kunst des Schreibens.

Die Offiziere

Vor 1740 waren die Offiziersstellen noch nicht so streng dem Adel reserviert wie später und vor allem ab 1763. Von den Feldzügen bis 1716 her dienten noch viele Bürgerliche mit Feldbewährung; in den Ranglisten scheint das nach einiger Zeit nicht mehr auf, weil Stabsoffiziere grundsätzlich geadelt wurden oder sich einfach den Adel selbst zulegen durften. Seit Friedrich Wilhelm 1713 auch das Heroldsamt kassiert hatte, war man da nicht zimperlich; wurde wirklich mal ein Nobilitierungsgesuch eines verdienten Offiziers abgeschlagen, dann mit dem tröstlichen Vermerk: »Er hat das nicht nötig, sein Degen nobilitiert ihn ohne

„Den kranken Wachtmeister von Eurer Eskadron müsset Ihr brav schwitzen lassen, alsdann er wohl wieder besser werden wird."
Königl. Cabinets-Ordre an den Kommandeur des Husarenkorps, 1733

73

dies« – vermutlich als Nobilitierung ohne Form gemeint und verstanden.

Preußens Adel war in der Masse arm und sehr kinderreich – auch wenn wir von jenem kassubischen Extrem absehen, wo in Czarn-Damerow (Pommern) auch die kleinste Kossätenstelle adlig besetzt war; es gab nur zwei Bürgerliche im Dorf, den Schweinehirt und den Nachtwächter, und auch die waren mit adligen Damen verheiratet.

Typisch war nicht dies Beispiel, das ganz offenbar auf alten polnischen Rechtsvorstellungen – Adel setzt Bodenbesitz voraus – beruhte, sondern die Reaktion König Friedrichs II. auf diesen Bericht: er gründete 1769 das Kadettenkorps Stolp, um wenigstens die Söhne aus dieser Misere herauszunehmen. All diese Korps – zunächst für junge Refugiés gegründet – sollten den kinderreichen Adel entlasten, wurden aber anfangs so abgelehnt, daß gelegentlich die Landreiter die geeigneten Söhne eintreiben mußten; später überstieg die Nachfrage alle Möglichkeiten, und die Korps haben, obwohl es mehr rauh als herzlich zuging, auch echte Kulturaufgaben erfüllt. Neben Französisch und Deutsch wurde Mathematik mit Blickpunkt auf militärische Zwecke gelehrt, außerdem natürlich militärische Übungen, aber auch Tanzen. Besonderen Wert legte man auf Charakterbildung, weit über den üblichen Religionsunterricht hinaus. Herrn Casanova an einer solchen Anstalt als Gouverneur anstellen zu wollen war allerdings ein ergötzlicher Mißgriff des Königs, wie man in Casanovas Memoiren 1764 nachlesen kann; dabei war sogar die »Academie Militaire« gemeint, die soeben gegründete Eliteschule. Sie hat übrigens nie überragende Ergebnisse gezeitigt; unter altpreußischen Verhältnissen war Basisarbeit nötig, nicht ein Spitzeninstitut.

Das gegründete Reservat der Offiziersstellen für den Adel hat sich durchaus bewährt. Die »Klitschen« waren klein und mager, das Plündern der Kaufleute war seit 1415, das Austreiben und Drücken der Bauern seit 1715 nicht mehr statthaft; Erwerbsdenken und die entsprechenden Berufe galten als unstandesgemäß. Wissenschaft war verdächtige Spezialbegabung; noch Friedrich II. hat dekretiert, daß es den Adel nicht schände, etwa Mitglied der Akademie der Wissenschaften zu Berlin zu werden! Da die höhere Verwaltungslaufbahn ebenfalls gute Studien und Fähigkeiten voraussetzte, war der Offiziersberuf geradezu die ideale Chance nachgeborener Söhne, der körperlichen

Offizier-Portraits aus der Zeit 1734–40 (drei Gemälde früher Stadtschloß Potsdam, in der »Chefgalerie« des Soldatenkönigs; der Markgraf von Bayreuth zuletzt Schloß Breslau) links: Oberst v. Botzheim (von Weidemann), Chef Infanterie-Regiment No. 7 von 1734 bis 1737 rechts: Oberst v. Bredow (von Lisiewski), desgleichen 1737–1740

Ausbildung und den Standesvorstellungen voll entsprechend.

Von der nackten materiellen Sorge befreit, hat sich die »race«, wie Friedrich sagte, in ungeahnter Weise bewährt. Ihr ausgeprägter Ehrbegriff wurde jetzt auf übergeordnete Ziele gelenkt, und dabei entwickelte sich aus dem zunächst biederen, aber grobschlächtigen »Friedrich-Wilhelms-Offizier« allmählich der Typ, von dem Goethe aus vielfältigen engen Kontakten mit preußischen Offizieren sagte, »die größten Vorteile im Leben überhaupt wie in der Gesellschaft hat ein gebildeter Soldat«. Ewald von Kleist, der Dichter des »Frühling«, ist eine erste Ausprägung. Wichtiger fast ist, daß die Beschäftigung mit der Wissenschaft zumindest des eigenen Berufs unter den jungen Offizieren an Boden gewann und sich nach den großen Kriegen allmählich auch auf Literatur und allgemeine Bildung überhaupt ausweitete.

Trotzdem bleibt das Wesentliche, daß das Offizierskorps sich mit seinen Pflichten so identifizierte, daß es zweihundert Jahre lang in den ihm aufgetragenen Aktionen die höchsten Blutopfer bringt. Ohne Zögern gehen die Söhne des Adels zum Sterben; die Opfer an Offizieren 1756 bis 1762 schätzte man – offenbar zu niedrig – auf über 1600 Tote, ein

Vielfaches an Verwundeten: die blutigen Verluste überstiegen bei weitem die Zahl der vorhandenen Stellen.

So finden sich zwei in ihren Interessen ursprünglich entgegengesetzte Stände wie Adel und Bauer schließlich unter schweren Belastungen im Dienst für den Staat zusammen – eine der schwierigsten und größten Leistungen der Hohenzollern.

Auch für das Offizierskorps wie für so manche andere Institution Preußens bedeuten die Verluste des Krieges eine Zäsur. Fühlten sich die Offiziere vorher vorwiegend als Adelsgemeinschaft – Bürgerliche, die sich anzupassen wußten, wurden glatt integriert –, so setzt sich später immer stärker die rein militärische Hierarchie auch in der Gruppe durch: der Vorgesetzte wird zum Halbgott. Die Zeit, da Friedrich Wilhelm I. sich nach einer Streiterei bei Tisch mit einem Major duellieren wollte, war vorüber.

Bürger und Soldat

Das Bürgertum trat gegenüber der Landbevölkerung zahlenmäßig zurück, mit etwa 5–10 %, je nachdem, wohin man die vielen Ackerbürger rechnet. Reste alter Bürgerwehrhaftigkeit führten ein Schattendasein: in einigen Städten besetzten Bürger die Wachen, wenn die

links: Oberst v. Waldow (von Weidemann?), Chef Kürassier-Regiment K 8, von 1734 bis 1742
rechts: Markgraf Friedrich von Bayreuth (von Pesne, ca. 1733), Chef Dragoner-Regiment D V, von 1731 bis 1763

75

eneral Lieutenant
Arnim, den 10. Febr. 1704.

*Generalleutnant v. Arnim,
Chef Infanterie-
Regiment No. 5
Links:
Gemälde von Weidemann,
1714
(früher Stadtschloß Potsdam,
Chef-Galerie)
Rechts:
Gemälde um 1720
Künstler fraglich
(Feldmarschallsaal der
Hauptkadettenanstalt
Lichterfelde, jetzt Bode-
Museum Berlin)
Das eine Bild repräsentiert
vor dem altpreußischen
Stilbruch von 1718 den
Kavalier des Barock, das
andere den späteren
preußischen Eigenstil.*

Garnison zu Parade, Übung oder Krieg ausmarschiert war. Funktionierende Selbstverteidigung, wie sie 1758/61 und wieder 1807 in Kolberg geübt wurde, war Besonderheit.

Zudem betrafen die Ausnahmen von der allgemeinen Wehrpflicht relativ stark die Städte. »Exemt«, also verschont, blieben der Kapitalist mit 10 000 und mehr Talern Vermögen, Angehörige wichtiger Handwerkszweige und Manufakturiers, denn ihre Pflichten waren wirtschaftlicher Natur. Königliche Beamte einschließlich der Domänenpäch-

ter, Pfarrer und Lehrer – und jeweils auch ihre Söhne – sollten sich besser ihrem Amt widmen bzw. studieren – nur durfte der Herr Studiosus nicht das Gardemaß erreichen; der altertümlichen Lehre von der vererbten Berufsbegabung hing selbst der aufgeklärte große Friedrich noch an. In parallelem Sinn durften am anderen Ende der Stufenleiter die »Unehrlichen«, also Henker, Steckenknecht und Abdecker, ebensowenig dienen wie erheblich Vorbestrafte; für Zweifelsfälle gab es ein Verfahren des »Ehrlichmachens«.

Auch ganze Städte wie Berlin waren militärfrei, ebenso Gebiete wie etwa kleinere Streubesitzungen im Westen: allzu leicht hätten sich ihre Söhne der Militärpflicht durch »Austreten« in die Nachbarländer entziehen können; so begnügte man sich dort mit einer ersatzweisen Geldabgabe.

Das Verhältnis zwischen Armee und Bürgertum war trotz der Befreiungen – oder vielmehr gerade ihretwegen? – schlecht. Zu sehr griff das Militär mit seinen Ansprüchen auf Wohnungen, Wachräume, Exerzierplätze o. ä. ins

bürgerliche Leben ein, zu sehr aber auch im königlichen Auftrag in Magistratsfunktionen im Sinne der Gesamtverantwortung oder der Kontrolle. Wir sahen in den Städten die Eigenverwaltung verrottet, die Finanzlage meist rückgängig. So gewannen königliche Kommissare in der Verwaltung und das Heer in der Ausübung öffentlicher Funktionen Raum: Marktaufsicht und Feuerwehr lagen in seiner Hand, ebenso Hygienekontrollen.

Trotzdem suchten und fanden bürgerliche Elemente mit militärischen Nei-

„Wenn Fische auf den Markt kommen, so soll die Schildwache dies sofort dem Offizier melden, und dieser darauf Acht geben, daß die Weiber, welche solche auf das Land tragen, nicht zuerst kaufen, sondern solange warten, bis die anderen Leute gekauft haben."
Parolebuch Bayreuth=Dragoner, 1784

77

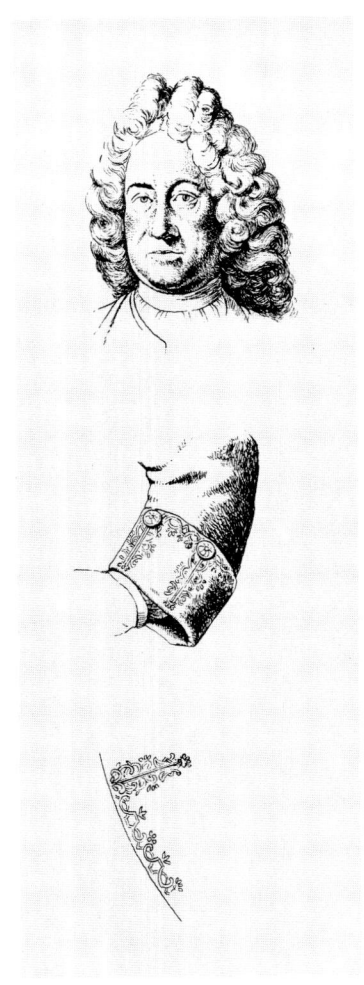

Markgraf Albrecht von Brandenburg-Schwedt, Chef des Infanterie-Regiments No. 19 Gemälde von Weidemann 1714 (früher Stadtschloß Potsdam, Chefgalerie) dazu Frisur- und Besatzmerkmale **vor** *»Stilbruch«*

gungen immer wieder Eingang in die Armee, und nicht nur bei Artillerie und Husaren, wo sie offiziell gleichberechtigt zugelassen waren. Auffallender ist das Eintreten Freiwilliger zumal im Siebenjährigen Krieg in die leichten Truppen aller Art, worüber noch zu berichten sein wird.

Der Ernstfall
». . . und ihr Feuer rollte wie ein stetes Donnerwetter«, berichtet ein österreichischer Offizier 1741 vom Schlachtfeld von Mollwitz. Während rechts und links die Kavallerie geworfen wird, zeigen die Bataillone der Infanterie zum erstenmal altpreußischen Perfektionismus auf einem veritablen Schlachtfeld. In der Brandung der verlorenen Reiterschlacht stehen sie wie die Felsen, schießen nach vorn und hinten alles nieder, was vor die Gewehre kommt. Den jungen Fritz verlassen die Nerven, er selbst das Schlachtfeld – sie aber gehen auf Schwerins Befehl vor und fegen das Feld leer. Ein Vierteljahrhundert haben sie für den Ernstfall geübt und zeigen nun mit Inbrunst, was sie können.

78

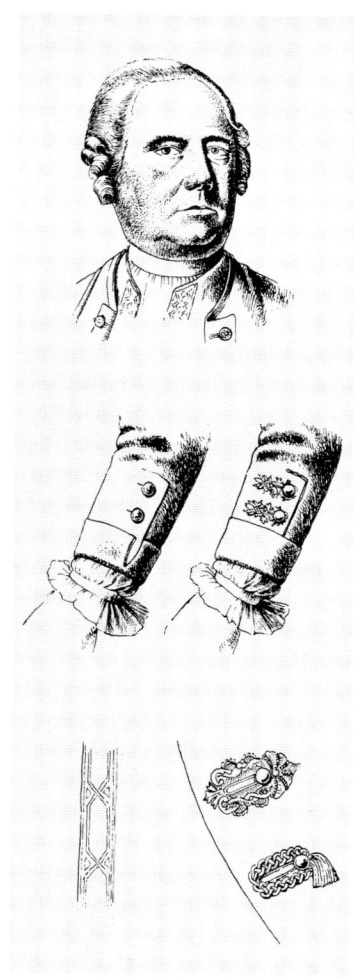

*Die selbe Person
wie auf Seite 78,
Gemälde von Pesne,
ca. 1720
(Schloß Charlottenburg)
dazu Frisur- und Besatz-
merkmale **nach** »Stilbruch«*

Den Soldatenkönig mag man einen »Militaristen« nennen, aber dem Krieg war er durch und durch abgeneigt. Vielleicht kannte er ihn zu gut, vielleicht liebte er seine wohlgeübten blauen Kinder zu sehr, um sie aufs Spiel zu setzen. Selbstverständlich war die Mobilmachung für alle Fälle stets bestens vorbereitet: der Mob-Plan von 1722 ist für seine Zeit erstmalig und einzigartig und hat seither in aller Welt Schule gemacht. Der cholerische Fürst hat auch mehrfach im Zorn und meist nicht ohne Grund nach dem Degen gegriffen, aber gezogen

hat er ihn seit 1716 nicht wieder. »So schnell schießen die Preußen nicht«, spottete die Welt noch lange.

Schon zum Feldzug 1715/16 in Pommern entschloß er sich nur zögernd. Aber er mußte verhüten, daß Rußland in Stettin die Oder, Lebensader seiner Staaten, blockierte; wäre Schwedens König Carl XII. weniger halsstarrig gewesen, hätte er Stettin sogar von Preußen zurückerhalten können. Denn Friedrich Wilhelm schätzte diesen nüchternen, tapferen Krieger sehr; 1715 hat er ihn aus Stralsund entkommen lassen, ehe die Festung

Links: Preußischer Dragoner-Pallasch M 1734 (Privatbesitz)
Rechts: Russische Nach-fertigung, Tula nach 1730 (früher Sammlung Focke)

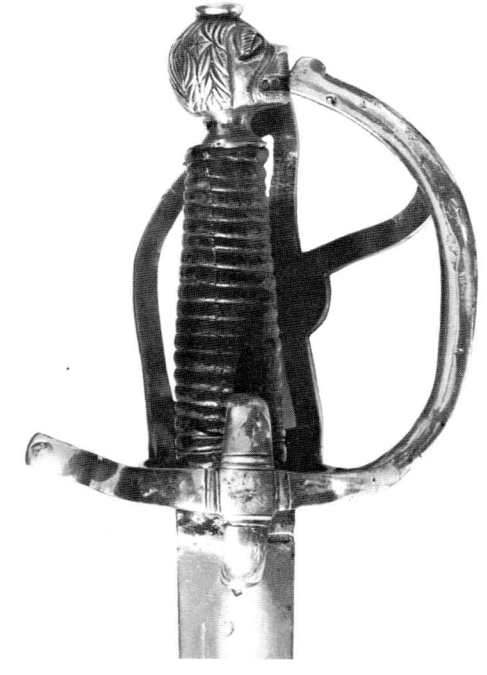

fiel. Manches in der preußischen Uniform ab 1718 läßt schwedisches Vorbild erkennen.

Fast zwei Jahrzehnte klappern nun auf allen Exerzierplätzen die Ladestöcke ohne Störung. Rollende Trommeln, brüllende Unteroffiziere, die pünktlichen Salven – jahraus, jahrein! Es muß ihnen allmählich zum Halse herausgehangen haben, aber zugleich durchdringt sie alle die Überzeugung: sie sind die besten! Gespräche von des Königs Tafel sind überliefert, in denen er selbst ein Stärkeverhältnis von nur 3 zu 5 für ganz unbedenklich hält, aber seine Offiziere glauben noch überlegeneren Gegnern gewachsen zu sein.

1734 hätte es ernst werden können: Friedrich Wilhelm bot dem Kaiser seine ganze Armee zum »Polnischen Erbfolgekrieg« an, der am Rhein gegen Frankreich geführt wurde. Allerdings wollte er nicht als Reichsfürst kommen, sondern als Verbündeter, und der Kaiser dankte: eine mögliche Niederlage ohne diese allzu unabhängigen Preußen war ihm lieber als ein sicherer Sieg mit ihnen. Er bezog nur in der Not einen kompletten Pontontrain vom König, und die Österreicher waren nicht schlecht erstaunt, als er 8 Tage nach Anfordern von Magdeburg abmarschieren konnte, komplett bis zum letzten Nagel, prima Pferde, die Knechte österreichisch uniformiert und

dazu die Entschuldigung des Königs, daß es so lange gedauert habe, aber man habe die Stiefel nicht vorrätig, die hätten erst gemacht werden müssen.

Außerdem ging nur das übliche Reichskontingent an den Rhein, 5 Infanterie- und 3 Dragoner-Regimenter. Sie genügten, einsichtige Österreicher das Gruseln zu lehren, ohne daß es zu wesentlichen Kampfhandlungen gekommen wäre. Die Wirkung dieser Truppen auf den alten Prinzen Eugen, der in Preußen seit jeher den Feind seines Kaisers gesehen hatte, beschreibt drastisch der junge Fritz, der zeitweise mit von der Partie gewesen ist. Ein junger kaiserlicher Offizier mit Lust am Karikieren hat uns eine Uniform-Bilderhandschrift dieser recht zusammengewürfelten Reichsarmee hinterlassen und die Preußen darin nicht ohne Absicht neben die »Reichler« vom Oberrheinischen Kreis gesetzt – Bild ohne Worte.

Ernsteres stand in diesen Jahren im Hintergrund. Jahrzehntelang war der König absolut reichs- und kaisertreu gewesen, trotz der üblen Methoden österreichischer Politik, die ihn laufend ausspionierte, gängelte und letzten Endes betrog. Die Geheimdiplomatie des »kleinen Italieners« Prinz Eugen ging selbst über das Zeitübliche hinaus; wer sich in ihre Schliche vertieft – von der Affäre Clement bis zum Spiel um das pfälzische Erbe –, ist geneigt, in der Ruptur von 1740 klärende Vergeltung zu sehen, der persönlichen Motive des jungen Friedrichs ungeachtet.

Der Stilbruch

Unter so tiefgreifenden sozialen und ökonomischen Maßnahmen mußte sich der Charakter des Staates verändern. Preußen eilte seiner Zeit voraus – es war, wenn auch auf ganz autoritäre Weise, ein Staat der »kleinen Leute« geworden, und die Umwelt empfand es alsbald, daß

Aber etwas anderes war für Europa auf die Dauer viel unheimlicher: eine ganze, bis dato durchaus heterogene Bevölkerung wurde total verändert und in Wesen, Gebaren und äußerem Bild auf einen neuen Lebensstil vereinheitlicht. 1777 hat man in Schlözers »Briefwechsel«, einem der wichtigsten deutschen Journale, das Ergebnis treffend umrissen, und ein Jahrzehnt später hat es der »reisende Franzose« Riesbeck – Bestsellerautor seiner Zeit – fast mit den gleichen Worten wiederholt. Aber schon

hier Neues heranwuchs, neben dem manches Althergebrachte sich schlecht und vielleicht untragbar ausnahm. So war man ringsum offiziell »dagegen« – die Seemächte England und Niederlande wegen der verlorenen Handels-Chancen, der Kaiser wegen der bedrohlich empfundenen Militärmacht, Polen um der preußischen Souveränität willen.

Frankreich beurteilte die Verhältnisse günstiger, denn ein starkes Preußen konnte Bundesgenosse gegen Habsburg werden, und Rußland steckte selbst noch zu tief in ähnlichen Sorgen; später hat es gern die Uniformtücher und das »Knowhow« der Waffenproduktion aus Berlin bezogen: seine Waffenschmiede Tula wurde um 1730 von preußischen Fachkräften eingerichtet, und noch im 19. Jahrhundert war das preußische Vorbild der russischen Waffen unverkennbar.

fünfzig Jahre früher hatte der junge Fritz seine spitze Feder an dem Phänomen gewetzt.

In Hannover meint man etwa 1730 auf der Wachtparade einen fremden Herrn in Zivil an Kleidung, Haltung und Interesse als preußischen Offizier zu erkennen – Pech! Es ist der französische Gesandte in Berlin. Wie hat er sich akklimatisiert seit dem großen Ärger zehn Jahre zuvor auf dem Tempelhofer Feld, von dem wir noch hören werden. 1727 wird ein junger Magdeburger Apotheker, der sich in Lübeck um eine Stelle bewirbt, glatt abgewiesen: er sieht dem Herrn Prinzipal zu »preußisch« aus; im kaisertreuen Lübeck hat man den Dualismus schon empfunden, als der König selbst noch gar nicht daran dachte. Solche Histörchen finden sich mehrfach in der zeitgenössischen Literatur.

Soldatentypen aus der Gudenus-Handschrift 1734 (Generallandesarchiv Karlsruhe)
v. Gudenus, junger Offizier im Reichsdienst, hatte Freude an der Karikatur. So stehen Preußens Grenadiere, die durch Aussehen, Auftreten und Fachkünste Aufsehen erregten, unmittelbar neben dem anderen Extrem der Reichsarmee: den Kümmerlingen des Löblichen Oberrheinischen Kreises.

Tabagie am Hofe
Friedrichs I.
Gemälde von Leygebe,
ca. 1710
(Potsdam, Schlösser und
Gärten)

Es ist hier nicht Raum, auf die mannigfachen Folgeerscheinungen dieses Stilbruchs einzugehen. Sie reichen vom Höchsten – der König tritt unter das Gesetz – bis zum Trivialsten: ein Staatskochbuch unterrichtet empfehlend den Untertan, was zu jeder Jahreszeit besonders billig, bekömmlich und wohlschmeckend sei. Aus dem militärischen Bereich mag nur eine Erscheinung für viele stehen, nämlich der Wandel des Uniformstils; er läßt sich anhand der in Preußen besonders zahlreichen Offiziersporträts sogar genau datieren, nämlich auf das Jahr 1718. Daß man die Uniform wesentlich enger, aber noch durchaus bequem zuschnitt, wurde bereits erwähnt. Ihren Schmuck hat man beileibe nicht abgeschafft, denn die Metallfaden-

stickereien für die Offiziere nährten zumal die alten Fräuleins. Aber man stickte nun nicht mehr ins Tuch, sondern setzte die Schmuckelemente nur auf, um sie – abgetrennt – dem gewendeten Rock erneut applizieren zu können. Legte doch der König selbst zur Schreibtischarbeit schwarze Vorärmel an, um die Uniform zu schonen, die er ständig trug – irgendwo mußte man doch die Schreibfeder abwischen! Die breiten kunstvollen Stickereien wandeln sich also zu schmalen massiven Borten oder kleinen kompakten Schleifen. Schon als Kronprinz hat Friedrich Wilhelm seinen Prunkrock alten Stils vor der Hofgesellschaft ins Feuer geworfen, mit dem Ruf: »Mir nach, wer kein Hundsfott ist« – sauren Gemüts taten sie's.

Das gleiche Schicksal erlitten die prächtigen Lockenperücken zweier Regimentschefs, als sie sich 1718 in Potsdam meldeten: husch, von königlicher Hand in den Kamin – und so sehen wir die beiden Herren auf Bildern noch heute in der kleinen »Muffer«-Perücke, die in den straffgewickelten Zopf mündet. Auch der französische Haarbeutel war dem König ebenso zuwider wie die alte Allonge-Perücke.

Offenbar steht hinter dem Stilbruch neben Ökonomie und persönlichem Geschmack auch ein politisches Motiv. Ein Vorgang von 1719 weist darauf hin, denn er ist eindeutig gegen Frankreich gerichtet. Die legere Mode der französischen Régence, die sich seit 1715 über Europa ausbreitete, ist dem König of-

Tabagie des Soldatenkönigs Gemälde von Daegen, 1736 (Potsdam, Schlösser und Gärten)
In der Differenz liegt die Würze: leeres Hofzeremoniell wird zur politisch-militärischen Diskussionsrunde. Die Generäle kommen dazu im schlichten Rock ohne Besatz (Detail S. 83 links).

Wache am Jägertor,
Potsdam, etwa 1739
Gemälde von Daegen
(Potsdam, Schlösser und
Gärten)
Von links naht der König
zu Pferde, und die Wache
der Riesengarde tritt
heraus. Nur der Lampen-
putzer läßt sich nicht stören:
der König will seine Unter-
tanen bei der Arbeit sehen.
Die Grenadiere tragen zum
Normaldienst keineswegs
die teuren Mützen. Rechts
und links vorn die Lärm-
kanonen zum Alarmschuß,
sobald eine »Desertion«,
also Fahnenflucht, entdeckt
wird.
Daegen weiß dem König zu
schmeicheln: das in Wirk-
lichkeit sehr bescheidene
Jägertor – es steht noch
heute (vgl. S. 147) – ist
stark überhöht; an der
Gruppe dienstfreier Soldaten
links vorn geht ein Gast aus
Berlin vorbei, ein Infanterist
von No. 26 – welch ein
Zwerg unter Riesen! (vgl.
Skizze S. 89)

fenbar nicht nur in Kleidschnitt und Farbwahl – helle gebrochene Töne mit Silber –, sondern ebenso der Herkunft nach zuwider gewesen. Die anrüchige Gruppe der Profossen, also der Strafmeister der Regimenter, hat übrigens das Grau mit Grün noch bis 1806 beibehalten.

Der Konflikt mit der Zeitmode ist jedoch nur die sichtbare Spitze des Eisberges: Preußen ist damals nicht nur in Äußerlichkeiten aus der europäischen Allgemeinentwicklung ausgeschert, sondern hat in viel tiefgreifenderen Bereichen eigene Wege eingeschlagen. Ein neuer Staatsaufbau von oben wie von unten bedingte neue Pflichten des Fürsten wie der Untertanen, die im Streben nach sozialer Gerechtigkeit für das Schöne des Lebens allzu wenig Raum ließen. Hinzu kam – notgedrungen, wie wir sahen – Ausrichtung auf militärische Möglichkeiten und Modalitäten, deren rauhe Kargheit anfänglicher Not entsprach,

später aber mit dem eigenen Erfolg immer stärker kontrastierte.

Andere Staaten, besonders protestantische Nachbarn, haben Preußen vielfach nachgeahmt; das blieb im Äußerlichen stecken, hat seine Isolierung also keineswegs gemindert. Die altetablierten Großmächte haben den mageren Emporkömmling selbst als Verbündeten stets mit Mißtrauen betrachtet, und als Preußen aus den Trümmern des alten Reiches ab 1866 auch für Deutsche einen Nationalstaat aufbaute, wurde seine Eigenart zur europäischen Frage. Sie ist nach wie vor nur aus der Kenntnis seines Werdens zu beantworten.

Das »Glück des Untertan«

Vor Veränderungen, die auch in die private Sphäre des einzelnen reichen, erhebt sich die Frage, was wohl die Betroffenen dabei gedacht oder empfunden haben? Eine Antwort ist erforderlich, weil die damaligen Maßnahmen heute vielfache

Links:
Kronprinz Friedrich (II.) führt das Corps des Cadets vor
Gemälde von Pesne, 1724 (Potsdam, Schlösser und Gärten)
Die Offiziere der Cadets trugen die Uniform des Königs-Regiments No. 6.
Rechts:
Prinz Heinrich in der Uniform des Kürassier-Regiments »Kronprinz« (K 2)
Gemälde von Pesne, 1730 (Potsdam, Schlösser und Gärten)

Parallelen finden in der Planwirtschaft marxistisch regierter oder beherrschter Länder. Entscheidend ist dabei nicht die Methode an sich, sondern von wem sie angewandt wird, zu wessen Nutzen und mit welchem Endziel.

Was aus den unzähligen Verfügungen des Soldatenkönigs hervorleuchtet, hat Friedrich II. am Abend seines Lebens in Worte gefaßt: es ging darum, den Staat auf das Wohlergehen, also das Einverständnis der betreuten Untertanen, zu fundieren, und zwar bis herab zur breiten Masse, also nicht nur auf kleine ausgewählte Schichten.

Waren Mühe und Plackerei, die Last des Heeres und all das Regulieren in diesem Sinne erfolgreich? Einzelzeugnisse bleiben für eine so grundlegende Frage ungenügend, aber eine Statistik in unserem Sinne hat es vor 1740 gar nicht, später nur partiell gegeben. Einen Anhalt gibt jedoch das Steueraufkommen aus der Akzise: die Hebesätze blieben von 1713 bis 1740 fast gleich, auch die Lebenskosten – insbesondere Brotpreis und Mieten – blieben stabil; ebenso ist unter preußischen Verhältnissen ein Luxuskonsum kleiner Schichten als Fehlerquelle auszuschließen. Nachweislich hat sich in den 27 Jahren das Steueraufkommen um 50% erhöht; daran hat die Akzise sogar noch einen größeren Anteil gehabt als die ländliche Grundsteuer, denn die neuangesetzten Kolonisten erhöhten zwar auch diese, aber erst nach ihren Freijahren und auch dann relativ gering. So bleibt nur der Schluß: 1740 haben in Preußen die kleinen Leute weitaus besser gelebt als 1713.

Die rigorosen und oft drückenden Maßnahmen des Soldatenkönigs sind also nicht nur im guten Glauben und Willen, sondern auch mit Erfolg zugunsten der Regierten durchgeführt worden – weder für eine kleine Schicht Privilegierter noch gar zur Abschöpfung der Überschüsse für eine fremde Macht.

Dieses Pferd haben Sr: Höchfel: Königl: Majefl: Friederich Wilhelm den 28 Maij 1740. 2 Tage vor Dero Ende aller gnadigft mit diesen Worten gefchenket: Diß ist daß letzte, so Ich euch geben werde, behaltet es zu Meinem andencken
Grafen Hacke
General Lieutenant, Commandant von Berlin

»Sterbepferd« Friedrich Wilhelms I. für den General v. Hacke, Kommandant von Berlin
Gemälde von Merck (?) (Springer-Haus, Berlin) Kurz vor seinem Tod verschenkte der Soldatenkönig Pferde seines Marstalls an seine Generäle. v. Hacke hat dies Pferd zur Erinnerung malen lassen und uns damit zugleich das seltene Portrait eines Offiziersdieners überliefert.

Der König und sein Werk

Bei diesem ersten Soldaten seines Staates lassen sich Mensch, Fürst und Militär nicht trennen. Seit 1720 trug er die Uniform als einziges Kleid; dem Heer war er dreifach verbunden als Chef der Armee, seines Regiments und dort wiederum seiner Leibkompanie, und er nahm alle diese Pflichten ebenso ernst, wie er es von seinen Generalen verlangte, daß sie stets »a portée« auch des kleinen Dienstes blieben.

Seine tägliche Umgebung war militärisch wie seine Zeiteinteilung. Schon im Morgengrauen erledigte er unzählige Eingänge, denn er wollte selbst *alles* wissen! Seine Entscheidungen, vom Wesentlichsten bis herab zu 3 Talern für eine Organistenwitwe, füllen noch heute im Archiv die dicken, eng beschriebenen »Minütenbücher«; seine Randbemer-

kungen künden, daß man ihm so leicht nichts vormachte. Auch sein Sohn hat diese Allgegenwärtigkeit im Kabinett und auf Reisen durchgehalten. Erst als die späteren Könige zu faul oder zu entscheidungsschwach waren, hat dies virtuose Spiel von Information und Entscheidung nicht mehr funktioniert.

War er zu Hause und gesund, fehlte er fast nie auf der täglichen Wachtparade; abends sah er mehrfach in der Woche ihm liebe Offiziere oder interessante Fremde als Gäste in seiner Tabagie. Auch diese diente in erster Linie der Information und klärenden Rücksprachen; Vorleser trugen die auswärtigen geschriebenen und gedruckten Zeitungen vor und mußten zu Sachfragen Auskünfte geben. Dabei wurde getrunken und geraucht; war der vortragende Rat nicht sach-, trunk- und charakterfest, so wurde er rasch zum Ziel derbster Scherze der Militärs. Die Histörchen vom Säufer Gundling haben als Randerscheinungen die Tabagie populärer gemacht als die politischen Entscheidungen, die dort vorbereitet wurden. Dabei war Gundling zugleich ein hochgelehrter Mann; von seinen Kollegen und Nachfolgern hat Fassmann am ausführlichsten, Morgenstern am gehaltvollsten zur Biographie des Soldatenkönigs beigesteuert. Der letztere widerlegt die Einstufung der Vorleser als Hofnarren am schlagendsten dadurch, daß er auch nach 1740 von Friedrich noch zu sehr diffizilen Auslandsaufträgen verwendet wurde, die in Breslau 1741 geheimdiplomatischen Charakter und vollen Erfolg hatten.

Die Tabagie war durchaus nichts Neues, denn sie gehörte zum Bild des barocken fürstlichen Hofes, und nur Stil und Zweck waren 1713 gewandelt worden. Leygebe und Daegen haben diese Zeremonie unter dem ersten und unter dem zweiten König dargestellt, und wir dürfen annehmen, daß schon Friedrich Wilhelm die beiden Bilder mit Lächeln verglichen hat. Er war nämlich ein ausgesprochen visueller Typ und malte selbst auf eine ganz unbeholfene Weise, die wir erst im Zeichen der »naiven Malerei« wieder als Ausdruck der Psyche einzustufen gelernt haben. »In tormentis pinxit« – in Qualen gemalt – setzte er darunter, nicht nur im Zeichen der Gicht, sondern auch innerer Qualen, die den äußerlich so robusten, im Auftreten groben Mann peinigten. »Ihr sollt mich nicht fürchten, Ihr sollt mich lieben!« schreit er, als er mit erhobenem Stock einem Potsdamer Bürger nachrennt, der ihm ausweichen wollte. Er lebt für sein Volk, aber man fürchtet ihn, und er hört keinen Widerhall – Tragik seines Lebens.

Das Erfreuliche dagegen läßt er von Fachleuten malen, wie etwa von Merck 1714 die lebensgroßen Bilder seiner Gardisten. Die Porträts der Offiziere seines Leibbataillons bewachen seinen Schlaf, die Regimentschefs – wer ein Regiment erhält, hat alsbald sein Porträt zu liefern – füllen einen Saal des Potsdamer

Schlosses, die »Generalskammer«; stirbt einer, wandert sein Bild in die »Totenkammer« nebenan, und so kann der König mit einem Schritt Gegenwart und Vergangenheit tauschen. Was von diesem Bilderbestand übrigblieb – seit dem Brand des Stadtschlosses 1944 nur noch Fotos –, hat ermöglicht, den »preußischen Stilbruch« ikonographisch festzulegen.

Sein »Militarismus« griff tief und unheilvoll auch in sein Familienleben ein. Seine Frau, die aus ihrer hannoverschen Familie ebensoviel Kultur wie Hang zur Intrige mitbrachte, hat dies ganze preußische Wesen abgelehnt und zumal die älteren Kinder in diesem Sinne beeinflußt. Seiner ältesten Tochter Wilhelmine (von Bayreuth) fielen das ewige Trommeln wie die schlichten Mahlzeiten gleichermaßen auf die Nerven; in blumigen Memoiren hat sie das Bild des Vaters als »König Unteroffizier« fixiert. Leider wurden aber die Memoiren mehrfach geschrieben und die älteren Fassungen nicht vernichtet; so staunen wir, wie der König sich noch nach seinem Tode verändert: je schlechter nach 1740 ihre Ehe in Bayreuth lief, um so schlimmer wurde sein Bild.

Sein Ältester, der junge Fritz, brachte nicht die nötige Neigung zum Militär auf. Papas Marotten widerten ihn an, und er

Detail zu S. 84/85:
Ein Zwerg unter Potsdams
Riesen.

Offiziersgalerie des Leibbataillons vom Königs-Regiment No. 6 Serie von Gemälden, vorwiegend von Harper, 1722/24 (Früher Potsdam, Stadtschloß) So bewachten sie in der Schlafkammer des Stadtschlosses Potsdam allnächtlich den König. Nur der Rechtsaußen in der untersten Reihe gehört eigentlich nicht zum I. Bataillon, aber er war sein besonderer Liebling; wir werden ihm gleich wieder begegnen (siehe Seite 93).

war so unvorsichtig, es merken zu lassen. Er liebte – ausgerechnet! – französische Literatur, Flötenspiel und Schlafröcke, während er die Montur seinen »Sterbekittel« nannte; als er eines Tages mit dem Offiziersstöckchen an den Kellergittern des preußischen Staatstresors entlangratschte, versprach er diesen »armen gefangenen Talern« alsbaldige Freiheit, wenn er mal dran sein werde.

Schließlich wurde die Spannung zwischen Vater und Sohn verhängnisvoll. 1730 versuchte der Prinz zu desertieren, und der König erwog ernsthaft, ob er nicht vor Gott seinem Volke schuldig sei,

einen solchen Thronfolger zu eliminieren. Aber der Kaiser in Wien – immerhin Oberhaupt der Fürsten des Reiches – legte sich ins Mittel: ein solches Bürschchen wäre ihm auf Preußens Thron nicht unlieb gewesen. Man staunt wieder einmal, wie verborgen Hintergrund oder Möglichkeiten eines Charakters sein können.

Ob und wieweit die drastische Nacherziehung wirksam war, ist fraglich. Hinrichtung des beteiligten Freundes Katte, Haft, längere Tätigkeit in der unteren Verwaltung – und dann nach einer aufgezwungenen Heirat Erleichterungen

»Bauer und Wucherer«
Gemälde von Friedrich
Wilhelm I.
(früher Stadtschloß Potsdam)
Wirklich eines der Gemälde
»in tormentis pinxit«, also
unter Qualen gemalt, aber
nicht nur unter den Qualen
der Gicht, sondern ebenso
in der inneren Angst, ob es
ihm gegeben sein würde, das
elende Leben der geplagten
Bauern zu verbessern.
Endlich, nach Jahren, kann
er auf einer Reise durch das
einst pestverwüstete Ost-
preußen Erfolg feststellen:
». . . denn . . . die Leute
auch dick und fett aussehen.«

bis zum relativ freien Leben in Rheins-
berg: die Stationen wissen wir, aber nicht
ihre Wirkungen im einzelnen. War es
Wandlung oder Entwicklung, es resultierte ein Fürst, der in der Arbeit seines
Vaters würdig, als Militär stark von ihm
unterschieden und im Charakter ihm geradezu entgegengesetzt war.

Sosehr man das Genie Friedrichs anerkannt und sogar gepriesen hat, als
Mensch wie als Organisator hinterließ
der Vater die tieferen Spuren. So hat der
von ihm geprägte Typ des Beamten bis
heute als Leitbild vorgehalten; seine
Oberrechenkammer bleibt noch in unseren Tagen – vorsichtshalber jeder realen
Macht entkleidet – ein drohender moralischer Schatten. Noch fast zweihundert
Jahre später kopierte der näselnde Ton
des »Jarde-Offissiers« seine Sprechweise
– aber viel ernster: im militärischen Bereich gibt es nur wenige auf die Dauer
bewährte Grundsätze, die sich nicht auch
von ihm und seiner Tätigkeit ableiten
lassen.

Ihn wird man nie den Großen nennen
– dazu hafteten ihm zu viele skurrile, lächerliche und sogar abstoßende Eigenheiten und Schwächen an. Wer aber seinem Werk nachgeht, wird sich verneigen
vor seinem guten Willen, seiner Pflicht-
treue und einem Blick für das Mögliche
und dessen Wirkungen, der an das Geniale zumindest heranreicht.

Der König ist tot – es lebe der König!
Der eine schuf ein militärisches Instrument, wie seine Zeit es noch nicht gesehen hatte – eine Armee, die den Frieden
wahren und die innere Wirtschaft beflügeln sollte; so hat er sie durch Vorschriften und unermüdliche Kontrolle geprägt.

Der andere aber wird sie in den Krieg
führen. Lassen wir sie auf diesem Wege
noch einmal an uns vorbeiziehen: in diesen Uniformen, mit diesen Waffen
machte sie Geschichte.

„Friedrich Wilhelm . . . hatte
von 1713 bis 1740 das große
Statsproblem, ein faules Volk
arbeitsam, ein üppiges Volk
sparsam, und einen verschul-
deten Stat reich, zu machen,
aufgelöst. Aber ganz Europa
sah nur, daß er, anstatt einer
majestätischen Perücke, einen
steifen Zopf trug, und, anstatt
Leckerbissen, Erbsen und Speck
aß. Man hielt ihn für lächerlich,
nebenher auch für tyrannisch,
wegen seiner (freilich höchst zu
tabelnden) auswärtigen ge-
waltsamen Werbungen, und
für geizig, weil er Geld in den
Schatz legte. In dasjenige,
was seine Regierung wahr-
haftig groß machte, drang nicht
ein einziger Europäischer
Hof ein.“
A. Schlözer „Briefwechsel . . .“
Bd. II. (1777), S. 135
(3. Auflage, Göttingen 1780)

Ökonomie-Reglements

Als nach einem Dutzend Kriegsjahren 1716 die Heereswirtschaft in die des Staates eingefügt werden sollte, war zunächst die Finanzlage der einzelnen Regimenter zu sanieren. Diese Aktion wurde 1724 – für die Kavallerie 1727 – abgeschlossen mit einem speziellen handschriftlichen Ökonomie-Reglement für jedes Regiment, von dem ein Exemplar bei der Truppe, ein zweites bei der zentralen »General-Kleiderkasse« in Berlin deponiert war. Diese Vorschrift setzte für jedes Regiment – seiner Uniform entsprechend – fest, was für des Königs Geld zu beschaffen war, wo man den Bedarf an Material und Arbeit zu decken hatte und wie lange jedes Stück vorhalten mußte; Modalitäten des Transportes, der Zahlungsweise u.ä. rundeten die Vorschrift ab. Nur in diesen Grenzen konnte sich der Regiments- bzw. Kompanie-»Inhaber« nun noch als »guter Wirt« erweisen; trotzdem blieb »die Kompanie« weiterhin Ziel und Hoffnung der kärglich besoldeten Subalternoffiziere.

Vierzig Jahre lang leitete ein Major (schließlich General) v. Massow von des Königs Leibbataillon diese Kleiderkasse. Sein Name wurde Begriff in der Armee: »Massow soll zahlen«, oder: »Das zahlt Massow nicht«, stereotype Verfügung. In seinem Miniaturbüro wurden diese Reglements geschrieben, dazu jedes Ausrüstungsstück – vom Hut bis zur Schuhsohle, vom Gewehr bis zum Tornister – für jedes Regiment berechnet und notiert nach Materialaufwand und Macherlohn, geteilt und jährlich pro Regiment zusammengestellt – in heißem Bemühen um die Bruchteile des Pfennigs, aber nicht immer ganz sicher in der Arithmetik.

Dieser Rechenmodus war schon viel älter, denn wir finden bereits 1642, als der Kurfürst seine Gardekompanie neu einkleiden läßt, die Einzelstücke nach dem gleichen Schema berechnet wie noch 1752/53, als die letzte Serie der Ökonomie-Reglements ergeht. Die Gesamtvorschriften machen allerdings Wandlungen durch: der Versuch von 1724, für ein Vierteljahrhundert vorauszurechnen, wird aufgegeben, weil die Kopfstärken der Kompanien ansteigen und die Uniformen immer wieder verändert werden. Es gibt neue Editionen 1733, 1737 und 1739 und schließlich die von 1752/53, die bis zum Tode König Friedrichs II. gilt. Sie unterscheidet erstmals zwischen zentralen und peripheren Regimentern, weil sich inzwischen die Rüstungsindustrie – falls man die Spezialmanufakturen so nennen darf – um Berlin konzentrierte: da Preußen noch keine Chausseen hat, spielen die Möglichkeiten des Wassertransports zwischen Havel, Spree und Elbe eine große Rolle; wer durch diese Wasserstraßen zentral angeschlossen ist, kann selbst einkaufen, während für die Regimenter der Peripherie Einkauf und Sammeltransporte von der Dienststelle Massow organisiert werden.

All diese Ökonomie-Reglements – und zwar die Serie der Dienststelle Massow – waren Mitte vorigen Jahrhunderts noch vorhanden, vor seinem Ende aber spurlos verschwunden. Im Laufe der Zeit muß es etwa 300 verschiedene Ausferti-

Hans-Jürgen Detlef
v. Massow (1686–1761)
Gemälde von Harper, etwa
1723
(früher Stadtschloß Potsdam)
Von all den pommerschen
Massows, die dienten, ist er
der wirksamste gewesen:
die »Kasse Massow« war
fester Begriff in der Armee
für ein halbes Jahrhundert.
Mit winzigstem Stab ver-
waltete er alle Ausrüstungs-
kosten, bearbeitete alle
taktischen Reglements und
war auch sonst des Soldaten-
königs »Mädchen für alles«.
Er starb – natürlich – im
Dienst; die Familien-
geschichte weiß nicht, ob er
überhaupt verheiratet war.
»Sie sollen . . . ohne Putz
und Staat, ohne Eitelkeit«
leben, verpflichtete er seine
Erbinnen.

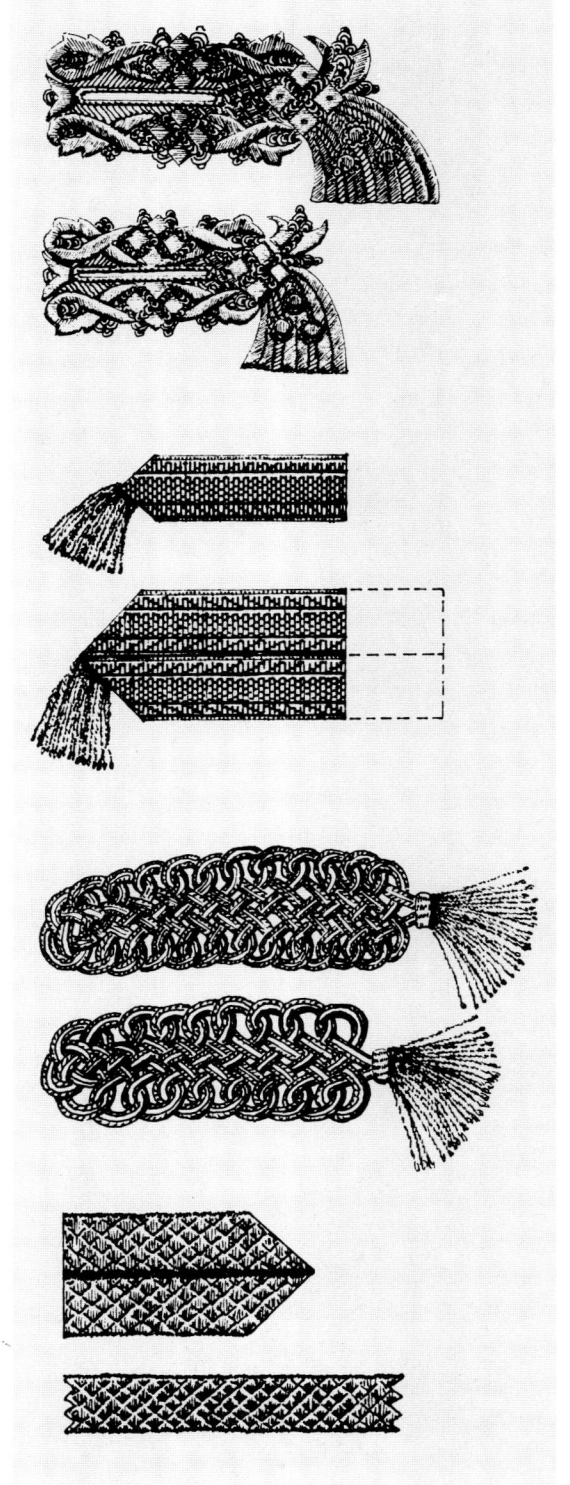

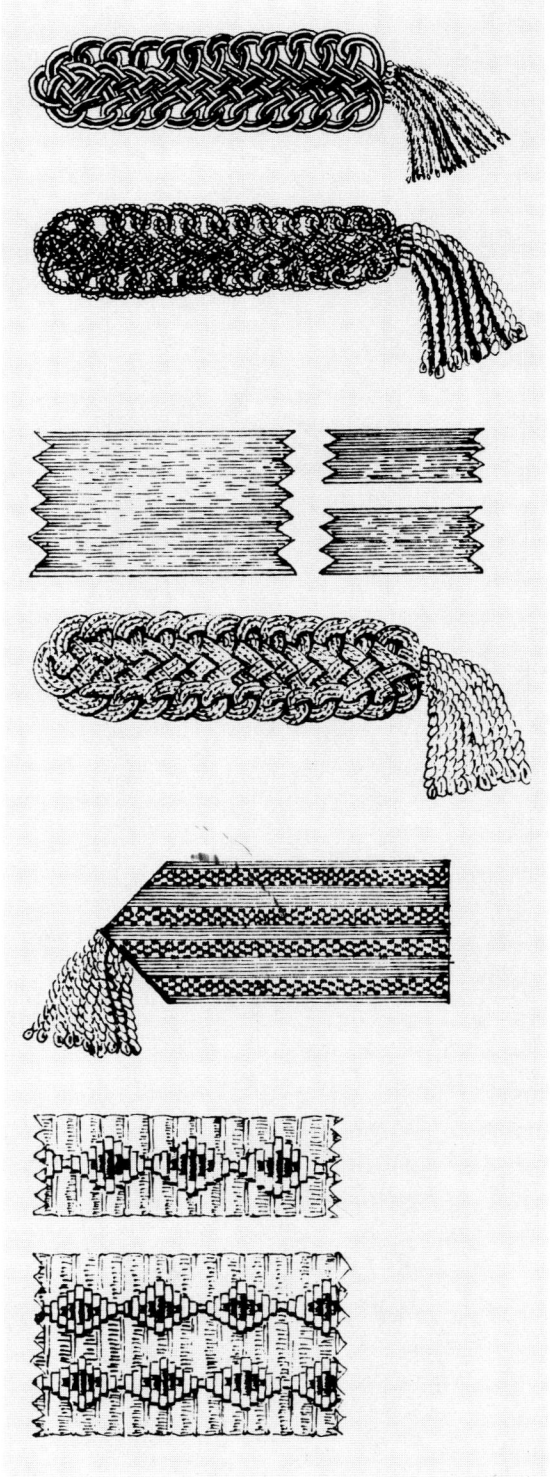

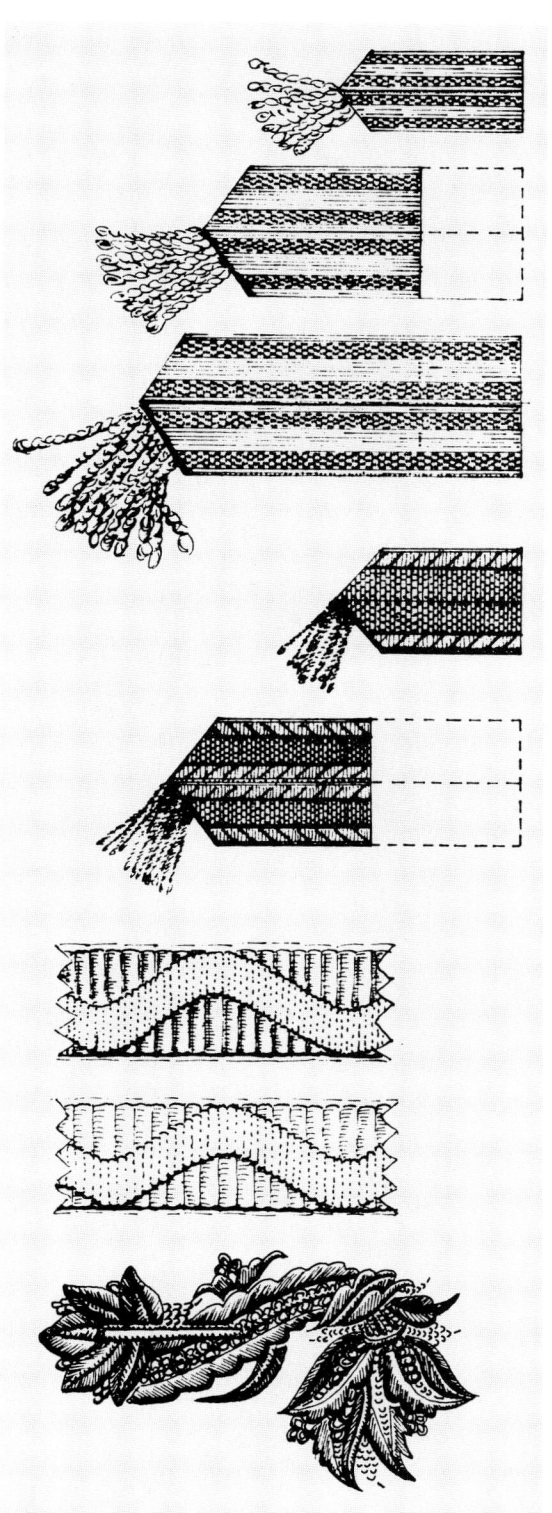

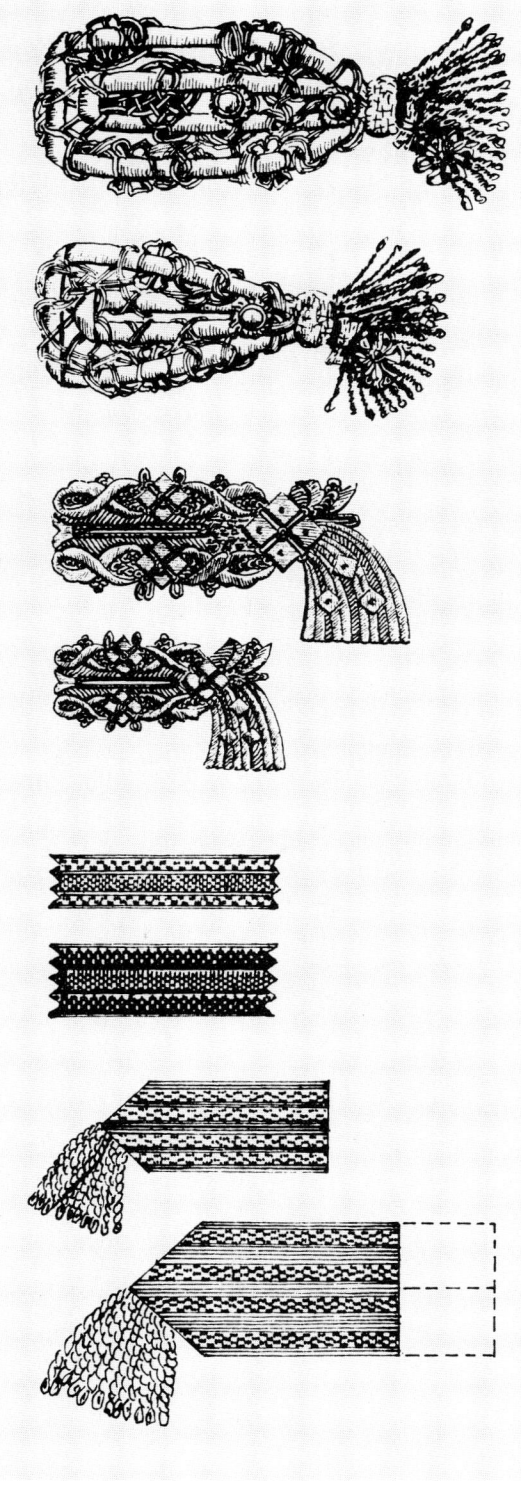

*Originalproben aus dem
Tressenmusterbuch von 1755
Graphische Darstellung von
A. Gay
(Fotoarchiv Bleckwenn)
Gewebt, gestickt, geflochten
und geschlungen – alle
Textiltechniken sind ver-
treten: für den Offizier in
Edelmetallfaden, für den
Unteroffizier im billigen
»leonischen« Gewebe, für
die einfachen Soldaten
grundsätzlich in Wolle.
Das Buch diente bei der
Dienststelle v. Massow als
Grundlage für Ersatz-
lieferungen im Kriege: gerade
in Krisenzeiten blieb man um
den möglichst ungestörten
Wirtschaftskreislauf be-
sonders bemüht.*

Seite aus einem Ökonomie-Reglement für die Artillerie

Designation

Was ein Ober Officier Mondierung von der Artillerie kostet; als:

				fl.	xr	d
9.	Ellen Blau Tuch a 2½ fl			7.	12.	
3.	Ellen Paille dito zu Westen und Hosen a 2½ fl			7.	12.	
7.	Ellen Estamin a 10 xr			2.	22.	
5.	Ellen Futter Leinwand a 12 xr			1.	1.	
6.	Dosin vergüldete Knöpfe a 10 xr			2.	12.	
5¼	Ellen Goldene Tresse, wiegen 11¼ loth a 32 xr			15.		
½	Loth Riegel Seide zu Knopflöcher				16.	
1.	Loth Seide				5.	
3.	Ellen Weiße Leinwand a 2½ xr				7.	6.
	Kameel haare				2.	6.
1.	Elle Flanell in die Falten				9.	
	Macherlohn			2.		
1.	Hut	2 fl				
1.	Massiv Goldene Hut Tresse nebst den Knopf	1.	13 xr			
1.	Cordon	1.	7.	4.	20.	
1.	Port Epée			2.		
1.	Paar Hand Schuh			1.	4.	
				48.	3.	
	Ferner					
1.	doppelte Escarpe	29.				
1.	Mondierungs Degen	13.				
1.	Esponton	4.	16.			
1.	Silberner Ring Kragen	15.		61.	16.	
		Summa		109.	19.	
	Hierzu noch ein Klein Subalternenzoll			16.	4.	
		Summa Sa.		125.	23.	

Die übrige Feld Equipage, als Pferde, Reit

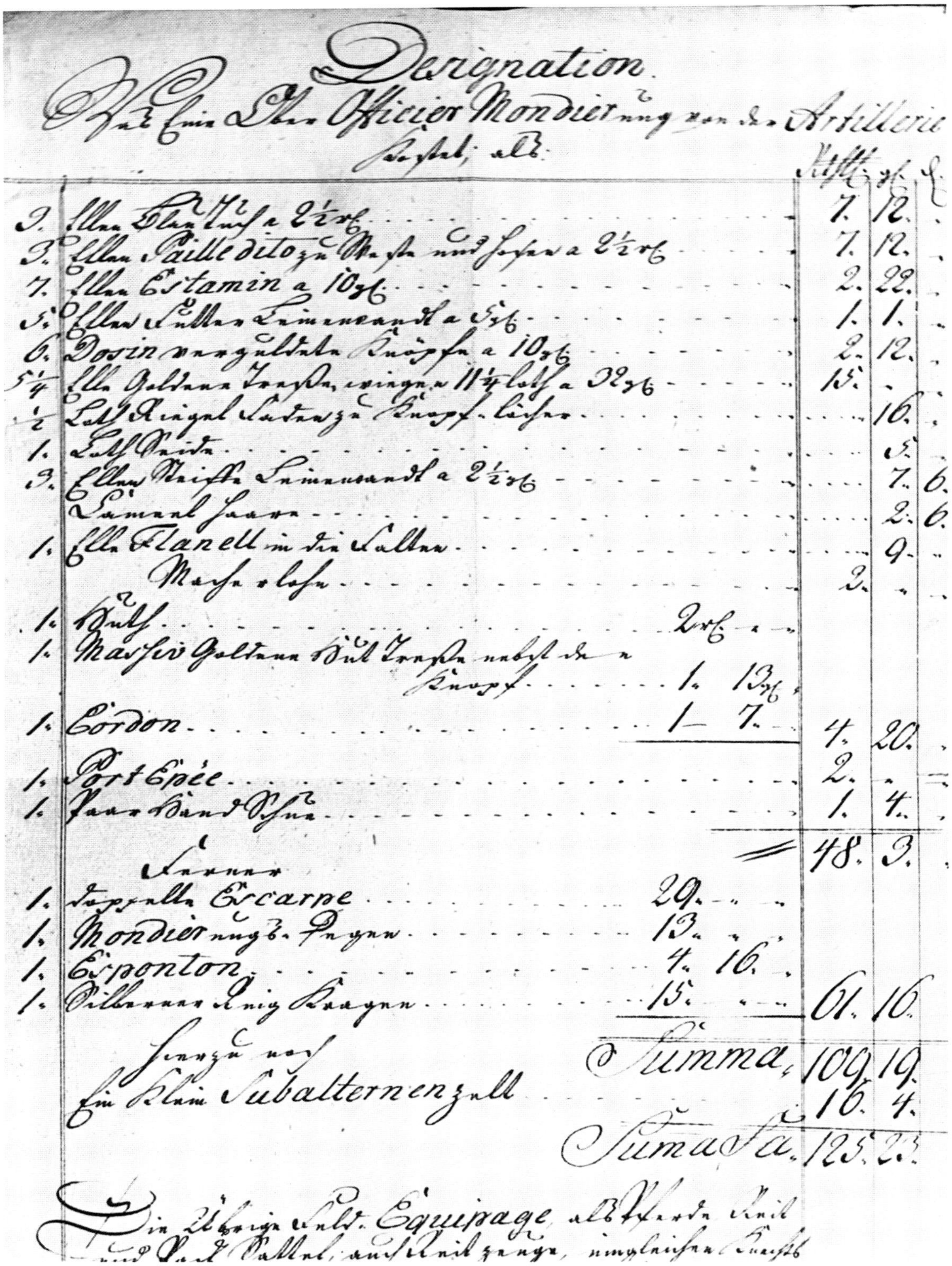

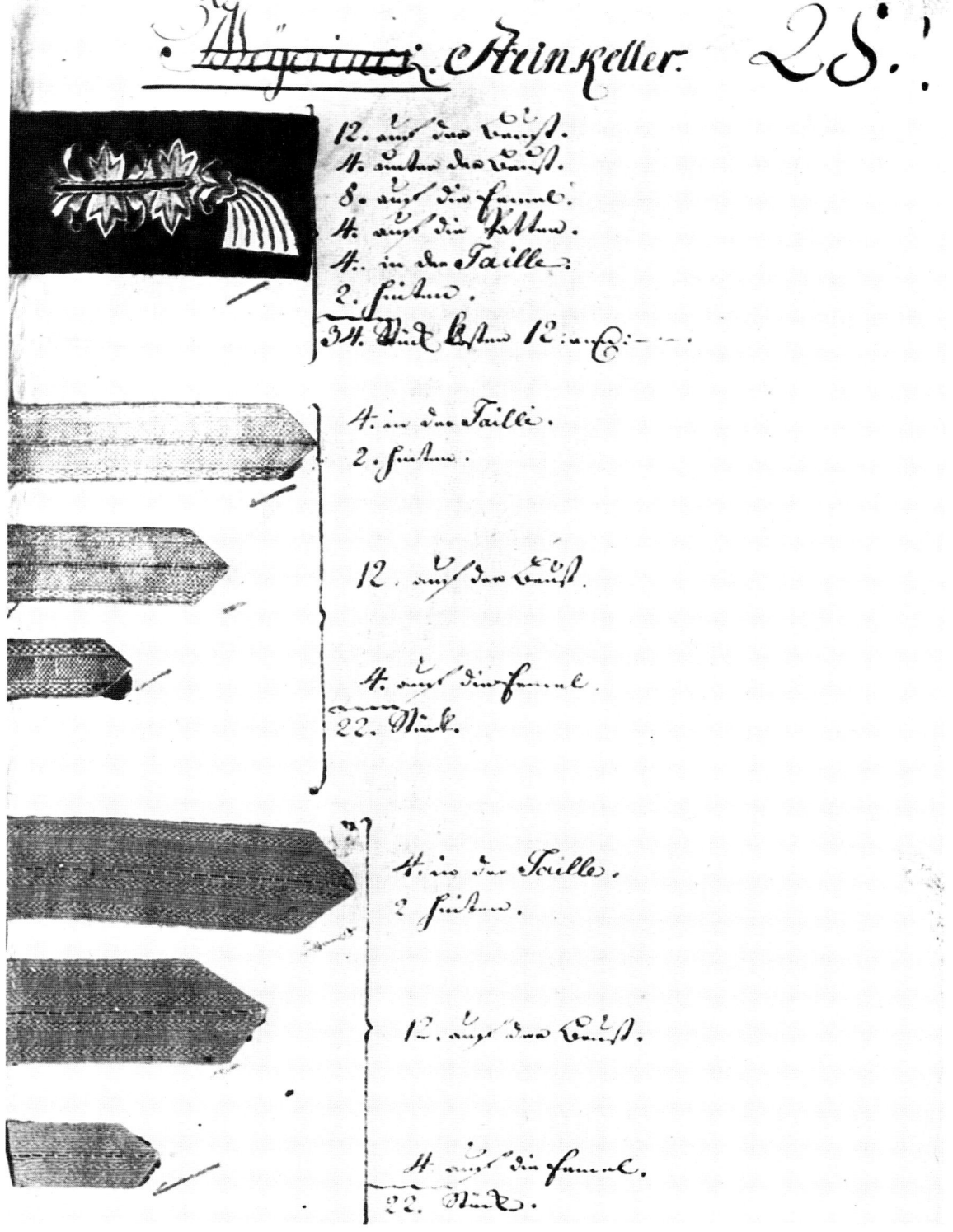

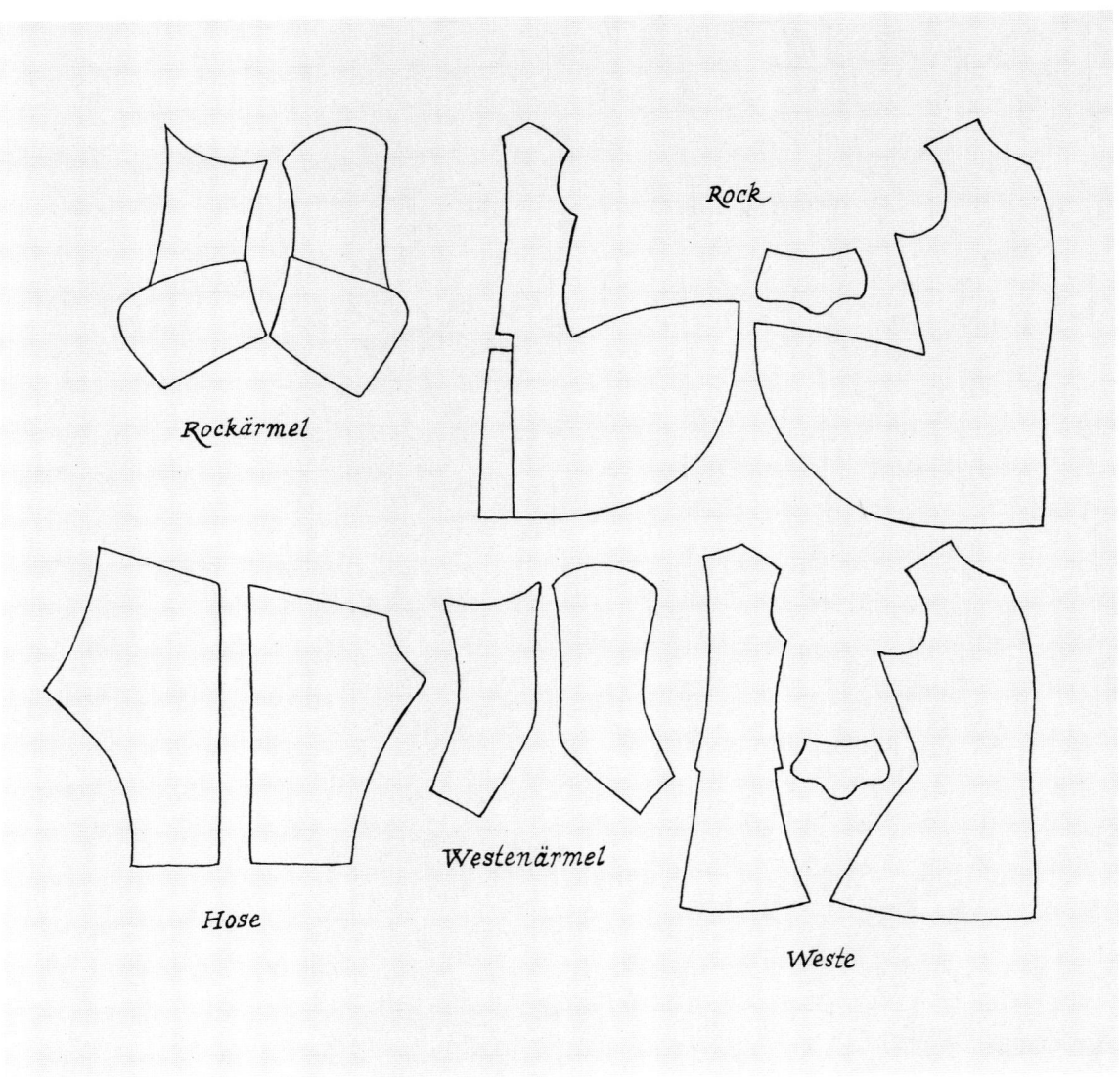

gungen gegeben haben, aber nur 5 voll-ständige sind durch Zufall gerettet wor-den. Mit einigen weiteren Bruchstücken ist es immerhin genug, daraus einen spe-zifischen Bestandteil altpreußischer Wirtschaftsplanung wieder zu erschlie-ßen und zu beurteilen: den Manufaktu-ren und Handwerkern – produzierenden wie verarbeitenden – bedeuten sie eine sichere Verheißung von Arbeit und

Lohn, den Truppen eine wirtschaftliche Richtschnur, dem König und seinen Zentralbehörden eine Grundlage der Kontrolle und Planung.

Als um 1754/55 die bestochenen Se-kretäre der Staatskanzleien zu Wien und Dresden den kommenden Krieg melden, wird bei der Kleiderkasse dies System der Planung und Beschaffung erweitert um ein »Tressen-Musterbuch«: eine Sammlung der in der Armee verwendeten Borten, Stickereien u.ä. Besätze. Da rund 90 Einheiten etwa 500 Muster benötigten – und keins glich dem anderen –, danken noch heute die uniformkundlich Interessierten dem Schicksal, das den riesigen Folianten durch die Fährnisse der Zeiten bewahrte. Regimentsweise geordnet sind die Muster eingeklebt, mit Bedarfszahlen und Preisen versehen; ein paar Stücke von Edelmetall sind geklaut worden, wie man schon 1870 feststellte, und das flatterhafte Volk der Husaren hat seine Muster von vornherein nur sehr lückenhaft eingesandt – aber sonst ist die ganze Pracht taufrisch erhalten und wahrhaft ein Musterbuch alter Dekortechniken.

Das Buch diente höchst nüchternen Zwecken: die mobilisierte Armee würde – diesseits oder jenseits der eigenen Grenzen – mit ihrem Regelbedarf weiterhin ein sehr wichtiger Faktor der Volkswirtschaft bleiben, und zu ihrer planmäßigen Versorgung bedurfte man eines solchen Buches. So gelten die alljährlich vorgesehenen Liefertermine auch im Krieg verbindlich; als die Armee im November 1757 von Thüringen (Roßbach!) in Eilmärschen nach Schlesien geworfen wird, wo inzwischen alles verquer gegangen ist, macht sie doch in Torgau für einen kostbaren Tag halt: die neuen Monturen sind auf der Elbe dorthin dirigiert worden und werden angelegt – dann geht es eiligst weiter bis aufs Schlachtfeld von Leuthen. Anders als im modernen Krieg deckt sich damals noch der Paradeglanz des Friedens mit dem Kampfanzug, nicht nur aus volkswirtschaftlichen, sondern auch aus taktischen

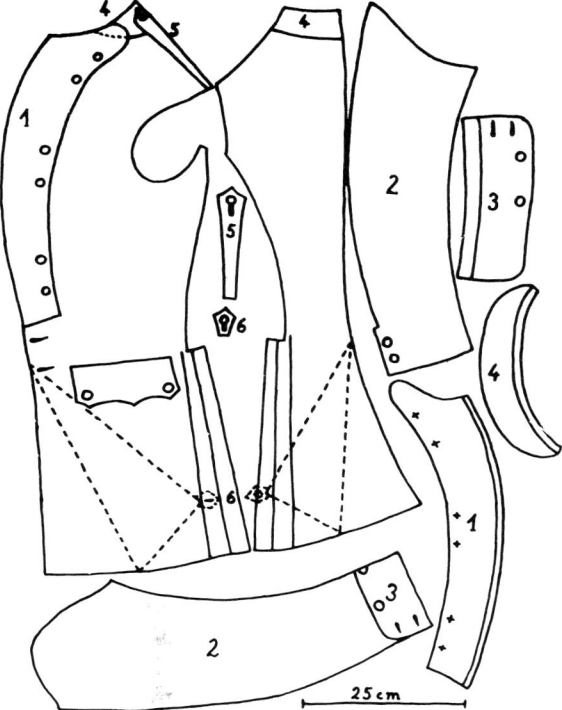

Schnittzeichnung nach einem originalen preußischen Soldatenrock von 1785 (Musketierrock von No. 7, früher Zeughaus Berlin) Der Schnitt-Typ wurde 1718 gewählt, 1724 durch Ökonomie-Reglement fixiert und in den folgenden 60 Jahren trotz Mode und schleichender Inflation kaum verändert.

Gründen, denn in den Schwarzpulverwolken der Schlacht zeigen neben den Fahnen die leuchtenden Uniformfarben der Führung wenigstens zeitweise die Position ihrer Truppen an.

Bedenkt man den Zusammenhang zwischen Wollproduktion und Uniformfertigung einerseits, Militär- und Staatsökonomie andererseits, so sind diese Ökonomie-Reglements, die in ihrer ersten Ausgabe von 1724/25 für fast ein Vierteljahrhundert auf den Pfennig vorauszuplanen versuchen, Dokumente einer frühen Planwirtschaft – und sie hat sogar funktioniert! Der Soldatenkönig machte es möglich.

Uniformen

Auf Seite 101:

Grenadier Kurt Michael vom Regiment zu Fuß »Anhalt« No. 3, 1698 Gemälde, Künstler unbekannt (früher Zeughaus Berlin) Noch zu Ende des 18. Jahrhunderts war in einem der Anhaltiner Schlösser die ganze Grenadier-Kompanie des Regiments in dieser Art dargestellt. Die Figur zeigt noch den opulenten Uniformschnitt um 1700. Die Truppe ist brandenburgisch, aber noch dominiert das Wappen des Chefs, des Fürsten von Anhalt.

Auf Seite 101: Offizier vom Regiment zu Fuß »Kronprinz« No. 6, 1712 Gemälde, Künstler unbekannt (früher Zeughaus Berlin) Die Taillierung ist bereits deutlich, die Aufschläge haben schon die kleine Form der Folgezeit – kein Wunder beim eigenen Regiment des Kronprinzen! Schärpe, Portepee und Ringkragen sind nun königliche Dienstzeichen; nur der Namenszug auf dem Blatt des Spontons ist der des Kronprinzen, also noch chefbezogen. Der Offizier trägt noch Strümpfe, denn die Gamaschen gibt es erst zwei Jahre später.

1724: Barock auf altpreußisch

»Vielfalt in der Einheit« blieb die Parole des neuen Stils von 1718, als der Soldatenkönig die seit einem Jahrzehnt betriebene Verflechtung von Staats- und Militärökonomie 1724 abschloß durch spezielle Bekleidungsvorschriften (Ökonomie-Reglements) für jedes einzelne Regiment.

Vom sparsamen »König Unteroffizier« hätte man bei dieser Gelegenheit schlichte Normen quer durch die Armee erwartet – aber weit gefehlt! 1724 ließ er sich Abordnungen aller Regimenter nach Berlin oder Potsdam kommen, prüfte an und mit ihnen das derzeit Getragene und hat es offenbar grundsätzlich nur fixiert, kaum geändert. Die tote Norm lag der Zeit nicht, und gern konzedierte er Unwichtiges, um jenen Korpsgeist zu stützen, den die einzelnen Regimenter aus 15 Jahren Krieg mitgebracht hatten.

Besonders altmodisch repräsentativ blieben die Spielleute: etwa 20 Ellen schmale und breite Schnüre schmückten einen einzigen Rock auf den Nähten, als Balken, Sparren oder Schleifen, und das Schwalbennest hat sich von dieser Pracht noch bis in unsere Zeit gerettet.

Rock und Unterkleider

Der Stilbruch von 1718 bringt jenen typischen, zunächst aber nur relativ knappen Uniformschnitt, der erst bis 1806 ins Extrem weiterentwickelt wurde; charakteristisch blieb stets der kleine, enge »preußische« Ärmelaufschlag: die Knöpfe auf dessen »Patte« hatten aber nicht das Abwischen der Nase zu verhin-

dern, wie oft behauptet wurde, sondern das Durchschlüpfen der Hand zu erleichtern.

Die Abzeichen am blauen Rock blieben vorwiegend rot, seltener weiß, und dazu gelbmetallene Knöpfe. Denn alles Weißmetall war dem König als »französisch« zuwider, es wurde dem Unterstab der Regimenter zugeteilt, zumal den Quartiermeistern und Juristen, die man insgeheim – und im Affekt auch laut – für »Blackscheißer« hielt, also für Menschen, die durch intensiven Umgang mit Feder, Tinte und Papier verdorben waren. Als 1732 der Kronprinz für sein Regiment erstmals wieder Weißmetall wählte, sah die Öffentlichkeit darin das Vorzeichen einer politischen Neuorientierung, und mit Recht, wie sich 1740 beim Thronwechsel erwies.

Regimentsweise verschieden blieb – neben Rabatten oder später auch Kragen – vor allem ein Bortenbesatz auf dem Rock, der sich in Muster und Verteilung zusätzlich nach Chargengruppen unterschied: Offiziere hatten Besätze von Goldfaden, Unteroffiziere nur von »leonischem« Flitter; bei der Mannschaft waren die Besätze von Wolle, mit besonderen Mustern und stark angereichert bei den Spielleuten, wobei dann die Wappenfarben des Chefs aufleuchten konnten; allerdings wurde der Wechsel der Borten im Laufe des Jahrhunderts immer seltener.

Daneben spielten auch die Unterkleider, also Weste und Hose von Wollstoff, bei der Differenzierung mit: man sieht zunächst rote, gelbgetönte und weiße, doch verschwinden die roten bei der Feld-

»Reuter-König von der Leib-Compagnie Ao. 1731«
Gemälde, von Friedrich Wilhelm I.?
(früher Zeughaus Berlin)
Man weiß nicht, ob der Reiter – vom Kürassier-Regiment »Prinz von Preußen« – selbst König hieß, oder ob es sich um ein scherzhaft gemeintes Selbstbildnis des Soldatenkönigs handelt.

„Eine feindliche Kanonenkugel nahm dem Gensd'armes Schillaneck von meiner Compagnie das Gehirn weg, da aber die Rotten fest geschlossen waren, blieb der Leichnam wohl eine Meile weit auf dem Pferde und rückte mit ins Lager."
Bericht des Majors von Schwerin, betr. Roßbach 5. XI. 1757

infanterie bis 1740 völlig. Die Strümpfe – um 1700 noch farbig mit Abzeichenfunktion – verstecken sich um 1715 bei der ganzen Infanterie unter seitlich geknöpften weißen Leinengamaschen. Deren guter Sitz – je enger, desto schöner! – ist die Lust des Chefs, aber der Ärger des Soldaten, und noch heute spricht man abwertend von »Gamaschendienst«. Die schwarzen Halbschuhe wurden geschnallt oder geschnürt; sie mußten unbedingt vorn »abgestumpft« sein: nur Schelme und Holländer – die der König doch sonst so liebt – trugen Rundschuhe!

Die Kopfbedeckungen
Der Dreispitz hält sich ein Jahrhundert lang, aber seine Form wandelt sich: zunächst ist er klein, flach und hat eine lang ausgezogene Vorderspitze; ab 1750 tritt diese Spitze immer mehr zurück, bis hin zum Zweispitz um 1800. Dabei wird der Hut bei der Infanterie mäßig, bei der Kavallerie exzessiv höher bis zum »Mühlrad«. Die Farben der Puschel am Hut bleiben im Belieben des Chefs, werden aber immer seltener geändert; Tradition und Sparsamkeit paaren sich auch hier.

Die Grenadiere und ihre Mützen trafen wir bereits auf den Schlachtfeldern des ersten Königs – selbstverständlich in der »protestantischen« Form: Tuchmützen mit Blechbeschlägen, die sich allmählich zum kompletten Vorderblech zusammenfinden. Um 1725 hat die Riesengarde, 1738 das Elite-Regiment »Anhalt« diese Endform erreicht und ab 1745 die ganze Infanterie. Je feiner das

Regiment, desto höher seine Mütze: Garden etwa 28 cm, die Linie bis herab zu 23 cm; dabei bietet sich, von Regiment zu Regiment verschieden, eine Fülle schönster barocker Dekors, in der schwarzer Adler und königlicher Namenszug dominieren, umgeben von der kunstvollen Staffage der Kanonenrohre, Trommeln und Fahnen.

Seit 1723 treten die Füsiliermützen auf: gleiche Vorderbleche, aber der beschlagene und mit einer kleinen Granate gekrönte Kopfteil steht hier frei. Die ganze Mütze ist nichts als ein naiver Täuschungsversuch: die neuen Füsilier-Regimenter mußten notgedrungen auf kleinere Leute zurückgreifen, hatten deshalb auch nur kürzere – also minder wirksame – Gewehre, und damit waren sie von vornherein Truppen zweiter Linie und Güte. All das sollte die grenadierähnliche Mütze wenigstens äußerlich mildern! Gleiches bezweckte ihr Name: denn in den übrigen Heeren Europas blieben »Füsiliere« jene Elitetruppen, die im 17. Jahrhundert als erste mit dem neuen Füsil ausgerüstet worden waren.

Die technischen Truppen,
lange Jahre gering an Zahl und Bedeutung, folgten den Ausrüstungsnormen der Infanterie. Die Artillerie-Uniform war Blau in Blau gehalten, nur die Unterkleider paille; die Bombardiere trugen eine altertümliche Füsiliermütze. Die Mineure hatten nur eine niedrige Blechkappe und behielten zusammen mit den Ingenieuren und dem Lazarettpersonal am längsten noch die altertümlichen roten Unterkleider bei.

Kavallerie speziell
Der weiße Rock der Reiter und Dragoner ist ganz infanteriemäßig geschnitten. Für die Dragoner ist er die einzige Dienstkleidung, wenn man vom Stallkittel der gesamten Kavallerie aus gestreiftem Drell, dem späteren »Drillichzeug«, absieht. Der Kürassier hat außerdem zum kleinen Dienst und zum Gefecht noch eine Ärmelweste (Kollet) zunächst aus Elenleder, seit 1735 aus Kirsey, einem dicken Spezialtuch: denn der Elch weicht in Ostpreußen der fortschreitenden Landeskultur! Was gebraucht wird, entwickelt sich: das neue Tuchkollet hat auch farbige Tuchabzeichen; so verschwindet nun der Rock des Kürassiers, da ja die Mannschaft seit jeher als Klimaschutz noch einen weiteren Überrock hinten auf dem Pferd führt. Nur der Offizier behält in Zukunft den Leibrock als goldbesetzte Gesellschaftskleidung bei.

Die ganze Kavallerie – Husaren rechnen damals noch nicht dazu – trägt zum Reiten lederne Kniehosen und über den Strümpfen hohe Stiefel mit besonders steifen Stulpen, die das Knie des Reiters schützen, wenn sich die Schwadronen aus taktischen Gründen dicht aneinanderschließen.

Zur Uniform im weiteren Sinne gehören auch die Schabracken und Schabrunken (Decken der Pistolenholfter); nach wie vor zeigen sie reichen Besatz von Borten oder sogar gestickten Eckmedaillons mit Adlern, Ordenssternen o.ä., und all das bei den Offizieren – wie könnte es anders sein – in Gold mit dicken Tressen und Fransen.

Grenadiermütze vom Infanterie-Regiment »Prinz von Preußen« No. 18 (ehem. Zeughaus Berlin) Die friderizianische Form – Vollblech mit entsprechenden Emblemen – wurde von 1747 bis 1786 getragen. Auffallend viele Mützen haben die Nachkriegszeit überstanden: für textile Verwertung waren die Stoffteile zu klein, als Buntmetall die Beschläge zu auffallend. 1953 nahm die »Nationale Volksarmee« die Restbestände des Zeughauses in schützende Obhut.

Die Spielleute sind auch bei der Kavallerie ein besonderes Volk. Bei den Dragonern wird bis 1775 auch zu Pferde noch getrommelt, und so haben diese Tambours auch noch den infanteristischen Bortenbesatz, »wechseln« aber ausnahmsweise bis 1745 außerdem auch noch die Rock- und die Abzeichenfarbe, als muntere blaue oder rote Tupfen in der weißen Front ihres Regiments.

1740: Rokoko und Rationalismus

Der Thronwechsel bringt zunächst keine Veränderungen: die Armee marschiert noch in der alten Uniform zum Krieg, nur wird 1745 die Rockfarbe der Dragoner in Hellblau gewandelt; die Fachleute

sind sich noch immer nicht einig, ob sie ihren Ehrentag bei Hohenfriedberg – »Bayreuth« wirft 20 feindliche Bataillons über den Haufen – in Weiß oder in Hellblau begangen haben: die neue Montur war vorher im Lager angekommen, aber ob man Zeit und Nerven hatte, sie noch sachgerecht zu verpassen?

Am Bild der alten Regimenter mit ihren Besätzen ändert sich grundsätzlich nichts. Einige erhalten allerdings jetzt Weißmetall, also Zinnknöpfe für die Mannschaft, Silberschmuck für die Offiziere, und ganz wenige bekommen zugleich mit der Masse der neuen Regimenter auch eine Uniform einfachen Stils: ohne Besätze (von einer schmalen

Originaluniformen der Infanterie
Von links nach rechts:
Rock und Mütze eines Grenadiers von No. 11, 1786 (ehem. Zeughaus Berlin)
Rock eines Offiziers vom Regiment No. 12 (Darmstadt, Schloßmuseum)
Rock, Hose und Hut eines Offiziers von No. 2, 1807 (früher Provinzialmuseum Stettin)

Unteroffizierstresse abgesehen) und auch für die Tambours nur reduzierter Bortenschmuck, dazu den bequemeren und billigeren schwedischen Aufschlag und schwarze Halsbinden statt der alten roten. Der junge König ist offenbar der alten Pracht ein wenig müde; jedenfalls ist alte oder neue Uniform kein Werturteil, denn 4 Regimenter, die aus dem äußersten Westen ins eroberte Schlesien verlegt werden, lassen mit ihren Kantons-Urlaubern auch die Uniform alten Stils dort zurück, welche nun an die entsprechenden Neugründungen im Westen fällt. So kommen die durchaus zweitrangigen Regimenter der Garnison Wesel mit den hohen »Hausnummern« 44, 45 und 48 zu reichbesetzten alten Uniformen; andererseits hat man nie den wahren Grund erforscht, weshalb ein so altes und bewährtes Regiment wie No. 7 in Stettin eine ganz schlichte Uniform neuen Stils anlegen mußte.

Die Krone friderizianischer Uniformschöpfung bietet aber das Bataillon Leibgarde in Potsdam dar. Seine für alle Dienstgradgruppen reich mit Silberbesatz geschmückte Uniform ist so kostbar, daß es 1756 für den Feldzug eine offizielle Interims-Uniform erhält: erstmals trennt sich hier Parade und Kampf. Aber die Gala-Montur dient zahlreichen Mittelstaaten wie Hessen-Kassel, Braunschweig und Württemberg zum Muster, denn der Gedanke, mit der Uniform auch den Geist und das Können zu übernehmen, entspricht uraltem, unausrottbarem menschlichem Vorurteil.

Soweit Uniformen nun geändert oder neu geschaffen werden, setzt sich die Pa-

lette des Rokoko durch mit Abzeichen in Rosa bis Karmin, Blaßgelb bis Orange, dazu Silber. Aber auch der Rationalismus erhebt schüchtern sein Haupt: erstmals werden 2 Regimenter nach neuen Gesichtspunkten vereinfacht gekleidet und nur durch das Metall unterschieden (No. 41 und 50), und als man 1756 planmäßig bei Pirna 12 sächsische Regimenter fängt und in die eigene Armee

Grenadiere und Tambour, 1806
Kolorierte Zeichnung von Baldauf (?)
(früher Zeughaus Berlin)
Der Schnitt hat vielleicht dem Zeitgeschmack und bestimmt den all zu knapp gewordenen Bekleidungsgeldern entsprochen – aber nicht mehr den Erfordernissen des Krieges.

einstellt, wird ihren neuen preußischen Uniformen ein Schema zugrunde gelegt, in dem die Farben Weiß und Paille, die Metalle Weiß und Gelb und 3 verschiedene Knopfsetzungen die nötigen 12 Möglichkeiten ergeben. Unplanmäßig verweigern jedoch 2 von ihnen den erpreßten Eid und müssen aufgelöst werden: man läßt die beiden Varianten mit den meisten Knöpfen weg.

Der Siebenjährige Krieg bringt einige Neuheiten. Wir sehen die Freibataillone mit hellblauen Abzeichen und Unterkleidern – ein Zeitgenosse stöhnt: »Dreimal blau und dreimal des Teufels.« Später beläßt man den aus feindlichen Deserteurs und Gefangenen zu bildenden Freikorps oft die vertraute Tracht bis hin zu der grünen kroatischen oder ungarischen Infanterie des Freikorps Kleist.

1787: Die Schere der Inflation

Preußen hatte den Siebenjährigen Krieg finanziell nur mit Hilfe nackter Falschmünzerei durchstehen können – die englischen Subsidien so »verdoppelnd«. Die entsprechende Entwertung der Währung hatten auch rigorose Finanz- und Münzmaßnahmen 1763/64 nicht wieder völlig beseitigen können, und sie setzte sich auch nach dem Krieg allmählich fort. Man glaubte den Friedensstand des Heeres halten zu müssen, war aber zu vermehrten Aufwendungen außerstande, weil das »Retablissement« der Kriegsschäden die Staatsfinanzen aufs äußerste anspannte. So mußte immer stärker an Menge und Qualität gerade der Uniform gespart werden. Das pup-

penhaft Knappe im Uniformschnitt des preußischen Militärs wird nun weiter gesteigert, und man gab 1798 dem finanziellen Zwang um so eher nach, als die neue Silhouette auch dem Zeitgeschmack entsprach. Ursache und Wirkung sind dabei schwer zu unterscheiden, weil Preußens Militärstil nach seinem Durchhalten gegen einen ganzen Kontinent von Feinden seine Heereseinrichtungen zum Muster Europas machte.

So werden im letzten Jahrzehnt die Röcke immer kürzer, ihre Schöße nach hinten immer stärker weggeschnitten; ein simples Brusttuch muß die Weste ersetzen.

In der Palette der Abzeichenfarben künden seit 1787 Chamois und ein ganz blasses Hellblau den Klassizismus an; neu ist das Grün der Uniformen für eine neue Waffengattung leichter Infanterie, das als Deckfarbe mit entsprechend dunklen Abzeichen kombiniert wird, unter denen nun sogar Violett erscheint.

Die Husaren

Eigenständig bleibt die ungarische Tracht der Husaren: außer einem Radmantel, wie ihn ab 1756 auch viele Kürassier- und einige Dragoner-Regimenter erhalten, tragen sie einen Pelz mit dem Rauhfutter nach innen zunächst nur im Winter; 1756 nehmen sie ihn für alle Jahreszeiten ins Feld mit. Der Pelz und der enganliegende Dolman darunter werden mit Schnurschlingen und Knöpfen (ursprünglich Knebeln) geschlossen, der Dolman später zunehmend mit Kragen und kleinen spitzen Aufschlägen in

Dragoner-Regiment D VIII
Kolorierte Zeichnung von
Doepler, 1804
(früher Berlin, Hohenzollern-
Museum)
Die Dragoner-Uniform hatte
sich durch kolletähnlichen
Schnitt jener der Kürassiere
angenähert; nur die Offiziere
trugen weiter den Rock im
Infanterieschnitt.

Husaren-Regiment H 6
Kolorierte Zeichnung von
Doepler, 1805
(früher Berlin, Hohen-
zollern-Museum)
Ein Teil der Husaren-
regimenter war zum Feldzug
1806 schon mit einem neuen
Tschako ausgerüstet. Die
Uniform hatte im übrigen
den ungarischen Schnitt sehr
konservativ beibehalten,
aber die Farben unterlagen
zahlreichen Wandlungen.

Das Zaumzeug der Pferde weicht in der Form durch orientalische Verzierungen vom deutschen ab; die durchgehende Vollschabracke deckt vorn die Pistolen und läuft hinten in eine Spitze aus.

Die Uniformfarben sind bei dieser Truppengattung recht exotisch – neben den sonst üblichen Farben tritt hier ein ganzes Regiment in Grün (H 1), ein anderes in Braun auf (H 6); H 5 hat sogar eine völlig schwarze Uniform, dazu auf der Mütze einen Totenkopf, aber gerade dieses Regiment überlebt als »Leibhusaren« bis 1918 mit unveränderter Farbe und Emblem.

abweichender Farbe geschmückt; Schnüre decken an Pelz wie Dolman auch die Nähte und werden zumal am Aufschlag und den Taschen in Zierform aufgesetzt – ebenso auf der ungarischen, also knöchellang geschnittenen Hose. Um den Leib läuft eine Schärpe von Schnüren; die Stiefel reichen nur bis unters Knie, wobei sich die Chargen ursprünglich durch besondere Farben auszeichnen: Offiziere Gelb, Unteroffiziere Rot, Gemeine Schwarz. Im Sommer trägt man bis etwa 1750 eine Filzmütze mit Flügel, im Winter eine Pelzmütze mit Beutel (Kolpak); nach 1750 behalten einige Regimenter allein die Pelzmütze (H 1–H 3 und später auch H 10), die übrigen die Filzmütze.

Pelz und Dolman eines Husaren vom Regiment H 1, 1786
Zeichnung von Fürst Loos-Corwaren, nach Zeughausstücken Berlin (Privatbesitz)
Die Stücke der Berliner Sammlung wurden 1786/87 vom damaligen Kronprinzen Friedrich Wilhelm (III.) zurückbehalten, als sein Vater die friderizianischen Uniformen änderte. Sie haben vielen Künstlern Modell gestanden; Adolph Menzel war der berühmteste, und sein »Armeewerk« – mit 435 Tafeln, 1851 bis 1857 erschienen – hat den Untergang der meisten Stücke überdauert.

Waffen

*Eiserne Handgranate und »Spanischer Reiter« von etwa 1700 (Bayerisches Armeemuseum Ingolstadt)
Mit Lanzen »gespickte« Balken wurden vor die Infanterie gesetzt, bis – zuerst in Preußen – ein längeres Gewehr in den Händen scharf gedrillter Truppen Schußweite und Feuerfolge verbesserte.*

*Auf Seite 111
Infanterie-Waffen
(aus privaten Sammlungen)
Von links nach rechts:
Infanterie-Säbel – unnütz und beschwerlich, aber Ehrensache für den Soldaten! Offiziersdegen. Es gab verschiedene Modelle mit und ohne »Federn« unter der Parierstange. Alte Degen wurden in den Familien traditionell weitergeführt; z. B. fiel ein hoher preußischer Offizier bei Königgrätz mit dem Degen seines bei Kolin gefallenen Vorfahren.
Unteroffiziers-Kurzgewehr »alter Form«. Bis 1755 allgemein geführt, dann nur noch bei den Füsilieren. Laut Legende auf dem Blatt war dies Stück 1729–55 bei No. 25 in Gebrauch.*

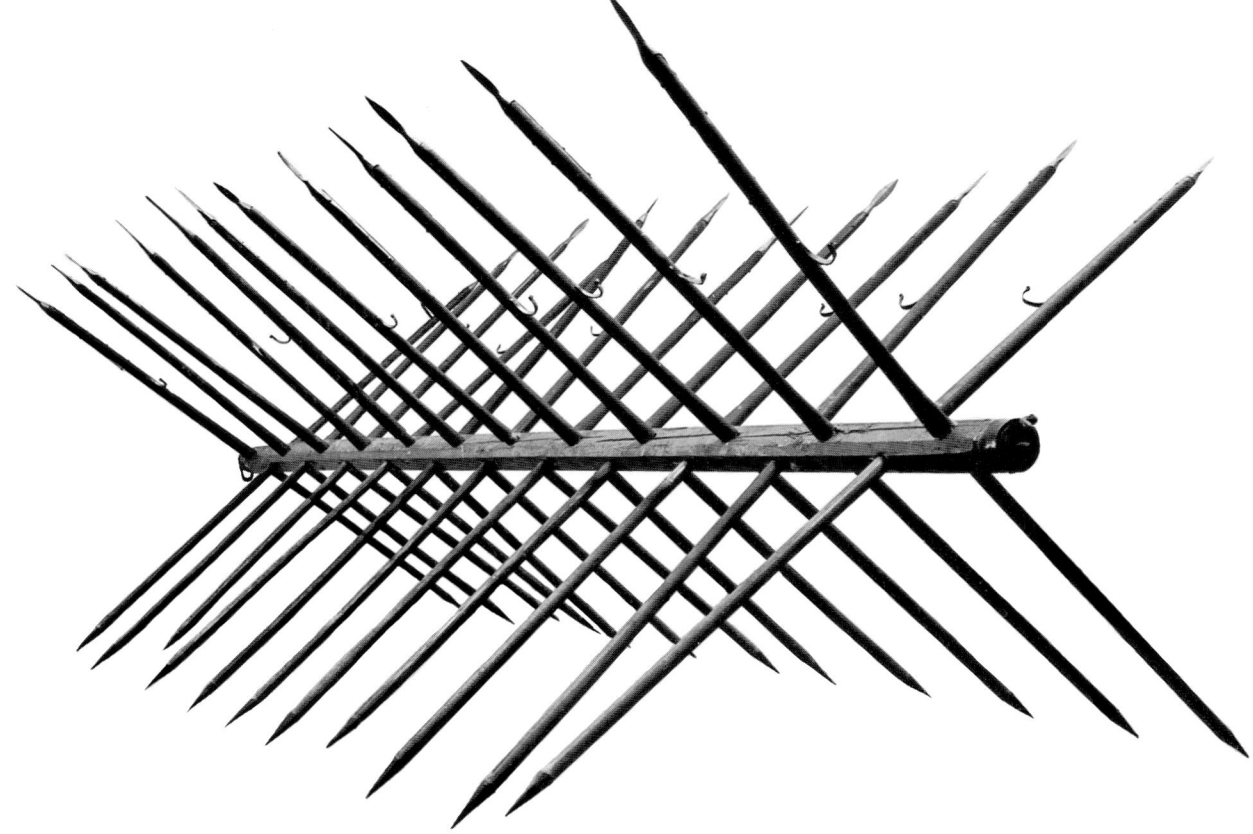

Die Waffe ist Antrieb wie Ausdruck militärischer Entwicklung; zumal Gewehrmodelle haben mehrfach Geschichte gemacht – am eindrucksvollsten allerdings erst 1866. Der altpreußische Weg zum Erfolg ist mühseliger: Füsil + Lange Kerls + Drill – aber ab 1740 steht das Primat der Feuerwaffen eindeutig fest; Domäne der Blankwaffen ist nur noch die Kavallerie, wo sie von der Naturkraft des Pferdes unterstützt werden. Zum Steinschloßgewehr, das die Luntenmuskete durch seine Feuergeschwindigkeit verdrängt, gehört folgerichtig das Bajonett. In dem Augenblick, da man es nicht mehr in den Lauf stecken muß, sondern daneben befestigen kann, um bei gepflanztem Bajonett zu feuern, werden die Piken überflüssig.

Nun steigt die Zahl der Patronen, die der Mann in einer ledernen Patronentasche an breitem Bandelier über der linken Schulter trägt: ursprünglich 30, nun 60 und seit 1757 auf Wagen hinter den Linien weitere 60 pro Mann. Dafür verschwindet nach 1715 die Handgranate aus dem Feldgebrauch, bleibt aber für den Grabenkampf bei Belagerungen.

Des Infanteristen Seitenwaffe – früher Degen, dann Säbel – wird zum Ehrenschmuck, den er jedoch nicht missen mag. Ebenso sind die Stangenwaffen der Offiziere (Sponton) und Unteroffiziere (Kurzgewehr) nur noch Würdezeichen. Daneben führen die Chargen den Degen bzw. Säbel, die berittenen Offiziere – 2 pro Bataillon – Sattelpistolen wie die gesamte Reiterei.

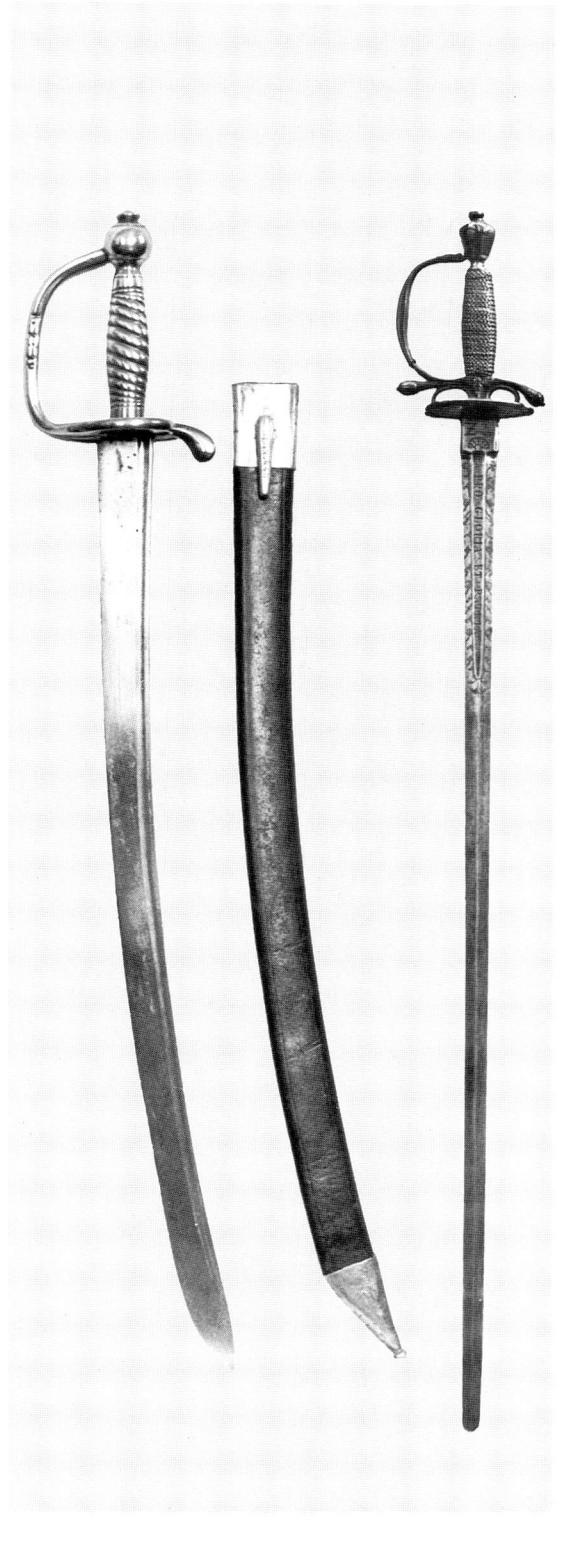

Die Kavallerie hat außerdem durchweg Karabiner. Diese Häufung dient eigenartigerweise nur für Plänkeln und Sicherheitsdienst, denn in der Schlacht ist seit dem Beispiel von Mollwitz 1741 alles Schießen zu Pferde streng untersagt. Die vorher schwächeren Degen der Kavallerie werden 1735 durch einen schweren Kürassier-Pallasch bzw. einen kaum leichteren Dragoner-Degen ersetzt; die Husaren führen einen mäßig gekrümmten Säbel, und die Lanze, ehedem »Königin der Waffen«, hält sich nur bei ein paar »Bosniaken«, kehrt aber nach deren Erfolg bei Preußisch-Eylau 1807 stärker in die neupreußische Armee zurück.

An Schutzwaffen trägt der schwere Reiter den eisernen Brust-Küraß, dazu

Offiziers-Sponton, 1740–86. Die Waffe wurde 1690 in Brandenburg für Offiziere aus der Saufeder entwickelt, später auch von anderen Heeren übernommen. Sie galt als alter Zopf – zumal den jüngeren Offizieren wegen komplizierter Handgriffe beim Präsentieren in Halt und Marsch sehr zuwider. Unteroffiziers-Hellebarde. Sie wurde zunächst international von Unteroffizieren geführt – jedoch in Preußen nur bis 1713; man verkaufte die alten Stücke, und das Fürstbistums Münster hat sie noch jahrzehntelang verwendet.

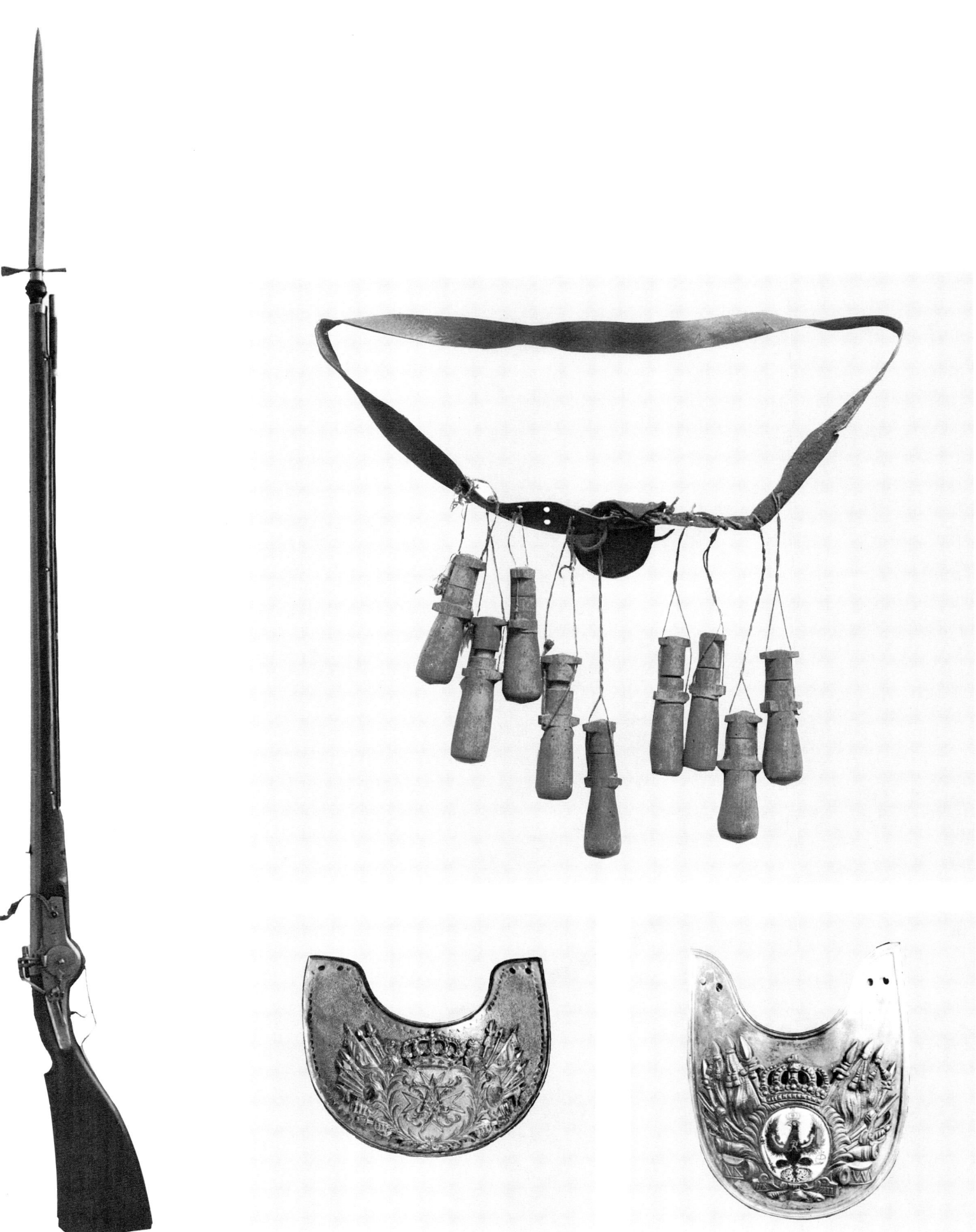

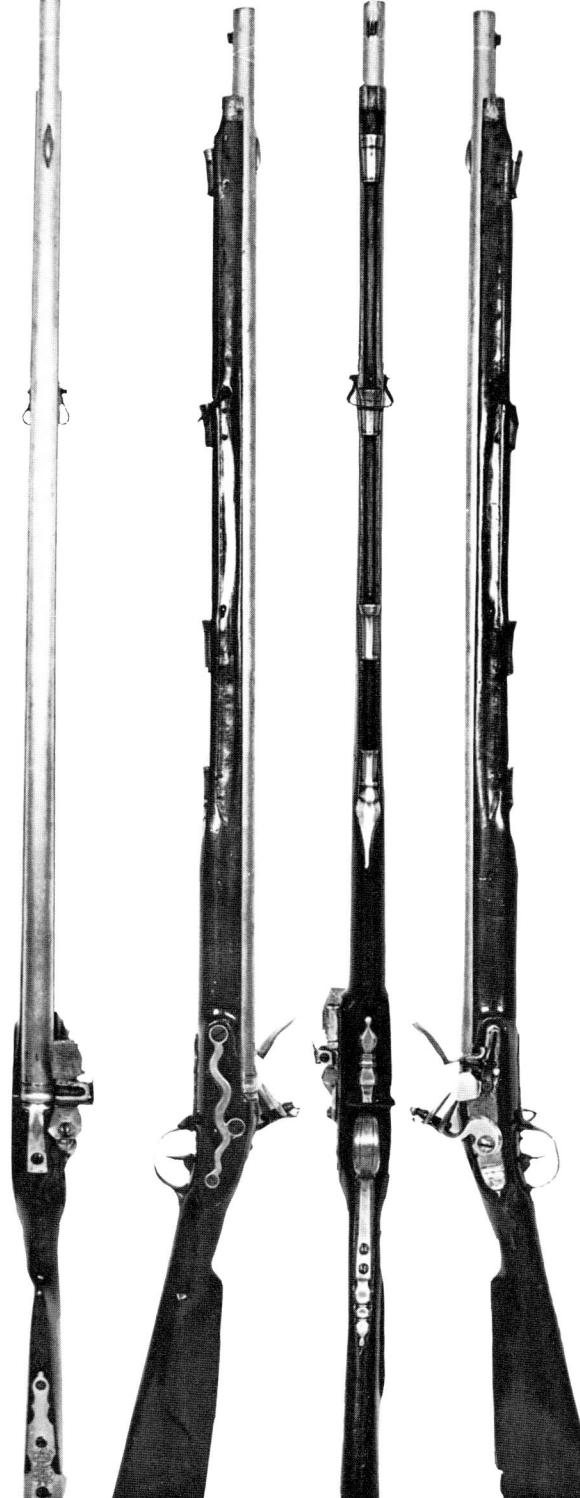

Auf S. 112 links:
Luntenschloßgewehr
des 17. Jahrhunderts
(Privatsammlung).
Rechts oben:
Lademaße am Bandelier,
um 1650
(Privatsammlung)
Der erste Versuch, das Laden
durch vorheriges Abfüllen
der Pulvermenge zu
beschleunigen.
Rechts unten:
Ringkragen für Offiziere
(Privatsammlung)
Links: vom Regiment No. 19,
vor 1713: Chiffre des
Markgrafen Albrecht und
das Ordenskreuz der
Johanniter.
Rechts: Ringkragen der
Garde, wie er
1701 bis 1806 geführt
wurde als Dienstabzeichen
für Offiziere der Fußtruppen.

– wie auch der Dragoner – gegen Kopf-
hiebe ein Hutkreuz aus flachen Eisenbü-
geln auf den Kopfteil des Hutes gestülpt.
Der Ringkragen des Infanterie-Offiziers
ist eine etwa herzförmige Metallplatte
mit Kriegsemblemen und stellt den Rest
der Halsberge der alten Rüstung dar. Als
Dienstabzeichen wie die Schärpe ist er
zugleich ins militärische Brauchtum integriert: »mit dem Ringkragen klappern« galt als Herausforderung zum
Duell, ebenso wie das Umkehren des
Spontons – Spitze nach unten – vor dem,
den man beleidigen wollte; der junge
Yorck praktizierte es mal und flog aus
dem Dienst für 7 Jahre (1780–1787), die
er in niederländischem Marine- und Ko-
lonialdienst verbrachte.

Die Geburtswehen eines wirksamen
Artillerie-Systems im Zwiespalt zwischen Wirkung und Beweglichkeit sind
an anderer Stelle erörtert. Die Rohre der
Feldgeschütze goß man aus Bronze, die
hölzernen Lafetten wurden graublau gestrichen, und beide trugen die Embleme

Auf S. 113
Patronentasche eines
(unbekannten) Infanterie-
Regiments
(Privatsammlung)
Infanterie-Gewehr Modell
Henoul, 1713
(Privatsammlung)
Die Gewehrmodelle – auf
die Lütticher Importe
folgten ab 1723 die
Eigenprodukte der Gewehr-
manufaktur Spandau/
Potsdam – lassen sich
für 1713/45 nur noch
in einer Privatsammlung
vergleichen.

Kavallerie-Pistole
1742/87
(Privatsammlung)
Die älteren Modelle wurden
1787 etwas verkürzt. Jeder
Kavallerist führte zwei
Pistolen, rechts und links
vor sich am Sattel. Die
schweren glatten Waffen
»bockten« beim Schuß so
stark, daß Treffer zumal
vom Pferde her eher un-
glücklicher Zufall waren.
In Preußen war deshalb der
schweren Kavallerie alles
Schießen aus der Linie bei
schwerer Strafe untersagt.

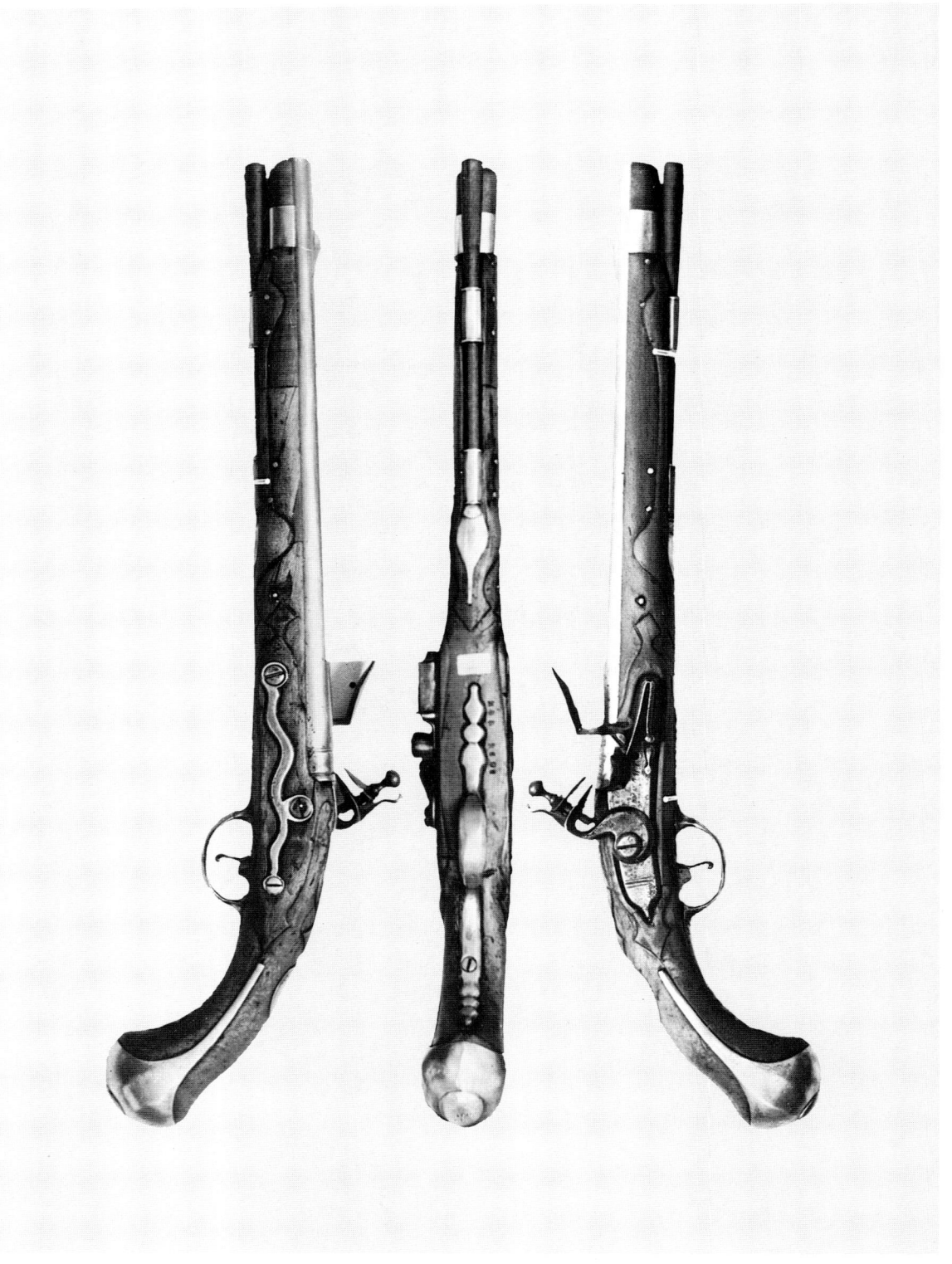

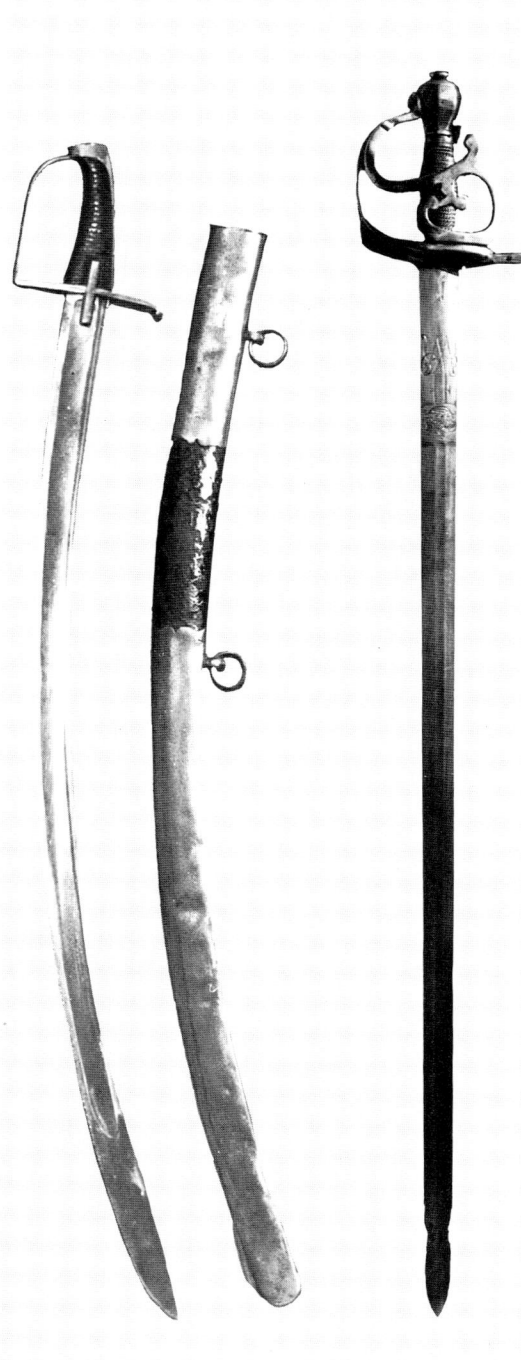

Links oben:
Offiziers-Säbeltasche der
Husaren, Ende 18. Jahr-
hundert
(früher Zeughaus Berlin)
Die eng anliegende ungarische
Tracht der Husaren hatte
kaum Taschen. So wurde
diese Fortentwicklung des
Pfeilköchers asiatischer
Reiterei eine Notwendigkeit.
Links unten:
Küraß für schwere Reiter
(Darmstadt, Schloßmuseum)
In Preußen waren für die
Kürassier-Regimenter nur
Vorderstücke üblich, und
auch sie nur bis 1795. Sie
gaben Schutz gegen schwache
oder schräg aufschlagende
Kugeln – vor allem aber
dem Träger das Gefühl der
Unverletzlichkeit.
Rechts:
Seitenwaffen der Reiterei
(früher Zeughaus Berlin)
Links Husarensäbel für
Mannschaften, der aber
auch von vielen Offizieren
geführt wurde. Rechts Reiter-
degen vor 1734; als für die
Kavallerie schwere Pallasche
eingeführt wurden, ver-
blieben nur den Spielleuten
diese leichteren Degen.

*Modell eines Zwölf-
pfünders 1762
(früher Zeughaus Berlin)
Es handelt sich um eine der
zahlreichen, mehr oder
weniger abgewandelten
Nachahmungen des öster-
reichischen Systems
Liechtenstein. Man hatte die
Artillerie vor 1756 ver-
nachlässigt und vermochte
in den Wirren des Krieges
kein entsprechendes eigenes
System mehr zu finden.
Über der eisenbeschlagenen
Holzlafette ist die Richt-
maschine mit Schraubkeil
zu erkennen: Vorschrauben
des Keils hebt das Boden-
stück des Rohres.*

des Staates; in der Geschütz-Devise
»Ultima Ratio Regis« bedeutet allerdings ratio nicht das letzte Mittel, sondern den letzten Beweisgrund des Königs. Die langen Kanonen – glatt, also
noch nicht »gezogen« – schossen Vollkugeln; kurzrohrige Haubitzen warfen
auch Granaten, wurden aber erst im
Lauf des Krieges 1756/63 gegen die Hö-
henstellungen der Österreicher wichtig.
Mörser nahm man zuletzt 1756 mit zur
Schlacht; für Belagerungen blieben sie
aber unentbehrlich.

Die munitionsgefüllte Kastenprotze
wurde 1740 für die Bataillonsgeschütze
der Infanterie erfunden, aber noch saß
die Bedienung nicht auf. Im übrigen
wurde die Munition in besonderen Wagen oder Karren mitgeführt. Kanonen

und Wagen bespannte man in der ersten
Hälfte des Jahrhunderts noch vielfach
auf niederländische Art: ein Pferd in der
Gabeldeichsel, die weiteren entweder
einzeln als Tandem oder paarweise vor-
gelegt; ab 1745 – für schwere Lasten seit
jeher – setzt sich der Zug paarweiser Ge-
spanne durch. Auch die Pontons werden
bis 1760 niederländisch auf Karren gefahren, dann auf Wagen mit Doppelge-
spannen; mit Pontonbrücken über-
spannt man auch die breitesten Ströme,
und in Preußen hat man eine neue Art
Ponton um 1730 erfunden: erstmals von
Blech, die Doppelwände innerlich unterteilt in luftdichte Kammern – also kaum
zu versenken.

Im Fuhrwerk, insbesondere beim
Proviantwesen, laufen stets beschlag-

   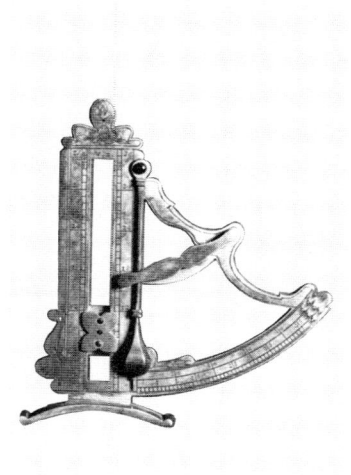

*Links oben: Drei Rohrembleme
von preußischen Kanonen
(früher Zeughaus Berlin)
Die Rohre zeigen
den Namenszug des Fürsten
sowie Symbole und Devisen
des Staates.
Oben: Richt-Quadrant
(Bayerisches Armee-
museum Ingolstadt)
Auf die Mündung des
Mörsers gesetzt, zeigt das
Pendel dessen »Elevation«,
also die Richtung des Rohres
nach schräg oben.
Links: Kartuschwagen der
Artillerie, Modell um 1770
(Landesmuseum Braun-
schweig)
Die Braunschweiger Modell-
Sammlung ist altpreußischen
Ursprungs – zur Prinzen-
erziehung aus Berlin über-
sandt.
Der Kartuschwagen führte
dem Geschütz abgepackte
Munition nach: eiserne
Vollkugel und Treibladung
waren in einer Leinwandhülle
fest verbunden.*

Oben:
Rohr einer zehnpfündigen
Haubitze, 1766
(früher Zeughaus Berlin)
Rechts:
Ponton-Wagen, Modell
um 1770
(Landesmuseum Braun-
schweig)
Der vierrädrige Wagen löste
auch in Preußen um 1760
das zweirädrige »Haket« mit
Gabeldeichsel ab. Der
Ponton selbst ist preußische
Spezialität aus Eisenblech,
der Raum zwischen den
doppelten Wänden in luft-
dicht abgeschlossene
Kammern unterteilt – der
Ponton also durch Beschuß
kaum zu versenken.

nahmte Bauernwagen mit. Planen oder Deckel der Fahrzeuge waren nach Zugehörigkeit gestrichen: Artillerie blau, Proviantwesen und Feldbäckerei rot, letztere auch weiß.

Innerhalb der Train- oder Truppenformation waren die Fahrzeuge – auf einem Schild – durchnumeriert; der zugehörige Knecht führte die gleiche Nummer auf einem Kartonblatt am Hut.

Die Knechte – Kantonisten kleiner Statur – hat man stets übel behandelt. Da die Zugpferde noch nach mittelalterlichem Lehnskanon gestellt wurden, sahen die Militärs das ganze Fuhrwesen wohl als inkorrigiblen Fremdkörper an.

Friedrich der Große

Friderizianischer Fahnenadler 1740–1806

„Mein lieber Succeßor bitte ich umb Gottes willen kein ungerechten krihg anzufangen und nicht ein agreßör sein den(n) Gott die ungerechte Krige verbohten und Ihr iemahls müßet rechenschaft zehben von jeden Menschen der dar in ein ungerechten Krig zebliben ist bedenk was Gottes zericht scharf ist lehset die Historie da werdet Ihr sehen das die ungerechte Krige nicht zuht abgelauffen sein ... da Kan mein lieber Succeßor 'ehen die handt Gottes ...“
Politisches Testament Friedrich Wilhelms I. von 1722

Politik und Person

Da der »Deserteur Oberstleutnant Fritz« 1730 nicht hingerichtet wurde, besteigt er am 31. 5. 1740 den Thron seines Vaters. Schon ein Zeitgenosse spricht von diesem Tag als dem »der Düpierten«, und sein Leben lang hat er Menschen nicht nur zu begeistern, sondern auch zu täuschen vermocht. Der »König Philosoph« folgte nicht seinem Antimachiavel, sondern nur noch der Staatsraison – er verminderte seine Armee nicht, sondern verstärkte sie, und wenn er auch dem Schönen im Leben für sich und seine Untertanen wieder Raum gab, so blieb er doch dem Regierungssystem seines Vaters treu. Aber auch hier handelte er dem erklärten Willen des Vaters in einem entscheidenden Punkt strikt entgegen: er unterlag der Versuchung, Krieg zu führen.

Am 20. 10. 1740 stirbt Kaiser Karl VI., und seine Tochter Maria Theresia folgt ihm auf den Thron, gestützt auf das umfassende internationale Vertragswerk der »Pragmatischen Sanktion«. Der alte Kaiser hat dies Papier nach allen Seiten hin teuer bezahlt, statt besser das österreichische Heer in Ordnung zu halten. So finden sich bald und allerseits Vorwände genug, doch über die Erbin herzufallen. Wenn Preußen dabei den ersten Schritt tat, so konnte es auf relativ gute alte Rechte und auf eine Reihe übler Betrugsmanöver österreichischer Diplomatie verweisen.

Dies war auch die offizielle Version, aber Friedrich hat zugegeben, daß er persönlich aus Ehrgeiz, also Ruhmsucht, in den Krieg ging; der junge Fürst war der Versuchung nicht gewachsen, die ebenso in der Stärke und Vorzüglichkeit seiner Armee wie in der politischen Situation lag. Daß es auch ohne seinen jähen Schritt zum Kriege um das österreichische Erbe gekommen wäre, ist sicher – aber das Odium des ersten Anlasses ist für immer an Preußen hängengeblieben. Die Rache des Schicksals an Friedrich selbst war hart genug: die erste Hälfte seiner 46 Regierungsjahre war mit drei Kriegen um Schlesien ausgefüllt, die sein persönliches Leben zerstörten, die zweite Hälfte aber damit, in einer Sisyphusarbeit die Verluste und Schäden des dritten Krieges auszugleichen, was gerade auf militärischem Gebiet nicht gelang.

Als er in den ersten Rückschlägen gereift ist, wird seine persönliche Leistung allgemein bewundert. Wirksam aber wird sie nur auf der Basis des modernen Zentralstaates, den ihm sein Vater hinterließ; beides zusammen hält Preußen aufrecht, als es ab 1756 sieben Jahre lang nur noch darum geht, länger auszudauern als die übermächtigen Gegner.

Wann vergibt das öffentliche Bewußtsein den Titel eines »Großen«? Leider gehört Glanz und endlicher Erfolg der Waffen dazu, doch scheint ein anderes noch wesentlicher zu sein: der Ausgezeichnete muß in einer verfahrenen Situation neue Formen und Maßstäbe erfolgreich zur Geltung gebracht haben, wozu sich ein organisatorisch begabter Vater zwar empfiehlt – Alexander, Karl, Friedrich –, aber nicht Vorbedingung ist: Peter! Bei Napoleon und Ludwig XIV. hat es offenbar am Enderfolg gefehlt, und Wilhelm I. kam trotz nachträglicher Bemühungen des Enkels nie so recht gegen die Genialität seiner Mitarbeiter auf.

Kehren wir zu den Fakten zurück: Friedrichs Weg zur »Größe« war zivil geradezu aufreibend – denn ohne seine Arbeitsleistung 1763 bis 1786 hätte man ihm die Kriegsschäden nie verziehen –, und militärisch war der Weg halsbrecherisch. In den beiden ersten Kriegen um Schlesien 1740 bis 1745 blieben die preußischen Waffen klar überlegen; er mußte nur lernen, das Instrument des Vaters virtuos zu handhaben, und auch hier fiel kein Meister vom Himmel.

Der Einmarsch in Schlesien – am 16. 12. 1740 überschreitet Friedrich »seinen Rubikon« – ist noch eitel Glanz: jubelnd zieht die protestantische Bevölkerung die etwas verstaubten preußischen Rechte den ewigen konfessionellen Bedrückungen durch Habsburg vor, und es kostet einige Mühe, entsprechende Racheakte zu verhindern.

Der Sturm auf die unglückliche junge Erbin Österreichs und der Kronen von

Böhmen und Ungarn bricht von allen Seiten los: Bayern marschiert in Oberösterreich, Sachsen in Böhmen ein, und hinter beiden steht Frankreich. Maria Theresias Haltung ist bewundernswert – Friedrich hat sie »den einzigen Mann« am Wiener Hofe genannt –, und das deutsche Volk hängt heute noch gelegentlich voll Wehmut dem Gedanken nach, ob man nicht doch besser die beiden hätte miteinander verheiraten sollen . . .

Österreichs veraltete ständische Struktur hatte das Heerwesen trotz der Niederlagen am Rhein 1735 und in Un-

garn 1739 weiter verfallen lassen. Zwar genügt die Kriegserfahrung der Kürassiere, bei Mollwitz am 10. 4. 1741 die preußischen Reiter über den Haufen zu werfen; den jungen Friedrich sehen wir bei seinem Debut durchaus nicht als Helden. Aber Österreichs Infanterie hat gegen die preußische nichts zu bestellen, genau wie der alte Prinz Eugen es schon 1734 geahnt hat, und General Schwerin siegt für Friedrich.

Der Sieg bringt die Allianz mit Frankreich und seinen Satelliten, während Österreich Hilfe von den Seemächten – England und den Niederlanden –

erhält. Diplomatisch geht Friedrich allerdings immer wieder eigene Wege, sobald die Staatsraison das zu fordern scheint – durchaus im Geiste seiner Zeit, nur einen Hauch offener und für einen Emporkömmling doppelt verwerflich! Trotzdem hält die politische Konstellation, also die französische Allianz, über den Krieg hinaus.

Das preußische Heer und seine Führung bleiben auf dem Schlachtfeld klar überlegen. Nur als die Österreicher 1744 jede Schlacht verweigern, mißlingt der Feldzug, und das Desaster muß im nächsten Jahr durch die drei Siege bei Hohenfriedberg, Soor und Kesselsdorf ausgeglichen werden, um eine elfjährige Friedenspause zu erreichen.

Dieser Friede steht vom ersten bis zum letzten Tage im Zeichen des Bemühens,

gelüste nur durch eine angedrohte Mobilmachung bannen, und auch Österreich hält den Zeitpunkt offenbar für noch zu früh. Aber 1756 führt eine parallele Situation doch zum Krieg. Selbst das »Renversement« der Bündnisse von 1755 hat nichts genützt: Friedrich trat in Beziehung zu England unter Lockerung seiner französischen Allianz, weil er Rußland an England gebunden glaubte. Das erweist sich als schwerwiegender Irrtum, denn Rußland bleibt mit Österreich im Bunde, das nun auch Frankreich als Dritten gewinnen kann. Der Ring um Preußen war perfekt, und Friedrich erfährt es durch seine Agenten, die er in den Kanzleien zu Wien und Dresden bezahlt.

Der konzentrische Angriff war für Frühjahr 1757 geplant, aber Rußland

Links:
Friedrich der Große 1763 Gemälde von Ziesenis (Potsdam, Schlösser und Gärten)
Kehrte der König so aus dem Kriege zurück? Der relativ frische Eindruck entspricht vielleicht dem ersten Gefühl des Sieges, nicht aber den Schilderungen der Zeitgenossen. Es steht jedoch fest, daß Friedrich für dieses Bild dem Künstler wirklich »gesessen« hat, zum letzten Mal in seinem Leben.
Rechts:
Friedrich der Große 1764 Gemälde von Franke (Schloß Charlottenburg) Diese Darstellung entspricht wohl eher dem Aussehen des Königs in den folgenden Jahren. Er hat nun kaum noch den gestickten Offiziersrock getragen, sondern nur noch die Interims-Uniform der Garde oder den schlichten blauen Überrock.

einen weiteren Krieg zu vermeiden durch Diplomatie wie durch abschreckende militärische Potenz, aber andererseits der innersten Gewißheit, daß all diese Bemühungen umsonst sein werden. Friedrichs Gedanken kreisen bereits um Rußland: schon 1748 kommt der Friede zu Aachen nicht zuletzt dadurch zustande, daß russische Hilfstruppen für Österreich schon im Anmarsch sind – und keiner sieht sie gern in Mitteleuropa. 1749 kann Friedrich Rußlands Kriegs-

kann es nicht erwarten und marschiert schon ein Jahr früher im Baltikum auf: der große Vormarsch auf die eisfreien Häfen und in den geliebten Westen beginnt. Die ersten preußischen Mobilmaßnahmen betreffen 1756 Ostpreußen und Pommern, aber die Russen bleiben auf dringende Bitte Österreichs stehen, das zum großen Tanz noch nicht fertig ist. In der kurzen Atempause werden die Pläne der »großen Koalition« für 1757 immer klarer, und Friedrich entschließt sich, durch Einmarsch in Sachsen das »Praevenire zu spielen«. Wie so oft vorher und nachher erhebt sich die Kriegsschuldfrage zwischen »Ursache« und »Anlaß« unendlich kompliziert; die Antwort fällt ganz anders aus als für 1740, denn das Drängen Rußlands und die Bereitschaft Österreichs zum Konflikt haben inzwischen auch russische Historiker selbst archivalisch belegt.

Als der König nun aus wohlerwogenen Gründen den Frieden ehrlich anstrebt, muß er für den Leichtsinn seiner jungen Jahre blutig nachzahlen. Seine Hoffnungen und Wünsche, weite Bereiche seines persönlichen Lebens und sogar seiner Persönlichkeit selbst sind in sieben Kriegsjahren zugrunde gegangen. Als »Alter Fritz« kehrt er zurück, erweist sich aber in dieser Verwandlung

noch eindrucksvoller denn vorher als strahlender junger Fürst.

Die Vielschichtigkeit seines Charakters blieb bis heute das Problem seiner Biographen und hat ihm selbst die größten Schwierigkeiten bereitet. Nie kann er bösartige Witze unterdrücken: Verse auf das beachtliche Sexualleben der Zarin – von Voltaire ausgeplaudert – geben jener russischen Hofpartei Oberwasser, welche die Westexpansion betreibt. Die Neigung zu oft recht mäßigen Scherzen

reicht auch bis in den militärischen Bereich: so setzt er z. B. von 12 zur Beförderung anstehenden Offizieren den Dienstältesten an den Schluß, weil er mit Vornamen Benjamin heißt. Wie seine berühmten Randbemerkungen lehren, hat sich diese maliziöse Art aus der täglichen Pflicht entwickelt, unzählige Verwaltungseinzelheiten rasch und notfalls schneidend zu erledigen.

Trotz seines Versagens in der Feuertaufe war er ausgesprochen tapfer. Die Kugel hat ihn mehrfach erreicht – fast tödlich bei Kunersdorf 1759: nur eine Tabaksdose in der Rocktasche hielt den Schuß auf; ein Prellschuß bei Liegnitz war unbedeutend, und bei Torgau blieb eine Kugel in der Kleidung vor der Brust stecken; der Flügeladjutant v. Berenhorst riß dem Ohnmächtigen die Uni-

form auf – und fiel in Ungnade. Er hatte die desolate Wäsche des Königs gesehen, und wer Berenhorst kennt, weiß, daß er auch darüber gesprochen hat.

Wenn er die Fahne ergriff, um weichende Truppen wieder vorzuführen, wie etwa das Berliner Füsilier-Regiment No. 46 bei Zorndorf, so hatte er nie Erfolg, aber die Soldaten liebten ihn dafür, daß er ihre Gefahren und auch ihren kümmerlichen Kriegsalltag teilte. Ihre Offiziere sollten sie fürchten, aber gegen ihren König durften sie sich alles erlauben. »Kerls, wollt ihr denn ewig leben?« rief er weichenden Truppen in einer Krise zu, und ein alter Soldat antwortete: »Ich dächte, Fritze, für 8 Groschen wär's heute genug.«

Für die Offiziere, die ihm begegnet waren, hatte er ein erstaunliches Gedächtnis und behandelte den einzelnen danach oft recht subjektiv, meist aber doch nach Verdienst. Im ganzen waren sie ihm Leute von Ehre, die er aber grundsätzlich scharf und hart anfaßte, obwohl er gelegentlich auch Witz und sogar Güte einzusetzen vermochte. Ergebnis: sie verehrten ihn, auch wenn sie vor ihm zitterten, und sie versuchten, ihr Bestes zu geben – worauf es ihm vermutlich allein ankam.

Das politisch-militärische Auf und Ab zumal in der ersten Hälfte seiner Regierung überdeckt allzu leicht die Tatsache, daß sich Armee und Staat trotzdem ganz kontinuierlich auf den vom Vater geschaffenen Fundamenten weiterentwickelten. So ergibt sich Gelegenheit, im Folgenden stärker auf Einzelgebiete der preußischen Heeresorganisation und des Militärstils, auf bezeichnende Ereignisse und insbesondere auf jene Menschen einzugehen, die in diesem Organismus und für ihn lebten.

Fahnen und Standarten
Vieles Ehrwürdige hat einen höchst praktischen Ursprung – so auch Fahnen

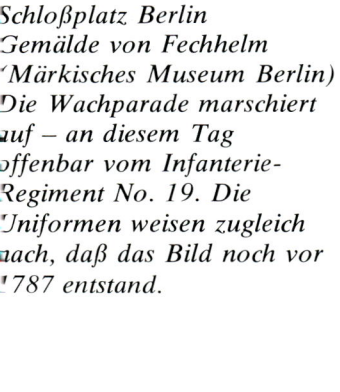

Schloßplatz Berlin
Gemälde von Fechhelm
(Märkisches Museum Berlin)
Die Wachparade marschiert auf – an diesem Tag offenbar vom Infanterie-Regiment No. 19. Die Uniformen weisen zugleich nach, daß das Bild noch vor 1787 entstand.

und Standarten. Wir fassen heute beide als »Feldzeichen« zusammen, worunter man früher jedoch auch Schärpe, Degenband oder ein anderes Zeichen der Parteizugehörigkeit im Kriege verstand.

Die Fahne war vom 15. Jahrhundert an taktisch wie juristisch Mittelpunkt der Truppe; noch lange Zeit wird mit »Fahne« oder »Fähnchen« die Truppe selbst bezeichnet, zuletzt noch im 18. Jahrhundert bei den sächsisch-polnischen Ulanen. Das Stück war in diesem Sinne wichtig, genoß also Ehre, wurde besonders geschützt und entsprechend auch als Beute geschätzt. Wurde eine Truppe aufgelöst, so riß man anfangs die Fahne vom Schaft und verteilte sie an die Mannschaft; erst im Zeichen des stehenden Heeres wandern alte Fahnen in die Zeughäuser, zunächst allerdings auch zur eventuellen Wiederverwendung. Im Staub der Reiterschlachten, später im Rauch des Schwarzpulvers, waren sie

Richt- und Sammelpunkt der Truppe, deren Standort sie zugleich dem Feldherrn kündeten. Daher sollten in den ersten Jahrzehnten Altpreußens die Fahnen alle 5 Jahre erneuert werden, denn die dünnen, mit Ölfarbe gemalten Tafte waren nicht sehr dauerhaft. Später sparte man, denn sie hielten im Frieden doch etwas länger, und von den Stürmen der Schlesischen Kriege zerfetzt, begannen sie ehrwürdig zu werden. Als man um 1775 alle Infanteriefahnen ersetzte, gingen die alten in die Zeughäuser – nun als Erinnerungen an Leiden und Erfolge, über denen sie geweht hatten. Dort haben nur die wenigsten in jenen paar Festungen überdauert, die sich 1806/07 hielten; im 19. Jahrhundert nach Berlin versammelt, vernichtete der letzte Krieg die meisten.

Grundsätzlich das gleiche Schicksal hatten die Standarten, mit einer Ausnahme: gemessen an den Taftfahnen der Infanterie (von etwa 1,50 m im Qua-

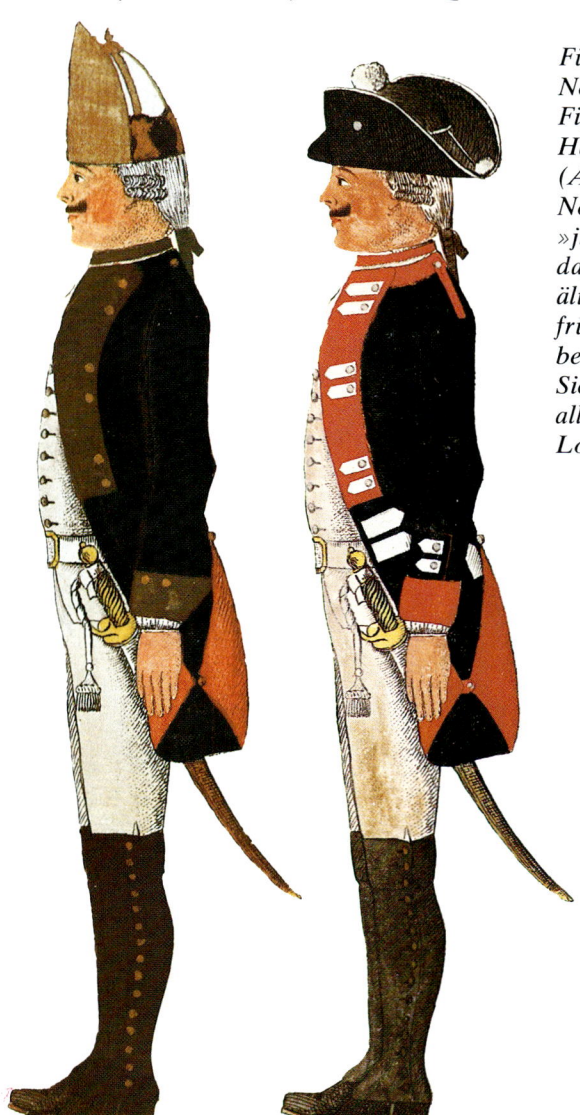

Füsilier vom Regiment No. 46, Musketier von No. 1 Figuren aus einer Uniform-Handschrift, nach 1763 (Archiv Bleckwenn) No. 46 war das einzige »junge« Regiment in Berlin, dafür No. 1 das nominell älteste der Armee und als früheres Garderegiment besonders angesehen; im Siebenjährigen Kriege hat es allerdings ein wenig auf alten Lorbeeren ausgeruht.

drat), waren die Standarten wesentlich kleiner, nämlich 0,50 m im Quadrat, nur bei den Dragonern am freien Flug noch etwas länger gezipfelt. Dafür bestanden sie aber aus schwerem Seidendamast und waren nicht gemalt, sondern gestickt – jede Seite für sich –, zudem eingefaßt mit einem aus Metall und Seide gemischten Fransenbesatz. Diese Stücke waren also weit dauerhafter und wurden grundsätzlich nur bei Bedarf, also bei Verlust, erneuert; so haben die letzten Standarten aus der Zeit des Soldatenkönigs noch im Dienstgebrauch das 20. Jahrhundert fast erreicht.

Bei allen Feldzeichen wurde das Tuch an eine hölzerne Stange genagelt, und zwar unter festen Zeremonien: ein Nagel für den König, einer für die Königin usw., die ganze Reihe herunter bis zu den Regiments- und Kompaniechefs. Die Standartenstangen entsprachen dabei in der Form mit verjüngtem Handgriff und Längsrillen noch der alten ritterlichen Lanze. Alle Spitzen trugen den Namenszug des Königs, und die Stange nahm an der Würde der Fahne teil: vom Feind be-

schädigte Stangen hat man schon im Siebenjährigen Krieg mit Metallhülsen versteift, auf denen das Ereignis eingraviert war, wie eine erhaltene Fahne von No. 24 mitteilte: sie wurde in den Händen des Gefreitenkorporals v. Morien bei Prag 1757 »geblessiret«, hat also Schwerins Tod miterlebt, wurde aber 1759 von den Russen erbeutet und im 19. Jahrhundert aus Moskau nach Berlin freundschaftlich zurückgegeben. Ein Würdezeichen war auch die Banderole, ein schwarz-silbern gewirktes Band, das um die Spitze geschlungen wurde; es soll früher einmal eine Offiziersschärpe gewesen sein, war aber im 18. Jahrhundert nur noch etwa 4 cm breit.

Die Ausstattung der Tücher war seit 1713 für Infanterie und Kavallerie fest normiert, nur die Farben des Grundes wie eventuelle »Beläge« – meist Flammen oder Keile in den Ecken – regimentsweise verschieden. Dabei nahm seit 1713 der schwarze Adler auf weißem Schild – wie könnte es anders sein – als Staatssymbol die Mitte des Feldzeichens ein, während der königliche Namenszug

Blick in die Mauerstraße, Berlin 1776
Farbstich von Rosenberg
In allen Straßen der Hauptstadt war die starke Garnison mit Wachlokalen, Posten, tätigen und flanierenden Soldaten stets gegenwärtig.

in den Ecken stand; daß die Garnisonregimenter abweichend nicht den Adler, sondern nur Friedrichs Namenszug in der Fahnenmitte führten, war durchaus eine Minderung. Die Form des Adlers hat gewechselt, denn bei dem reichstreuen Soldatenkönig stieg er unbewehrt gegen die Sonne auf, unter der Devise »Non soli cedit«, was sich gegen den »Roi Soleil«, also Frankreich, richtete; das Motiv stammt von Thomas von Aquino, aber der Soldatenkönig dürfte ihn wohl aus einem der heraldischen Musterbücher der Zeit übernommen haben. Der junge Fritz dagegen suchte und fand das Bündnis mit Frankreich – höchste Zeit, einen neuen Adler und Spruch zu kreieren: der Vogel führt nun Schwert und Donnerkeile, darüber der Spruch »Pro Gloria et Patria«; man hatte dem jungen König zunächst »Pro Deo . . .« vorgeschlagen, aber der Spötter meinte, man solle den lieben Gott aus den Händeln dieser Welt herauslassen.

Für alte Fahnen gilt der Spruch: erhalten blieb, was verloren wurde. Beute wird noch weit besser gehütet als eigene Erinnerungen, und so basiert unsere Kenntnis der altpreußischen Feldzeichen maßgeblich auf den Beständen in Leningrad und Wien. Dort ruhen sie in großer Zahl, denn damals führte jede Kompanie, jede Schwadron noch ihr eigenes Feldzeichen.

Schwierig war jedoch, eine friderizianische Kavallerie-Standarte zu finden, da in den Kriegen ab 1740 noch die Stücke aus der Zeit des Soldatenkönigs geführt wurden. Nur wenige Schwadronen hatten das Pech, zweimal ihre Standarte zu verlieren, und nur in einem einzigen Falle konnte eine solche aus friderizianischer Zeit noch festgestellt werden: die Kürassiere No. 9 verloren sie 1758 an ein wallonisches Dragoner-Regiment der Österreicher, und die Standarte blieb in Gent erhalten.

Geht man dem Ursprung dieser Beute nach, den Wegen, auf denen sie in die Museen gelangte, so stellt man fest, daß der Wiener Grundbestand aus der Kapitulation des preußischen Korps Finck bei Maxen 1759 stammt und von jenen

Orden Pour le mérite (Familienbesitz) Vielleicht der einzige friderizianische P.l.m., der sich noch heute in Familienhand befindet. Ein Kapitän der Garde erwarb ihn, als er ins Tor des Friedhofs von Leuthen eindrang – die Urenkelin riß den Orden vom Rahmen seines Portraits, als sie 1945 aus dem Osten floh

sächsischen Regimentern, die, 1756 gefangen und in preußischen Dienst gepreßt, doch alsbald zu den Österreichern überliefen. Die blutig umkämpften Stücke dagegen wie etwa die Fahnen der Grenadiergarde No. 6 oder des Regiments Markgraf Carl No. 19 aus der Nacht- und Nebelschlacht bei Hochkirch 1758 kamen erst aus Kirchen oder Klöstern ins Museum: man hatte sie nach überstandener Gefahr im Gefühl des Dankes an geweihtem Ort niedergelegt.

Im Krieg und Frieden waren die Feldzeichen Symbole des Staates, und es ist eine für Preußen spezielle und bezeichnende Geste gewesen, daß dort die Fahnen nicht wie im ganzen übrigen Europa vor dem Fürsten gesenkt wurden, sondern daß der König von Preußen vor den Fahnen den Hut abnahm.

Orden

Die ordenbedeckte Heldenbrust kannte das 18. Jahrhundert nicht. Es gab nur wenige Orden, und jeder von ihnen hatte nur relativ wenige »Mitglieder«. Zu Beginn dieser Zeit sollte man möglichst überhaupt nur in einem Orden Mitglied sein: daß der General und Minister v. Grumbkow bereits den russischen Andreas-Orden trug, nahm der Soldatenkönig zum Anlaß, ihm den »Schwarzen Adler« konsequent zu verweigern – in

Wirklichkeit wohl, weil er ihn als Spion Österreichs erkannt hatte.

Diese großen Staatsorden waren und blieben feierliches Symbol: man trug ihren Stern auf der linken Brustseite in den Rock gestickt, das Metallkreuz am breiten Band über die Schulter. Erst um die Mitte des Jahrhunderts kamen die Halsorden auf und erst gegen sein Ende auch einfache Brustkreuze aus Metall.

Brandenburg-Preußen hatte zunächst nur Anteil am Johanniterorden, dessen Herrenmeister in Sonneburg/Mark residierte. Es war der protestantische, nach der Reformation säkularisierte Ordenszweig, der dem Herrscherhaus unterstand: seit 1693 waren als Herrenmeister nur noch Prinzen des Hauses investiert. Ihre Infanterieregimenter – zunächst No. 19, seit 1762 No. 34 – führten das Johanniterkreuz in den Fahnen, No. 19 auch auf Borten, Blechbeschlägen und Trommelreifen. Um Mitglied zu werden, waren 16 Ahnen und ein gewisses Kapi-

tal erforderlich; daß der Fürst eine Anzahl der gut dotierten Ordensstellen (Präbenden) von sich aus besetzen konnte, gab den eingekauften Nichtstuern ein Gegengewicht durch Standesgenossen, die sich im Dienst für den Staat ausgezeichnet hatten – meist als Offiziere.

Der älteste eigentlich brandenburgische Orden war ursprünglich nur eine Prinzenspielerei. »De la Generosité« hieß er und war von den jugendlichen Söhnen aus erster Ehe des Großen Kurfürsten gegründet worden; Papa selbst war nur stolz auf seinen englischen Hosenbandorden. Friedrich III. hat den Generosité auch nach 1701 – als König Friedrich I. – noch verliehen, also neben seinem eigenen großen Orden vom Schwarzen Adler; der Soldatenkönig gab ihn dann in solcher Menge aus für oft sehr zweifelhafte Dienste in der Rekrutenbeschaffung, daß der junge Fritz ihm 1740 sofort den Garaus machte – durch eine Abänderung, wie wir noch sehen werden.

Friedrichs I. königlicher Orden »Vom Schwarzen Adler« datiert von der Krönung in Königsberg 1701. Als »Orange-Band« ging er nur an Fürsten, Minister, hohe Diplomaten und an Soldaten, die in der Regel den Rang eines Generalleutnants haben sollten; nur die Kavallerieführer Graf Rothenburg (1742) und Seydlitz (1757) haben ihn schon als Generalmajor bekommen. Damen waren in diesem Orden äußerst selten: die Zarin Elisabeth (1743) und Katharina II. (1762) waren hochbedeutende und für Preußen sehr wichtige Frauen; nur das letztere gilt von der Herzogin-Witwe Maria Augusta von Württemberg (1740), die von allen dreien dafür am stärksten die ritterliche Tugend der Keuschheit vermissen ließ, in einer geradezu skandalösen Weise selbst für jenes tolerante Jahrhundert. Auf 16 adlige Ahnen hat man gelegentlich verzichtet; der Russe Menschikoff (1709) hat sie als vormaliger Zuckerbäcker, dann Günstling und Premierminister Peters I. bestimmt nicht gehabt, aber ebensowenig auch die hochverdienten Generäle Wunsch (1787), Günther (1802) und Tempelhoff (1805).

»Der Orden« schlechthin war in der Sprache der preußischen Armee jedoch der »Pour le merite«, der 1740 den herabgekommenen »Generosité« ablöste und dabei seine Form übernahm; die Inschrift im blauen Kreuz wurde abgeändert, das vorher nur schwarze Band mit zwei silbernen Randstreifen versehen. Der Orden wurde für militärisches Verdienst verliehen; äußerst seltene Ausnahmen, wie für Voltaire 1750, bestätigen diese Regel. Er mußte aber nicht unbedingt im Kampf erworben werden: so hat ihn z.B. 1780 ein Leutnant für eine waffentechnische Erfindung erhalten; auch bei der Revue, also bei der Königsparade, wurde er gelegentlich für gute Leistungen in der Ausbildung verliehen.

Da Preußen kein Heroldsamt hatte, haben wir keine komplette Liste der Ritter. Soweit wir sie kennen, haftet den Verleihungen in friderizianischer Zeit manchmal ein Hauch impulsiver Lässigkeit an. Selten war die Veranlassung etwas dürftig – viel häufiger wundert man sich, wer diesen Orden *nicht* bekommen hat. Er wurde gern an Regimenter gegeben, die sich ausgezeichnet hatten, »für die Stabsoffiziere« oder »für alle Kompaniechefs«, und so träufte bei besonders tüchtigen Einheiten der Ordenssegen schließlich sogar herab bis auf die Leutnants. Manche Offiziere bekamen ihn versehentlich mehrfach, mancher graue Kapitän später plötzlich mal auf einer Revue, denn die Armee war so übersichtlich und das Personengedächtnis König Friedrichs so phänomenal, daß manches Versäumnis nachgeholt werden konnte. Immer blieb der Orden heiß begehrt, und er hat sogar die Verschleuderung der Kreuze durch Friedrich Wilhelm II. überdauert; der dritte Wilhelm war vorsichtiger: nur über den russischen Verbündeten schüttete er sie reichlich aus, für seine Preußen dagegen nur spärlich und fast argwöhnisch prüfend. Da auch Friedensverleihungen immer seltener wurden, behauptete der »Blaue Max« in der öffentlichen Meinung einen so hohen Rang, daß man parallele Orden anderer deutscher Staaten wie etwa den »Militär-St.-Heinrichs-Orden« als den »sächsischen« usw. »Pour le mérite« bezeichnete.

Den Roten-Adler-Orden erbte Preußen 1792 mit den fränkischen Fürstentümern Ansbach und Bayreuth der hohenzollerschen Nebenlinie. Er war in Bayreuth 1734 begründet worden und entsprach dem brandenburgischen Wappen. Der »Schwarze« blieb ihm an innerem Wert absolut überlegen; der »Rote« wurde häufig auch nur für langjährige treue Dienste verliehen.

In eine neue Zeit weist die Verdienstmedaille für Mannschaften, die es in Rußland schon seit Anfang des Jahrhunderts gab. In Preußen wurde sie erst 1793 in zwei Klassen – Gold und Silber – eingeführt und hat sich großer Achtung erfreut, da sie dem Verdienst im Kriege vorbehalten war. Vorher hatte man sich für Mannschaften mit Geldgeschenken geholfen, die übrigens auch an Offiziere gegeben werden konnten. Diese Möglichkeit des »Douceurs« – für erbeutete Feldzeichen und Kanonen bestanden feste Sätze – führt ebenso wie die Gehaltszulage, die Pension, Dompräbende, Amtshauptmannschaft oder ähnliche Pfründen für Offiziere weit vom Ordenswesen ab.

Fast unbekannt bisher, daß die höchste preußische Auszeichnung friderizianischer Zeit eigentlich das »Brillanten-Porträt« des Königs war, das an einem blauen Bande am Uniformrock auf der Brust zu tragen war. Es sind nur 4 entsprechende Verleihungen bekannt, von denen 3 an die Generale auf den Außenposten der Monarchie vor dem Siebenjährigen Kriege gingen: v. Dossow in Wesel, v. Lehwaldt in Königsberg und v. Buddenbrock in Breslau erhielten diese Auszeichnung. Als vierte sei ein skurriler Vorläufer erwähnt – offenbar ein ironischer Scherz des Soldatenkönigs: der Berliner Gastwirt Nikolai erhielt für ein besonders wohlschmeckendes Kohlgericht das Bildnis des Königs »en miniature gemalt und kostbar eingefaßt, welcher solches . . . lebenslang in einem Knopfloch seines Kleides trug . . .« – Brillanten werden es allerdings nicht gewesen sein.

Die größte Garnison – ein Stammbuchblatt für Berlin

Eine Festung muß man verteidigen können. Ihre Fläche und damit der Umfang ihrer Wälle muß – auf natürliche Hilfsmittel wie Berg oder Wasser gestützt – den militärischen Möglichkeiten ihres Verteidigers entsprechen. In diesem Sinne wurde Berlin aus den Nöten des Dreißigjährigen Krieges 1657 zur Festung gemacht als Schutz des Fürsten, seiner Familie, Schätze und Archive und als sicherer Sitz der Zentralregierung in stürmischen Zeiten.

Beschränkte Fläche – um die Wälle statt Vorstädten freies Schußfeld: das widersprach ab 1713 der neuen Funktion Berlins als Hauptstadt und Hauptwirtschaftsplatz eines auf Eigenproduktion und Ausfuhr merkantilistisch um-

gepolten Staatswesens, denn Manufakturen und ihre Arbeiter brauchen Raum. So war die weitere Entwicklung eigenartig: während der Soldatenkönig den Festungscharakter Berlins offiziell aufrechterhielt und auch Kosten dafür aufwandte, durchbrachen doch schon Straßen und gewerbliche Anlagen an mehreren Fronten den Gürtel der Wälle, und 1740 war etwa ein Drittel der Werke nicht mehr intakt. Trotzdem haben die Reste noch 1745, 1757 und 1760 bei Annäherung von Feinden eine hilfsweise Rolle gespielt.

Die Stadt blieb jedoch die größte Garnison des Landes. Wenn auch ihre Bürger vom Heeresdienst grundsätzlich befreit waren, so hatten sie doch in ihren Häusern – und erst ganz allmählich auch in einigen Kasernen – 7 Regimenter Infanterie, die Gensdarmes (K 10), die Leibhusaren (Zieten, H 2) und die Artillerie. Die militärischen Einrichtungen zentraler Art waren nach heutigen Vorstellungen relativ gering: Cadets und Invaliden hatten ihr Haus, dazu die Artillerie das große Zeughaus von Andreas Schlüter für den Rüstungsbedarf der märkischen Truppenteile, umgeben von einigen Werkstätten. An militärischen Zentralbehörden hausten hier mit einem lächerlich geringen Aufwand an Räumen und Personal das Generalauditoriat, das Kriegskonsistorium, die Geheime Kriegskanzlei und die Intendantur; Gouvernement, Kommandantur sowie Magazine und Kammern waren dagegen in allen großen Garnisonen anzutreffen. Die Waffenschmiede des Heeres – Firma Splitgerber und Daum – lag bereits außerhalb auf dem Spandauer Gewehrplan im Schutze der dortigen kleinen Festung. Diese Spandauer Zitadelle nahm im Frieden die Staatsverbrecher auf, dazu notfalls im Kriege die königliche Familie, Archive etc.; für schwere Dauerkrisen wie 1757/63 zog man allerdings das große und stark befestigte Magdeburg vor.

Der König liebte die Ordnung, der Soldat im Gewühl der »Großstadt« einen heimatlichen Rayon um Quartier und Stammkneipe. So war die Stadt sauber in Regimentsbezirke geteilt; dort hatte die Einheit Exerzierplatz und Hauptwache, bedachte wichtige Objekte und hohe Herren mit Wachtposten und kontrollierte zugleich einen Abschnitt der die Stadt weiterhin umziehenden Mauer, um Desertion und Akzisebetrug zu verhüten.

In der eigentlichen Altstadt Berlin lag Infanterie No. 1, in der Friedrichstadt No. 19 Markgraf Karl und No. 25 Möllendorff, während No. 26 – das berühmte Flügelregiment von Leuthen – in Cölln und um den Spittelmarkt hauste. No. 13 Itzenplitz – bekannt durch Bräkers Erlebnisse – hatte den Friedrichswerder inne, Forcade (No. 23) die Königs- und Spandauer Vorstadt, Füsiliere No. 46 die Köpenicker und Neukölln. Von der Kavallerie teilten die Gensdarmes sich die Friedrichstadt mit den Leibhusaren, die Dorotheenstadt mit der Artillerie, während die Berliner Eskadron der Garde du Corps auf der Lindenstraße untergebracht war. Älteste Kaserne waren die Ställe am Gensdarmen-Markt, über denen das Regiment auch Mannschaften einquartierte.

Eine Infanterie-Kaserne gab es vor 1756 schon für No. 13, nach 1763 allmählich für alle Regimenter; sie deckten aber nur einen Teil des Bedarfs und waren – ganz anders als später – für verheiratete Soldaten mit Familien bestimmt, die in den Bürgerquartieren besonders lästig fielen.

Wichtig im Stadtbild waren die Exerzierplätze und die Hauptwachen der Regimenter. 1786 paradierten No. 13 und 26 im Lustgarten – mit Hauptwache Spittelmarkt –, No. 19 und 25 auf dem Wilhelmsplatz – Wache Mauerstraße –, No. 1 und 23 Neuer Markt, No. 46 Dönhofplatz – Hauptwache am Neuköllner Salzmarkt; die Artillerie exerzierte am Zeughaus, wo auch heute noch ihre »Neue Wache« steht. All diese Fußtruppen versammelten sich an schönen Sommersonntagen auch im Lustgarten und hielten im Winter ihre Wachtparaden in großen Exerzierhäusern ab, hallenartigen Holzkonstruktionen von erheblichem Ausmaß. Zur »Königsrevue« zog man aufs Tempelhofer Feld, das diesem Zweck noch bis 1914 diente – in der Zukunft für ein halbes Jahrhundert der herangewachsenen Weltstadt als Flugplatz.

Ferner bezogen No. 1 und 26 abwechselnd die Schloßwache zusammen mit der Garde du Corps; die Gensdarmes exerzierten »unter den Linden«, mit Hauptwache in den königlichen Ställen auf der Charlottenstraße; die Husaren hatten beides am Halleschen Tor, dem späteren Belle-Alliance-Platz.

Wie Berlin waren auch die Garnisonen in den großen Provinzhauptstädten Königsberg, Stettin, Magdeburg, Breslau und Wesel strukturiert, die jedoch durch die ganze altpreußische Zeit noch echte Festungen blieben mit den entsprechenden Einrichtungen – insbesondere mit kompletten Zeughäusern für den Truppenbedarf der betreffenden Provinz.

Nehmen wir Potsdam dazu, so lagen in diesen »Großstädten« 22 der Feldinfanterie-Regimenter, also fast die Hälfte – der Rest in kleinen Städten möglichst wenigstens bataillonsweise; nur in Ostpreußen war das schwierig, später in den ehemals polnischen Gebieten z.T. unmöglich. Die Kavallerie bevorzugte kleine Städte in landwirtschaftlich qualifizierten Gebieten des Futters wegen; die Kürassiere lagen in den Marken und Schlesien, dagegen in Ostpreußen seit 1740 nur noch Dragoner, die dort offenbar schon früher aus dem Lande remontierten, als die Vorschriften erkennen lassen. Die zuverlässigen und gewandten Husaren waren Hüter der waldreichen Grenzen im Osten von der Ostsee bis Oberschlesien und damit zugleich ihrer Remontebasis näher: alljährlich wurden aus Moldau und Wallachei ganze Herden halbwilder Pferde für sie herbeigetrieben; zwischen jüdischen Pferdehändlern und lokalen Räuberbanden war das ein fast kriegsmäßiges Unternehmen, bei dem gewandte junge Offiziere sich auszeichnen konnten. Diese und viele andere Fragen altpreußischer Heerestopographie warten noch immer auf Bearbeitung.

Musik

„Bis zu dem Eingange des Dorfes hatten uns unsere Hautboisten mit ihren besonderen Instrumenten begleitet, nun aber verließen sie uns und begaben sich in Sicherheit. Überhaupt kommen mir diese Art Menschen in ihrem Verhalten bei einer Schlacht wie die ab- und zuziehenden Schwalben vor, die im Herbst bei angehender rauher Witterung verschwinden und im Frühjahr wohlbehalten wieder erscheinen ...
Erinnerungen v. Prittwitz, Offizier bei No. 7, betr. Zorndorf 1758; ähnlich schon vor Kolin 1757

Zur Garnison gehört die Militärmusik: die Spielleute und ihre Musik bilden einen echten Glanzpunkt militärischen Lebens. Am angesehensten blieben stets die Trompeter und Pauker; sie hatten schon die Scharen der Ritter zu Fest, Waffenspiel und Kampf begleitet – nun die Kürassiere. Auch die Husaren hatten Trompeter, Pauken jedoch nur jene Regimenter, denen sie im Kampf als Beute verblieben waren: Zietens Husaren (H 2) und die »Schwarzen« (H 5) bei Katholisch-Hennersdorf 1745 von den Sachsen, die »Gelben« (H 7) von französischer Kavallerie im Westfeldzug 1758. Der Pauker mußte sein Pferd mit Fußzügeln lenken, da er ja die Hände zum Spiel brauchte; bei Attacken blieb er deshalb mit Bedeckung zurück.

Die Trompeter der Kürassiere sind eine besonders dreiste Gesellschaft: als privilegierte Reichs-Zunft der »Caroliner« haben sie nicht nur Anspruch auf gold- und silberdurchwirkte Tressen, farbige Federn auf dem Hut und zeitweise sogar noch lang von den Schultern herabwallende »Lederbänder« mit Bortenbesatz sowie Unteroffiziersabzeichen – nein, sie fühlen sich auch als selbständige Herren und scheuen sich nicht, auch mal ihren königlichen Chef beim Kaiser in Wien zu verklagen, weil er ihre Privilegien nicht genügend achtet. Mit dem alten Reich vergeht auch ihr Glanz: zu Ende des Jahrhunderts stellte man überall auch Unzünftige ein – Preußen seit 1771 auch für die Dragoner statt der bisherigen Tambours.

Die Dragonertrommel war etwas kleiner als die der Infanterie, die um 1750 noch fast 0,5 m in Höhe und Weite maß; seit Anfang des Jahrhunderts waren die Trommeln von Messing statt von Holz.

Querpfeifer gab es – ungeachtet Friedrich selbst die Querflöte so meisterhaft spielte – zu seiner Zeit nur noch bei den Grenadieren. Nach ihm kamen Hornisten auf; nur bei den Fußjägern ertönte seit jeher das Waldhorn, ohne besondere Abzeichen für den Spezialisten: er war eben nur der Kamerad, der es am besten »blus«. 1787 erhielten die neuen grünen Füsiliere Hornisten und etwas später die Bataillone der Feldinfanterie je einen beim Stab, um die Schützenschwärme im Gefecht akustisch leiten zu können. Die Vielzahl ihrer Signale setzte ein gutes Ohr bei den Offizieren voraus.

Die eigentlichen Musiker der Infanterie waren sieben Hoboisten pro Regiment, von denen aber nur drei die Oboe, drei weitere Fagott und Klarinette spielten; der »Chorführer« hatte eine Trompete. Sie standen als ausgebildete Fachkräfte im Rang zwischen Mann und Unteroffizier, und bei bevorzugten Regimentern glänzte auch in ihren Borten Gold und Silber. Bei der Truppe genossen sie jedoch wenig Ansehen, sondern galten als feige – dem Wirtshaus mehr geneigt als dem Schlachtfeld.

Erst in der zweiten Hälfte des Jahrhunderts gewinnt die Janitscharenmusik an Boden, mit verschiedenen Trommeln – darunter der späteren flachen der Infanterie –, weiteren Schlagzeugen wie Becken, Triangel und Schellenbaum, dazu Blechinstrumenten: die neue Militärmusik ist da. Friedrich sah diese ori-

Negerpauker vom Kürassier-Regiment »Markgraf Friedrich« (K 5), um 1735
Graphische Darstellung von A. Gay, nach Hintergrundfigur des Portraits des Markgrafen von Huber (?) (früher Schloß Schwedt/Oder)
Bunte Tupfen fehlen auch im Bild des preußischen Heeres nicht: vornehme Kürassier-Regimenter halten sich noch bis 1914 gelegentlich Negerpauker – in alter Zeit mit Turban und Halsring als Spezialvariationen der Uniform.

*Pauker und Trompeter
(Hoboisten) vom Dragoner-
Regiment »Anspach« (D I),
1713
Aus der Stichfolge der
Leichenprozession für
Friedrich I.
Auch bei den Dragonern,
die bei den Schwadronen
selbst Trommeln führten,
repräsentierten diese Spielleute beim Stab die alten
Heerpauker und -trompeter,
damals noch mit Trompeten-
fahnen und »Trompeter-
flügeln« an den Röcken.*

Oben:
Kürassier-Trompete
(Wien, Heeresgeschichtliches
Museum)
Von Silber gefertigt in der
Firma Blanvalet zu Berlin
1721, und vermutlich bei
Maxen vom Kürassier-
Regiment K 9 verloren. Die
Normalgarnitur war von
Messing, silberne Stücke
konnten vom König aus
besonderer Gnade verliehen
oder vom Chef gestiftet
werden.
Mitte links:
Pauke vom Dragoner-
Regiment D VIII
(Wien, Heeresgeschicht-
liches Museum)
Die Pauken wurden – jeweils
als Doppelsatz – nach
ähnlichen Gesichtspunkten
wie die Trompeten von
Silber und/oder Messing
geführt, bedeckt mit reich
dekorierten textilen
»Paukenfahnen«.
Mitte rechts:
Infanterie-Trommel aus der
Zeit nach 1786
(Marienburg/Hannover)
Höhe 37,5 cm, Durch-
messer 38,5 cm, von Messing
mit Holzreifen. Das Regiment
ist nicht mehr festzustellen,
da die Reifen laufend
übermalt wurden: Farben
und Muster entsprachen
ursprünglich der Tambour-
borte, doch wurde später
überwiegend Rot oder – nach
Gardevorbild – rot-weißes
Zackenmuster gewählt.
Unten:
Die Paukenfahne (früher
Zeughaus Berlin) – hellblau
mit Silberdekor – stammt
offenbar von den Leib-
karabiniers (K 11).

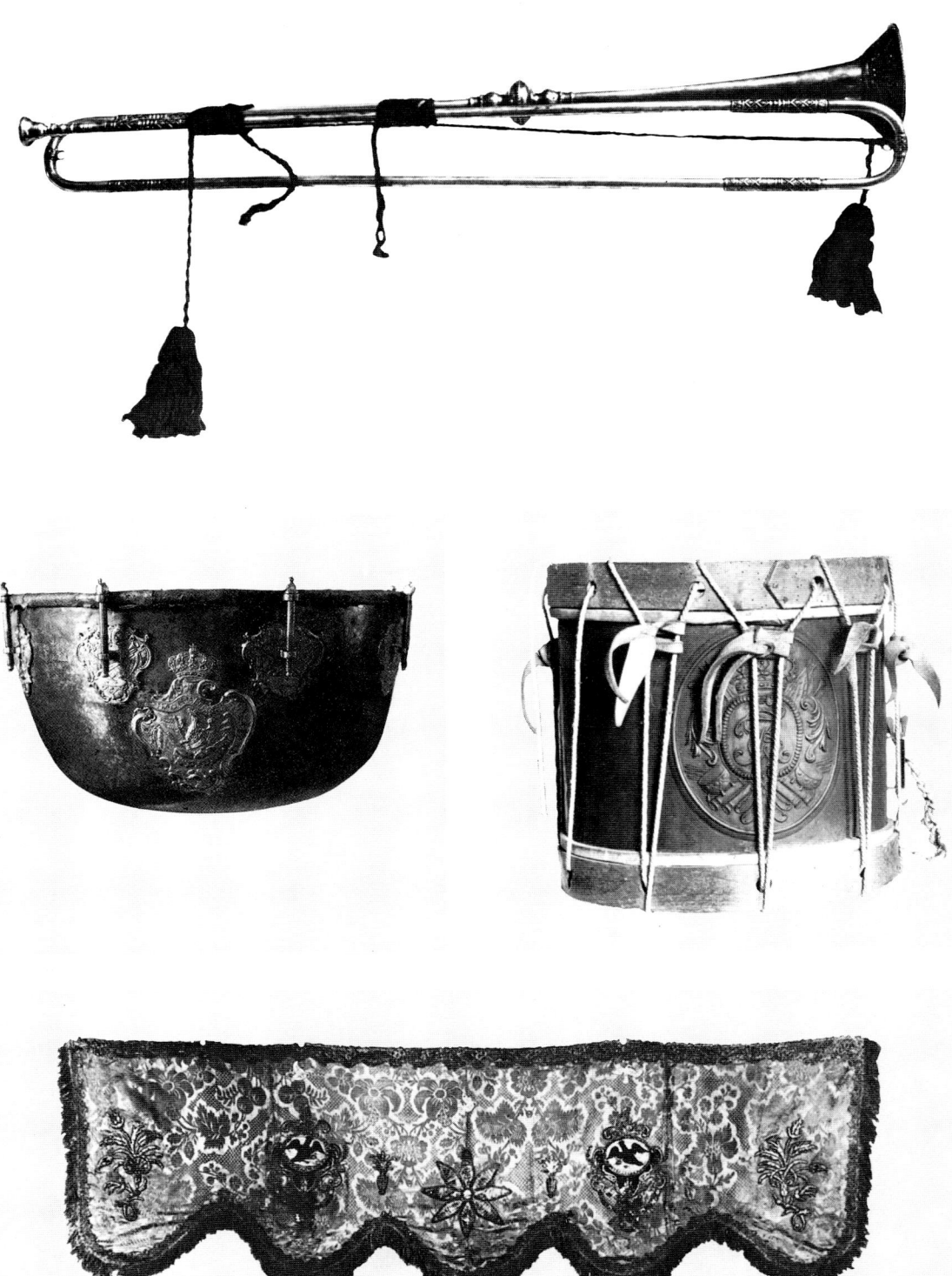

entalische Besetzung 1730 im sächsischen »Lustlager zu Zeithain« und führte sie 1740 bei der Artillerie ein. Von dort kam sie zur Infanterie und den Dragonern, von Chefs und Offizierskorps finanziert; offenbar wirkte diese Musik gegenüber den 32 dumpfen Trommeln des Regiments eindrucksvoller als das zarte Quieken der alten Holzblasinstrumente.

Die traditionelle Dienstpflicht der Tambours gegenüber den Truppenchefs wurde bereits erwähnt. Weiter hatten sie einst im Kampf die Verwundeten zu bergen, als Rest einer alten Unverletzlichkeit der Spielleute – auch den Parlamentär begleitete ja stets ein Trompeter oder Tambour; diese Sanitätspflicht erlosch aber mit dem Reglement 1726: erst siegen, dann helfen! Man brauchte die

Tambours im Gefecht, um die langen Linien gleichmäßig voranzubringen.

Besonderheit unter dem »Federvieh« waren die Mohren, meist als Pfeifer oder Pauker verwendet. Als Preußen 1718 seine westafrikanischen Kolonien an Holland abtrat, bedang sich der König 12 hübsche junge Mohren aus; er hielt bei der Garde in Potsdam über 30 davon, ließ sie – z.T. in einer besonderen Hoboistenschule – an verschiedenen Instrumenten ausbilden. Noch lange kommen sie bei »feinen« Regimentern vor, als Pauker bei der Kavallerie sogar noch bis 1914. Damals trugen sie als Kopfbedeckung den Turban, statt der Halsbinde den Halsring der Sklaven! Aber in Preußen war der von Silber und aufzuklappen; Sklaverei gab es hier nicht, im Unterschied zu den Westmächten.

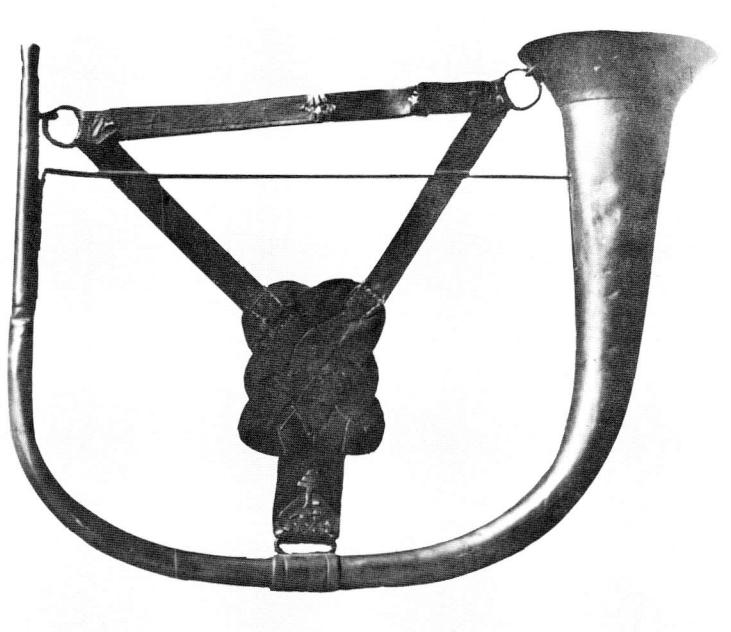

137

Bauten

Im ganzen ehemals altpreußischen Bereich bietet nur noch die Spandauer Zitadelle das leidlich ungestörte Bild einer friderizianischen Festung. Bei den meisten mischten sich ja ältere Bauelemente bereits mit Modernisierungen oder Ergänzungen; nur einige schlesische Plätze und ostpreußische Sperrforts waren friderizianische Neubauten aus einem Guß. Der Eindruck all dieser Anlagen ist meist düster, zumal wenn man sich die dunklen Kasematten als Quartier für die Besatzung schon im Frieden vorstellt.

Im norddeutschen Flachland bildeten von Wesel bis Memel die den Wällen vorgelagerten Gräben und Überschwemmungsgebiete einen wirksamen Schutz; in Schlesien gab es Bergfestungen wie Glatz oder Silberberg. Hauptfestung des Staates war Magdeburg, das ebenso wie Wesel, Minden, Küstrin und später Graudenz einen wichtigen Flußübergang deckte – Knotenpunkte der Monarchie, denn zumal Elbe und Oder bedeuteten im Frieden wie im Krieg Lebensadern des Handels wie der Heere.

Zitadelle Spandau (Fotos: Landeskonservator Berlin)

*Auf Seite 139:
Torgebäude (Kommandantenhaus) der Zitadelle*

Flacher Rundturm (Kavalier)
auf der Zitadelle

*Spandauer Kasematten-
gang
Auf Seite 143:
Potsdamer Militärbauten
(Fotos: Institut für
Stadt- und Regionalplanung
der TU Berlin)
Kaserne in der Garde du
Corps-Straße, erbaut von
Magner 1770
Ein Beispiel nüchternsten
altpreußischen Stiles, der –
unabhängig von oft auf-
wendigerer Gestaltung der
friderizianischen Zeit –
direkt in klassizistische
Formen einmündete.*

Spandaus Zitadelle dürfte wohl als einzige altpreußische Festungsanlage erhalten sein. Seit 1583 bot sie nicht nur im Kriege, sondern auch im Frieden Sicherheit für Staatsschatz, Archive und Staatsgefangene. Ihr Juliusturm ist als Synomym finanzieller Reserven noch heute im politischen Sprachgebrauch.

In den düsteren Gewölben lebten oft auch im Frieden Teile der Besatzung, aber vor allem Verbrecher, die »nach Spandau in die Karre« verurteilt waren –, nicht zu verwechseln mit »Festungshaft«, einer relativ leichten Strafe, die vor allem die Ehre des Betroffenen nicht berührte; diese Gefangenen waren meist in Häusern auf der Oberfläche der Zitadelle untergebracht.

An Garnisonbauten wie Kasernen, Lazarett, Monturkammer, Kommandantur, Wache u.ä. hatte sich in Potsdam ein wesentlicher Restbestand erhalten. Ab etwa 1770 ersetzte man ältere, z.T. nur notdürftig aptierte Gebäude durch Steinbauten, deren militärische Zweckbestimmung schon relativ früh stark klassizistische Züge ihrer Architektur hervortreten ließ.

Kasernen wurden – zunehmend ab Mitte des Jahrhunderts – vor allem für »Beweibte« erbaut; noch älter sind allerorts die Truppen- oder Garnisonlazarette. Auffallend wenig Raum beanspruchten die militärischen Behörden, um so mehr zumal in Festungen die Magazinbauten. Montierungskammern waren ursprünglich sogar verboten, setzten sich aber angesichts des offiziellen Bekleidungsüberflusses bald überall durch; allerdings wurden sie vielfach auf den Dachböden öffentlicher Gebäude wie Kirchen oder Rathäusern eingerichtet. Mit einem gewissen Aufwand stattete man zentrale Produktionsstätten aus, wie etwa in Berlin das Lagerhaus oder die Potsdamer Gewehrfabrik sogar mit architektonisch gestalteten Fassaden.

In den bürgerlichen Bereich greifen die sogenannten Halbkasernen über: zwischen zwei benachbarten bürgerlichen Häusern großen Stils entsteht ein schlichteres Doppelhaus für Soldaten, um auf diese Weise der auf allen Grundstücken liegenden Quartierverpflichtung nachzukommen.

Garnisonorte wurden gegen Desertion wie gegen Akzisebetrug möglichst

Halbkasernen am Kanal. Vornehme Häuser (links und rechts) genügten der auf dem Grundstück liegenden Einquartierungslast mit einer besonderen Dependance: Auf der Grenze zwischen zwei solchen Grundstücken wurden die beiden »Halbkasernen« (Mitte) als einheitliches Gebäude zusammengefaßt.

Exerzierhalle der Infanterie-Regimenter No. 1 und 23, Berlin, etwa 1800
Stich von Haas nach Serrurier
Jede wesentliche militärische Tätigkeit war noch im 18. Jahrhundert an leidliches Wetter gebunden: selbst Königsparaden fielen bei Regen aus. Als die Anforderungen wuchsen, entstanden große Exerzierhallen, in denen auch bei schlechtem Wetter ganze Kompanien gedrillt werden konnten.

Jägertor
(Foto aus Privatbesitz)
Die preußischen Stadttore des 18. Jahrhunderts – das Brandenburger in Berlin ist wohl das berühmteste – sind keine Wehrbauten mehr, sondern nur noch Durchlässe in jener Mauer, welche die Stadt umgibt, gegen Desertion der Söldner wie zur Einhebung der Akzise, also der Verzehrsteuer von ländlichen oder fremden Waren.

Auf Seite 146:
Direktionsgebäude der Gewehrfabrik, erbaut 1755 von Büring
Die auf dem Spandauer »Plan« gefertigten Gewehrteile wurden in Potsdam aptiert und montiert.
Im Gegensatz zum streng preußischen Stil der Fabrik selbst zeigt das Direktorgebäude die von Friedrich II. geliebte italienische Stilübung.

mit einer einfachen Mauer umgeben, von der heute dekorative Tore hier und dort erhalten sind – wie das kleine barocke Jägertor in Potsdam (1739) und die klassizistischen Brandenburger Tore in Berlin und Potsdam; das Nauener Tor in Potsdam wurde sogar schon 1755 auf »gotisch« frisiert.

Von den hölzernen Exerzier- und Reithäusern haben wir nur noch alte Stiche; ihre weitgespannten Konstruktionen setzten beste Zimmermannsarbeit voraus.

Verfolgt man dies Bauen durch die drei sich ablösenden Stilepochen des Jahrhunderts, so bleibt jenseits aller Verschiedenheiten doch der Eindruck eines eigenen preußischen Stils auch auf diesem Gebiet.

Persönliches Leben –
der einfache Soldat

Ein Soldatenleben führten nur die »Diensttuer«, also die Ausländer und jene Inländer, die in Ausbildung, als Unteroffiziere oder als »unsichere Kantonisten« ganzjährig bei der Truppe blieben. Auch von ihnen war ein Teil als sogenannte »Freiwächter« primär berufstätig innerhalb der Garnison; der Kapitän konnte sie beurlauben in dem Sinne, daß er ihre Löhnung einbehielt und sie vom Dienst entband, die sonn-

Der Infanterist erhielt pro Monat an Löhnung 2 Taler (48 Groschen), und zwar alle 5 Tage die bekannten 8 Groschen; für weitere 8 hatte der Kapitän die sogenannte Kleinmontur – vor allem Wäsche – zu liefern. Außerdem galt bei diesen Sätzen die Uniform schon als abgezogen, wurde also nach der Tragefrist Eigentum des Soldaten. Übrigens ging man im Rayon des Regiments bei entsprechender Witterung durchaus nicht in voller Uniform, sondern in Weste und Zeltmütze; Grenadiere und Füsiliere

Soldatentypen vom Infanterie-Regiment No. 18, gezeichnet um 1785 von Schadow (Foto, Archiv Bleckwenn) Der Hut des Musketiers zeigt die nach 1763 eintretende Abflachung der Vorderspitze als modische Wandlung – der Schluck aus der Flasche und die lange holländische Pfeife bleiben sich durch alle Jahrzehnte gleich.

1787 als Junker beim ersten Bataillon Garde in Potsdam: „Ich wohnte mit 5 Garde-Grenadieren auf einer Stube und schlief gleich ihnen auf einem Strohsack. Mit dem Essen machten wir zusammen Menage. Es bestand täglich aus einer großen Schüssel Gemüse mit wenigem Fleisch, wofür jeder einen Groschen erlegte… Von dem Ueberschusse wurde gewöhnlich Sonntags ein Braten gemacht."
Jahrbuch für Armee und Marine, Bd. 98, S. 4

tägliche Wacht- und Kirchenparade ausgenommen. Die verbleibenden Diensttuer hatten aber Anspruch auf zwei wachtfreie Nächte nach jeder Wache. Auch sie gingen in der Freizeit, also außerhalb der Wachtdienste und »Paraden«, auf Arbeit; beliebt waren Bau, Transportgewerbe und ambulanter Kleinhandel. Notfalls hatten Soldaten und ihre Familienangehörigen ein gewisses Vorrecht auf das Spinnen der Wolle.

Denn der Familienstand war erheblich: auf 100 Diensttuer kann man etwa 50 Frauen und 70 Kinder rechnen, in kleinen Gemeinden mehr als in größeren Städten. Garnisonschulen kamen erst in der 2. Hälfte des Jahrhunderts unter dem Einfluß neuer pädagogischer Ideen stärker auf. Im Kriegsfall oblag dem Staat der Unterhalt dieser Familien durch Lohnarbeit oder Unterstützung.

konnten privat auch einen Hut tragen.

Der Lebensstil des Rekruten, der wenig Zeit übrigbehielt, und des Arbeitslosen oder -scheuen war also dürftig. Für billiges Brot sorgte bei Teuerung der König; es gab 2 Pfund pro Tag gegen Abzug von 2 Groschen pro Löhnung. Einen billigen »Soldatentabak« – 5 Groschen pro Pfund – mußten die Pächter der Tabaksregie verfügbar halten.

Wer Bräker – der mit Recht sehr »dagegen« war – aufmerksam liest, wird bemerken, daß der ausgebildete Soldat jedoch, wenn er wirtschaftlich und fleißig war, ganz normal leben konnte. Man sah darauf, daß die Unverheirateten gruppenweise miteinander wirtschafteten, kochten usw. zwecks Ersparnis und zur Versorgung derer, die jeweils auf Wache mußten. Das Quartier war unentgeltlich; der Quartierwirt hatte auch das Bettstroh zu stellen.

Nahkampf der Fisch-
weiber – die Wache muß
eingreifen.
Zeichnung von T. A. E. Niegelssohn

Handwerk und Klein-
handel als Nebenerwerb
Stich aus den »Berliner
Kaufrufen« von Rosenberg,
um 1785
Die Uniform war dabei um
so weniger ein Hindernis, als
»Zivil« für Offiziere wie
Mannschaften nur mit einer
ganz speziellen Genehmigung
von höherer Stelle gestattet
war.

Bürschte wer kauft Bürschte.

Hygiene wurde, am Maßstab der Zeit gemessen, in Vorbeugung wie Behandlung großgeschrieben. Sauberkeit war Pflicht, Kampf gegen Ungeziefer selbstverständlich. Kranke betreute der Regimentsfeldscher, notfalls im Garnisonlazarett; er sollte möglichst erst als Feldscher bei der Garde gedient haben, wo die Könige auf Ausbildung und Sanitätspraxis scharf achteten, dann Theorie lernen im Collegium Medico-chirugicum (1724 gegründet) und Praxis in der Charité, seit 1727 Garnisonlazarett für

Berlin. Epidemien mußten alsbald dem König gemeldet werden, der mit Rat und Tat oder auch mit Strafen von Berlin aus eingriff – denn der Soldat war kostbar! Daß der Erfolg beschränkt, das Ansehen der Medizin entsprechend gering war, lag an den Grenzen der Zeit überhaupt.

Für Justiz und Strafvollzug gilt das gleiche, doch war die brutale Constitutio Criminalis Carolina von 1533, die in Österreich noch in der Theresiana von 1769 nachwirkte, in Preußen schon stark abgemildert. Neben Krummschließen

Soldatenstrafen, um 1770 Stiche von Chodowiecki Dem Soldaten Schläge mit dem Stock – dem Unteroffizier »Fuchtel« mit dem Degen. Beides galt nicht als ehrenrührig – Nachwirkung der ländlichen Feudalverhältnisse, die nur allmählich überwunden wurden.

und Eselsreiten als Prangerstrafen wurde das Gassenlaufen noch lange Zeit für ein unentbehrliches Disziplinarmittel im Sinne der Abschreckung gehalten: der Delinquent mußte mehrfach durch eine Gasse von bis 200 Mann gehen, die ihn mit Weidenruten auf den entblößten Rücken schlugen. Zuchthaus, Stockhaus und Arbeit als Festungsgefangener – »Karre« – machte den Mann grundsätzlich ehrlos, also zu weiterem Dienst untauglich. Todesstrafe wurde durch Hängen vollzogen, selten auch noch durch die früheren brutalen Methoden, doch war der Delinquent dann vorher unmerklich zu erdrosseln.

Unteroffiziere konnten außerdem degradiert werden; wo dem Gemeinen disziplinar eine beschränkte Zahl von Stockschlägen zuerkannt wurde, stand ihnen das »Fuchteln« mit der flachen Degenklinge zu.

Stets und somit auch für zivilrechtliche Angelegenheiten war Gerichtsstand aller Soldaten das Regiment – für Diensttuer und Beurlaubte noch selbstverständli-

Spießrutenlauf, um 1770
Stich von Chodowiecki
Diese ganz im Sinne der Abschreckungstheorie aufwendig-öffentliche Strafmaßnahme betraf vor allem das relativ kleine asoziale Element der Armee, das aber bei den diensttuenden Stämmen ganzjährig in Erscheinung trat. In fast allen Streitkräften des 18. Jahrhunderts erschienen solche Strafen erforderlich – man denke etwa an das weit brutalere Auspeitschen und Kielholen in den Marinen –, und sie haben sich dort weit länger als in Preußen gehalten.

Feldscher mit Klistierspritze und Patient
Plastik auf dem Garnisonlazarett Potsdam, von Benckert 1772
(Foto: Institut für Stadt- und Regionalplanung der TU Berlin)
Die Soldaten waren kostbar, die Maßnahmen zur Erhaltung ihrer Gesundheit wohl durchdacht und streng kontrolliert, aber auch die Militärmedizin konnte die Grenzen des Jahrhunderts nicht überwinden. Zumal im Feld war der Zustand der Lazarette international geradezu widerwärtig.

„Wird in Ostpreußen ein Junker geboren, so wirft man ihn für sechs Wochen in den Schweinekoben. Wenn er nach dieser Frist grunzt, bleibt er drin, wenn er lallt, kommt er nach Berlin ins Kadettenkorps."
Alter Armee=Scherz

cher als für die Enrollierten, denen dieser Rechtsstand ebenfalls eine entscheidende soziale Verbesserung bedeutete. Alle bedurften z.B. der Heiratserlaubnis durch ihre Vorgesetzten – worin sich übrigens Mannschaft und Offiziere gleichstanden.

Persönliche Verhältnisse – der einfache Offizier

Die Masse der Offiziere kam aus dem ländlichen Adel entweder als Junker (Gefreitenkorporale) beim Regiment

oder aus dem Kadettenkorps. Auch in den »Histörchen« der altpreußischen Armee steckt hinter maßloser Übertreibung ein Körnchen Wahrheit: die ländliche Erziehungsmisere auch beim Adel hatte 1717 die Gründung des Korps maßgeblich mitveranlaßt, wie auch die Voranstalten in Stolp 1769 und Kulm 1776 aus gleichem Grund eingerichtet worden sind. Aus diesem Korps sind von 1717 bis 1806 etwa 6 000 der rund 45 000 Offiziere zur Armee gekommen – als einheitlich geschulte Gruppe ein sehr wirksamer Anteil. Charakterbildung sollte bei ihrer Erziehung vor der fachlichen stehen; neben Leibesübungen wurden vor allem Mathematik, Französisch und Geschichte gelehrt.

Demgegenüber war die Erziehung des jungen Adels zu Hause ganz von Situation und Meinung der Eltern abhängig. Beim Regiment versuchte dann der Herr Feldprediger notfalls das Primitivste nachzuholen, aber mit dürftigem Erfolg; irgendein Nachweis von Kenntnissen wurde auch niemals gefordert.

Die Gefreitenkorporale taten Unteroffiziersdienst und rangierten nach Dienstalter, aber der Regimentschef war nicht unbedingt gebunden, wen er dem König vorschlagen wollte, wenn eine Stelle frei wurde.

Der große Augenblick kündigte sich meist an – gelegentlich dadurch, daß der Junker aus nichtigem Anlaß noch mal tüchtig gefuchtelt wurde, denn der Rükken des Offiziers würde tabu sein! Als auf der Parole verlesen wird, »... und geruht Seine Majestät, den Gefreitenkorporal von ... zum Fähnrich ...«, klappt dieser sein Notizbuch zu und meldet sich im Kreis der Offiziere: ein neues Leben hat begonnen. Leider ist es von Anfang an nicht sorgenfrei, denn woher das Geld für die »Equipage«, die Erstausrüstung, nehmen? Hat er Glück, ist eine solche mit der Stelle billig freigeworden; sonst Geld vom Vater? Oder Schulden schon zu Anfang.

Denn das Gehalt ist dürftig: 1743 erhält ein Fähnrich oder Second-Leutnant 11 Taler, der Premier-Leutnant 13½ Taler pro Monat; 1788 müssen 2 und 1805 nochmals 4 Taler zugelegt werden. Dazu kommen zwar 2 bis 3 Taler »Servis«, also Quartiergeld; abgezogen werden aber pro Monat 5 Taler zur Montierungskasse. Miete, Verpflegung, Bedienter etc. belasten den Restbetrag so, daß der junge Offizier ohne Zulage keinen gesellschaftlichen Verpflichtungen nachkommen kann – oder Schulden machen muß.

»Man kann sicher rechnen, daß von 100 jungen Edelleuten kaum 1 zum Obristen und von 120 faum einer es zum General bringt, wann er vom Junfer zu dienen anfängt. Wie sauer wird dies Brod verdient? und wie viele widmen sich diesem Stand, der so wenig Brod verspricht, bei welchem man noch dazu das väterliche Vermögen zusetzen muß.«
Aus dem Notizbuch eines Subalternen von Infanterie No. 34, um 1790

Entlassungs-Schein

Seine künftige Chance ist »die eigene Kompanie« mit ihren Nebeneinnahmen. Aber das Avancement ist langsam, wenn nicht der liebe Gott jenen »gelinden Krieg« beschert, um den ihn der Husarengeneral Belling noch im Alter täglich bittet. In die höheren Regionen gelangen aber nur ganz wenige; ein Subalterner hat eine entsprechende Rechnung mal mißmutig seinem Notizbuch anvertraut. Hat man Glück, bekommt man inzwischen ein wenig Zuschuß von der kleinen Klitsche zu Hause oder wenigstens freien Mittagstisch beim Kompanie- oder Regimentschef; sonst bleibt Schmalhans lange Jahre Küchenmeister.

An Heiraten ist kaum zu denken – nicht mal dann sicher, wenn man selbst (oder die Erkorene) etwas Vermögen hat oder »die Kompanie« erreicht. Der König ist dagegen! Schlechte Offiziere sollen sich auf den Dienst und nicht auf Familie applizieren, gute sind für den Dienst doppelt nötig! So gibt es Regimenter, zumal der Kavallerie, wo von etwa 35 Offizieren nur 2 verheiratet sind. Die Ablehnungen von Heiratsgesuchen – zumal durch Friedrich – sind Legion'; das arme Preußen fürchtet außerdem die moralische Verpflichtung, etwa Hinterlassene unterstützen zu müssen. Mit Jungen geht das noch – Kadettenhaus! Aber die Töchter? Und die Witwen? Friedrich Wilhelm II. richtet Pensionskassen ein, aber die Kalamität dauert abgeschwächt noch bis 1914 fort. Auch für den Offizier selbst besteht kein Pensionsanspruch, sondern nur bei Invalidität nach langer Dienstzeit vielleicht kärgliche Versorgung und bei besonderen Meriten selten einmal eine höhere »Pension«. Zu anderen Belohnungen wie Beförderung außer der Tour oder dem Orden Pour le merite gehört neben Verdienst auch das Glück, entsprechend aufzufallen; zwar sind damals alle Verhältnisse noch recht persönlich, aber der König ist doch nicht allgegenwärtig. Wer Abschied auf eigenen Wunsch erhalten hat, kann kaum je wieder zurück in die Armee, wovon u.a. Blücher von 1773 bis 1787 ein Lied singen lernte.

Die Strafen sind in erster Linie Ehrenstrafen; nicht so Arrest: den gibt es reichlich, und er wird meist fröhlich im Kameradenkreis auf der Hauptwache abgesessen, wobei man seinen Dienst nebenbei weiter tut. Ernsteres bringt Festungshaft, alles Ehrenrührige unbedingt Entlassung »schlicht« oder durch »Kassation«; Todesstrafe wird durch Erschießen oder Enthaupten vollstreckt. Nie und auf keinen Fall kann ein Offizier geschlagen werden; Literatur und Film unserer Tage verraten tiefste Unkenntnis der Struktur dieser Armee, wenn sie einen Offizier Spießruten laufen lassen – und noch dazu durch die eigene Kompanie.

Im Zwielicht blieb stets das Duell, der Zweikampf zwischen Offizieren. Durch Reglements, königliche Edikte und Kirche streng verboten und mit Strafe bedroht, wurde es doch stets vom Ehrenkodex verlangt, und wir sehen den Soldatenkönig selbst drauf und dran, sich mit einem Major wegen anzüglicher Reden bei Tisch zu duellieren. Also versuchte man es zu verbieten, notfalls nichts zu bemerken und bestrafte hart nur jenen, der allzu leichtfertig herausgefordert hatte. Selbstverständlich war dagegen, daß ein Offizier nach Ablehnung eines Duells nicht länger geduldet werden konnte.

Alles in allem: ein Leben für Menschen, die Ehre als Gewinn betrachteten – und genau das sollte es bezwecken.

Die Brüder des Königs

Der neue preußische Stil hatte auch vor des Soldatenkönigs eigener Familie nicht haltgemacht. Wen Einzelheiten interessieren, der findet sie ebenso exaltiert wie wütend in den Memoiren seiner Tochter Wilhelmine dargestellt – und nicht erst in der besonders bösartigen letzten Fassung.

Militärisch interessieren die vier Söhne, von denen zwei – Friedrich und Heinrich – den intellektuell beweglichen »Hannoveraner«-Typ zeigen, voller Einfälle, witzig bis zur Bissigkeit, lernbegierig und den schönen Künsten ergeben. Die beiden anderen waren biedere

»Märker« – insbesondere der jüngste, Ferdinand (1730–1813), den der Vater auch besonders liebte –, brav, tapfer, mit der für einen Prinzen des Hauses nötigen Neigung auch zum militärischen Detail. Er diente erst beim Leibkorps Husaren, dann bei der Grenadiergarde No. 6 und beim Kronprinzen-Regiment No. 15; dessen Rest wurde für ihn 1740 in der alten Garnison Ruppin als No. 34 wieder aufgefüllt. Daß er 1758 die Strapazen des Feldzuges nicht mehr vertrug, wird ihm bitter gewesen sein. Unter seiner späteren trockenen Pedanterie hat sein ältester Sohn Prinz Louis Ferdinand sehr geseufzt, in dessen Persönlichkeit wieder der andere Typ zur Geltung kam.

Tapferkeit war für Prinzen selbstverständlich; Vetter Heinrich von Schwedt versagt bei Mollwitz und wurde mit Verachtung aus dem Dienstbetrieb eliminiert. Aber es erstaunt, daß man ebenso selbstverständlich jeden Prinzen des Hauses auch für einen militärisch begabten Truppenführer hielt. Bei Ferdinand ist die Probe aufs Exempel nicht gemacht worden –, ein anderer hat sie auf tragische Weise nicht bestanden:

„Die Armee ift Kein bordel wohr man herein und heraus lauft hat er quitiret So hat er Keine ambition und dergleichen officiers Seind mihr ein Greül."
Randbemerkung Friedrichs II. auf ein Gesuch um Wiederanstellung

Auf Seite 154
Oben:
Offizier vom Leib-
Kürassier-Regiment (K 3),
um 1755
Gemälde eines unbekannten
Künstlers
(Lauterbach, Hohaus-
Museum)
Er trägt den weißen Gesell-
schaftsrock; zur Datierung
unbekannter Portraits gibt
die Frisur einen leidlichen
Anhalt.
Unten:
Offizier vom Husaren-
Regiment »Zieten« H 2,
um 1750
Gemälde eines unbekannten
Künstlers
(K. Borrmeister,
Berlin, Geh. Staatsarch.)
Wahrscheinlich der Ritt-
meister v. Seel(en), der
1758 bei Hochkirch fiel.

Prinz Ferdinand von
Preußen (1730–1813)
Stich von Haid
1734 dem Leibhusarenkorps
attachiert
1737 Fähnrich bei
»Kronprinz« No. 15
1740 Oberst und Chef von
No. 34
1756 Generalmajor
1757 Generalleutnant
1758 erkrankt, nicht mehr
feldfähig

August Wilhelm, Prinz von Preußen (1722–1758) Gemälde von Hempel (Potsdam, Schlösser und Gärten) Dienst bei »Kronprinz zu Pferde« K 2, dort 1730 Chef, außerdem ab 1732 auch Dienst beim Königs- regiment No. 6 als Subalterner 1738 Oberstleutnant 1742 Generalmajor und Chef auch bei No. 18 1744 zum Thronfolger erklärt 1756 General der Infanterie 1757 versagte er beim Rückzug nach Kolin als Führer einer Heeresgruppe und wurde nach Hause geschickt.

Der älteste Bruder des Königs, Prinz August Wilhelm (1722–1758) – seit 1744 als »Prinz von Preußen« zum Thronfolger designiert –, war in jeder Beziehung leichter veranlagt und hat dies Naturell auch seinem Sohn Friedrich Wilhelm (II.) vererbt. Militärisch zwar befähigt und interessiert, fehlte ihm doch die unter preußischen Verhältnissen be- nötigte und geforderte Konsequenz. So versagte er beim Rückmarsch nach Ko- lin, wurde von seinem Bruder in aller Öffentlichkeit »fertiggemacht« und nach Hause geschickt, wo er kurz darauf starb. Als Thronfolger hatte er je ein Küras- sier-Regiment (K 2) und eins der Infan- terie (No. 18) inne, deren Farben Kar- min/Silber und Rosa/Silber noch bis 1806 vom heiteren Rokoko-Gemüt des hohen Chefs zeugten.

Der Beachtenswerteste war Heinrich (1726–1802), dem König so ähnlich, daß er zeit seines Lebens Schwierigkeiten hatte, sich mit einer Nebenrolle abzufin- den. Auch er ging als Kind durch die Riesengarde und erhielt 1740 ein eigenes Füsilier-Regiment (No. 35). Daß er über diese Verhältnisse – sie haben ihn nie sonderlich gefesselt – als Feldherr weit hinauswuchs, wird sich noch zeigen.

Drei Brüder, drei Schicksale – so ver- schieden sie sind, beleuchten sie doch gleichmäßig die Möglichkeiten und Schicksale des Staates, dem auch sie zu dienen hatten.

Fürsten dienen –
Preußens Reichsgefolge

Auch als souveränes Königreich gehörte Preußen mit dem Großteil seiner Territorien unverändert zum Deutschen Reich, das zwar im Sterben lag, aber noch immer ein moralischer und politischer, gelegentlich sogar ein militärischer Faktor sein konnte. Friedrich betrieb eine Reichspolitik, die zielbewußt auf Stärkung der protestantischen Partei und Einschränkung der Zentralgewalt gerichtet war. Deren Inhaber Österreich wiederum hat im Siebenjährigen Kriege nicht nur die Reichsarmee als »eilende Reichshilfe« für Sachsen aufgeboten – der Druckfehlerteufel machte auf den Mandaten eine »elende« daraus –, sondern gegen Friedrich auch die Reichsacht verhängen lassen. Das endete tragikomisch: der preußische Gesandte am Reichstag ließ den Reichsnotar samt Urkunde die Treppe hinunterwerfen.

Die Söhne befreundeter Reichsfürsten waren in der Armee gern gesehen. Sie empfanden es als Ehre, der König als Politikum; man sah ihnen dienstlich nichts nach, sondern erwartete sogar, daß sie ihre Regimenter durch hübsche Rekruten aus ihren Stammlanden ergänzten. Ein Prinz des Hauses Hannover hätte natürlich nie daran gedacht – um so lieber die mit Hannover rivalisierende Welfenlinie Braunschweig-Wolfenbüttel: von 1740 bis 1806 hatte sie 9 Prinzen bei 8 Infanterie-Regimentern stehen – davon bei No. 39 von 1740 bis 1771 nacheinander 4, von denen 2 fielen; das Regiment war von Anfang an ohne Kanton, so sehr rechnete man auf Braunschweiger Rekruten. Zwei dieser Prinzen haben Kriegsgeschichte gemacht: Ferdinand als Führer der Westarmee 1758 bis 1762 und Carl Wilhelm Ferdinand als langjähriger Generalissimus, schließlich 1806 bei Auerstedt tödlich verwundet.

Eigenartig war das Verhältnis zum orthodox protestantischen Württem-

berg, dessen Landstände sich mit Erfolg ihrer katholischen Herzöge erwehrten. Von 1741 an schickten sie den Erbprinzen und vorsichtshalber auch gleich seine beiden Brüder zur Erziehung nach Preußen. Diese bevorzugten Dragoner-Regimenter; nur der spätere »Schiller-Herzog« Carl Eugen hatte Infanterie No. 46. Durch das »Renversement der Bündnisse« 1755/56 mußte Württemberg mit Frankreich gegen Preußen marschieren; zweimal erhoben sich die Truppen, aber vergeblich. Carl Eugen schied damit aus, doch sein Bruder Friedrich blieb und hat bei Hochkirch 1758 der Armee den Rückzug offenge-

Prinz Heinrich von Preußen (1726–1802) (Bayerische Staatsgemäldegalerien)
1735 Fähnrich beim Königs-Regiment No. 6
1740 Oberst und Chef von No. 35
1745 Generalmajor
1757 Generalleutnant
1758 General der Infanterie Dem kleinen Dienst ab-, den schönen Wissenschaften zugeneigt, erwies er sich 1759 bis 1762 unter schwierigsten Verhältnissen als Feldherr von höchstem Rang und Verdienst.

157

halten, nicht aber Kolberg 1761 vor der
russischen Übermacht retten können;
sein Sohn Ludwig war ab 1782 Chef eines Kürassier-Regiments (K 5).

Einen eigenartigen Charakter zeigte
Ludwig (IX.), Erbprinz von Hessen-
Darmstadt, der 1743 das Infanterie-Regiment No. 12 erhielt. Er war geradezu
ein Militärnarr mit einer unglaublichen
Liebe zu den Details – übrigens Großva-
ter mütterlicherseits Friedrich Wilhelms
III.! Auf Reisen beobachtete er laufend
die Armeen Mitteleuropas und füllte
ganze Meter dicker Notizbücher – eine
unerschöpfliche Fundgrube für Taktik
und Ausrüstung aller Staaten und Stät-
chen. Im Krieg hatte er wenig Glück:
1743 erfror er sich noch im französischen
Dienst vor Prag die Zehen, und 1757
nahm ihm ebendort eine Kanonenkugel
den Zopf weg. Das genügte! Er quit-
tierte, zumal der sehr kaisertreue Papa
nach Kolin dringendst darum ersuchte.
(Ab 1768 regierte er sein Ländchen sehr
pflichtbewußt, gab nur zuviel Geld für zu
viele Soldaten aus; er komponierte angeblich über 100 000 Trommelmärsche,
ließ etwa 10 000 Pappsoldaten bemalen
und aufstellen, fürchtete sich vor Ge-
spenstern und hat die Greuel der Französischen Revolution Jahre zuvor – er
starb 1790 – genau vorhergesagt.)

Taktische Ausbildung zum Gefecht

Noch immer waren die Regimenter – in
ihren Ergänzungsbezirken landsmann-
schaftlich verwurzelt – die größten Einheiten des Heeres; Brigaden, Divisionen
oder Korps kannte man im Frieden
nicht. Im Felde wie auch bei großen
Manövern wurden die Armeeabteilun-
gen je nach Zweck und ohne Schema zusammengestellt, wobei die Regimenter
nach der »Ordre de bataille« in
Schlachtlinie rangierten – möglichst nach
dem Rang der Inhaber, wobei rechts
besser als links und 1. Treffen besser als
2. galt; die weniger brauchbar erachteten
Füsilier-Regimenter kamen grundsätzlich ins 2. Treffen, die Grenadiere bildeten spezielle Angriffsverbände (Avantgarden) oder deckten die Flügel.

Denn die entfaltete Armeelinie
brachte zwar die Gewehre frontal zur
Wirksamkeit, blieb aber an den schmalen Flanken gefährdet, lud also zu Um-
gehungsmanövern geradezu ein. Neben
raschem, wohlgeordnetem Feuer in Abteilungen und ganzen Bataillonen, dem
»Chargieren«, wurde deshalb auch die
Manövrierfähigkeit geübt, um durch
schnelles Bilden, Verschieben und Wie-
derentfalten von Kolonnen dem Feind
die empfindliche Flanke »abzugewin-
nen«. Der Grundsatz, auf diesem Gebiet
das Schwerste zu üben, um des Einfachen
im Ernstfall sicher zu sein, ist in der
preußischen Armee aus jener Zeit beibehalten worden.

Ein Kavallerieführer, der sich stehend
vom Feind attackieren ließ, war erledigt.
Die Mauerattacke, also der Angriff langer festgeschlossener Kavallerielinien,
wurde über immer längere Strecken und
mit Wiederholungen geübt bis zur Erschöpfung von Mann und Roß. Die
Garde du Corps in Potsdam hat als Ver-
suchseinheit im Friedensjahr 1743 mehr
Leute verloren als in den beiden folgenden Feldzugsjahren.

Neuartig realistische Manöver prob-
ten den Krieg. Das bei Spandau 1753 mit
44 000 Mann wurde in Anlage und Ergebnissen streng geheimgehalten und
zusätzlich durch einen satirisch entstel-
lenden »Bericht« von der Hand des Königs verdunkelt. Bei der Infanterie erwuchs allerdings aus den Erfolgen zweier
Kriege und der erreichten Perfektion ein
gefährlicher taktischer Irrtum: der
Schnellangriff nur mit dem Bajonett,
ohne Feuern. Erst die Verluste von Prag
und der Mißerfolg von Kolin 1757 erwiesen, daß ein nichtbeschossener Gegner selbst doppelt effektiv feuern kann;
den Österreichern versagten bei Prag im
letzten Augenblick vor der Wucht des
Ansturms doch noch die Nerven – ein
Glücksfall! –, aber zugrunde ging jene
Elite der preußischen Infanterie, die man
in den Folgejahren nicht wieder ersetzen
konnte.

So kehrte man zum Angriff mit Feuern zurück. Allerdings beschränkte sich
nun das kunstvolle Chargieren mit Zü-

gen, die von den Flügeln nach der Mitte zu abwechselten, nur noch auf Situationen, die durch feindliche Kavallerie kompliziert waren; sonst krachten volle »Bataillons-Dechargen« von 600 und mehr Gewehren auf einen Schlag, wobei die Bataillone nun ähnlich abwechselten wie früher die Züge. 6 Dechargen hielt man für eine volle Dosis; nur Russen hielten auch das noch aus und mußten dann der Kavallerie überlassen werden.

Mit den Infanterielinien avancierten nun die Bataillonsgeschütze, 2 pro Bataillon; sie begannen das Feuer mit Ku-

geln auf etwa 1000 Schritt, gingen bei 400 Schritt auf Kartätschen über und begleiteten auf den letzten 200 Schritt das Feuer der Gewehre. Sie wurden im Gefecht von Menschen bewegt, nur die Kastenprotzen mit Munition – hierfür erfunden – bespannt nachgefahren.

Zum Peloton-Feuer im Avancieren betrug die Schrittfrequenz 35 pro Minute, und auch das nur Fuß vor Fuß, denn die Züge mußten ja nach dem Laden mit weit ausgreifenden Schritten wieder die Linie erreichen können. Die Normalfrequenz betrug 65 Schritt pro

*Marschkolonne und
Lager, um 1750
Deckfarben-Bildchen,
Künstler unbekannt
(früher Hohenzollern-
Museum Berlin)*

*Auf Seite 161:
Mannschaften vom
Infanterie-Regiment »Erb-
prinz Ludwig« (von Hessen-
Darmstadt) No. 12, um 1750
Gemälde von Petzinger
(ehem. Darmstadt, Schloß-
museum)
von links nach rechts:
Sergeant, Gemeiner und Kor-
poral der Grenadiere,
dann Unteroffizier und
Gemeiner der Musketiere –
alle in der Uniform, die bis
1752 getragen und dann an
das Magdeburger Regiment
No. 5 abgegeben wurde.*

Minute, jeder etwa $^2/_3$ Meter lang; vorm
Feind wurde zwischen den Bataillons-
salven mit etwa 100 Schritt pro Minute
und weit ausgreifend marschiert – dicht
vorm Feind Halt, eine letzte Salve und
dann mit gefälltem Bajonett hinein, unter Geschrei. Was sie riefen, wissen wir
leider nicht – vielleicht das ungarische
»hudri, hudri«?, denn »Hurra« lernten
sie erst später von den Russen.

Der Kommandeur konnte seine 100
bis 150 m breite Bataillonsfront eigentlich nur in Marsch setzen, bestenfalls das
Zeichen zu Salven und Bajonettangriff
geben, falls man dann noch auf ihn
achtete. Entscheidend waren die Zug-
führer in der Linie und der Takt der 16
Trommeln – vor allem aber die Erziehung zum Luftmachen nach vorn, zum
Angriff.

»Brüder, es geht ins Feld . . .«

Zum Blitzkrieg, der für Preußen geogra-
phisch wie materiell obligaten Form des
bewaffneten Konflikts, gehörte die rasche Mobilisation der Streitkräfte. Da
Ausrüstung, Gelder und Lebensmittel
stets bereitlagen, blieb die Einziehung
der Beurlaubten – vorgeschriebene
Höchstfrist 12 Tage – das Wesentliche;
verdüsterte sich die politische Lage, so
rief man »die Entfernten« zuerst ein.
Knechte und Pferde waren ebenfalls
schon zur Einberufung verzeichnet; die
Kammern und regionalen Artillerie-
Zeughäuser öffneten sich, und der
Marsch konnte beginnen.

Die Straßen waren schlecht, aber
breit; noch heute gibt es zwischen Berlin
und Potsdam unberührte Teile des alten
»Königsweges«. Man marschierte in

voller oder halber Zugbreite, also mit etwa 25- oder 12-Mann-Front. Sollte in Feindesnähe die Kolonne kurz gehalten werden, gebührte die Straße der Artillerie und den Bagagen, während Infanterie und Kavallerie daneben über die Felder zogen. Vor Wegengen oder Brücken verursachten Abbrechen und Wiederaufmarschieren erhebliche Aufenthalte, so daß 25 km pro Tag als gute Marschleistung galten. In Zwangslagen wurde weit mehr gefordert: Nachtmärsche vor Zorndorf führten zur Anweisung, die sonst stets gepflanzten Bajonette zu solchen Vorhaben künftig abzunehmen; immer wieder waren Leute im Marsch eingeschlafen und hatten stürzend andere verletzt.

Der friderizianische Soldat war durch Gepäck und Waffen ebenso belastet wie die Krieger aller Zeiten – das heißt bis an die Grenze der Einsatzfähigkeit; aber das Gepäck war für unsere Begriffe recht unpraktisch, denn erst 100 Jahre später kam man mit Hilfe des Arztes Virchow auf eine organische Verteilung der Last.

Schwierig war die Verpflegung: 3 Tagesrationen Brot à 2 Pfund führte der Soldat selbst mit, bis 6 weitere Rationen der Brotwagen der Kompanie. Ein besonderes Proviantfuhrwesen ergänzte den Brotvorrat aus den Feldbäckereien, die in der Etappe mit transportablen eisernen Öfen am Werk waren: 1500 Portionen pro Ofen und Tag: ein weiteres Fuhrwesen transportierte Mehl vom nächsten Magazin zur Feldbäckerei. Pro Woche wurde dreimal ein halbes Pfund Fleisch ausgegeben, vom Staat bezahlt, wozu die Truppe Vieh für etwa 10 Tage

„Jeder war bebündelt wie ein Esel, erst mit einem Degengurt umschnallt, dann die Patronentasche über der Schulter mit einem fünf Zoll langen Riemen; über die andre Achsel der Tornister, mit Wäsche und so weiter bepackt; item der Habersack mit Brot und anderer Furage gestopft. Hiernächst mußte jeder noch ein Stück Feldgerät tragen; Flasche, Kessel, Hafen, oder so was, alles an Riemen; dann erst noch eine Flinte, auch an einem solchen. So waren wir alle fünfmal kreuzweis über die Brust geschlossen, daß anfangs jeder glaubte, unter solcher Last ersticken zu müssen."
U. Bräker, Das Leben des armen Mannes in Tockenburg, 1756

161

„Wenn man eine Armee bauen
will, so muß man mit dem
Bauch anfangen, das ist das
Fundament." — „Ein Feld=
herr, welcher sich nicht genug
Lebensmittel verschafft, wird,
wenn er selbst größer wie
Caesar wäre, nicht lange ein
Held sein."
Friedrich II. „General=
prinzipien des Krieges" 1748

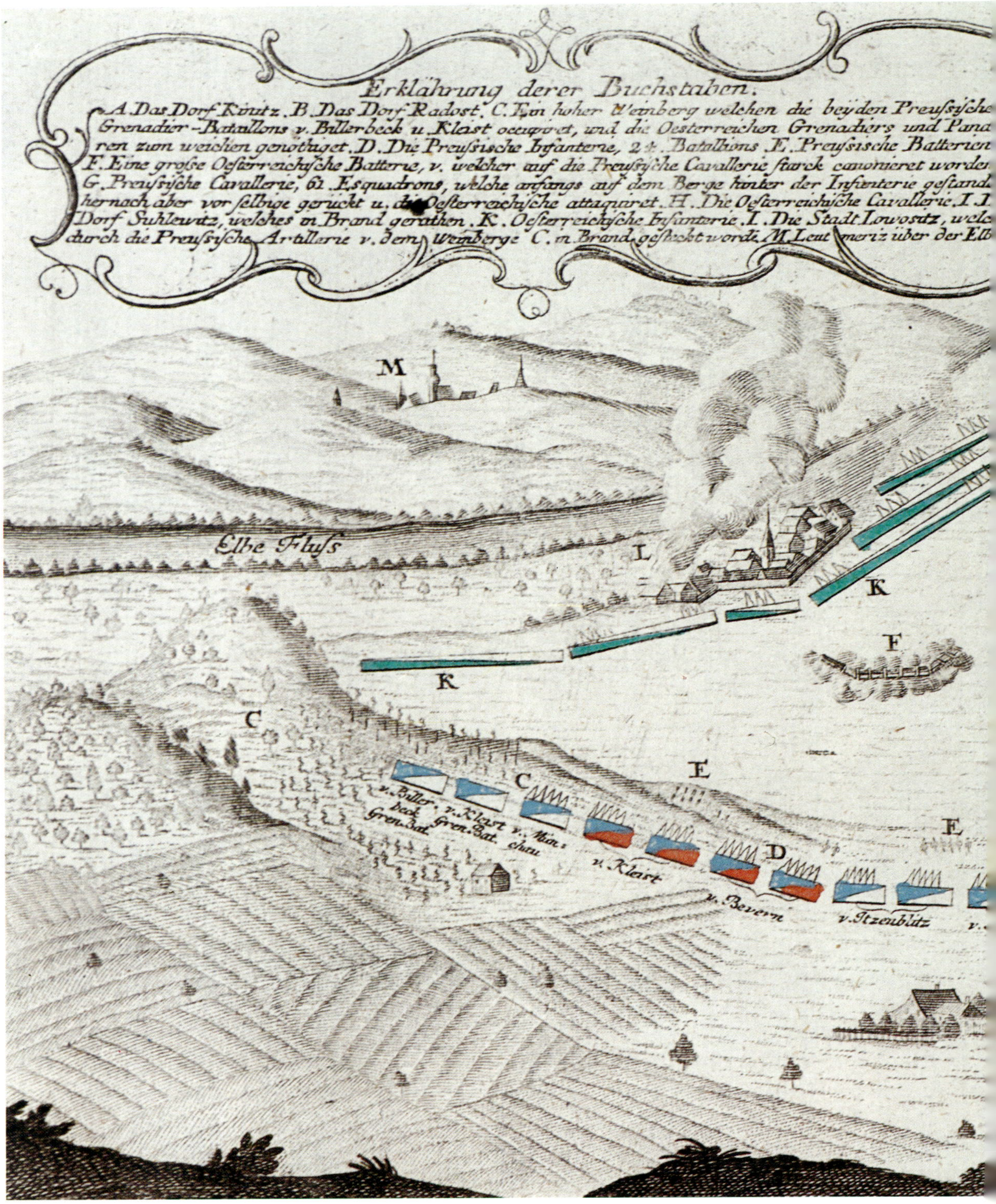

Offizier vom Infanterie-
Regiment No. 11, kurz nach
1750
Wachsfigur
(ehem. Zeughaus Berlin)
Die Figurenserie repräsen-
tierte früher einen Offizier
von jedem Regiment der
Armee; nur ein geringer
Rest der Figuren ist noch
erhalten. Die erst ab 1750
abgeschrägten Westen-
schöße geben das Datum.

Erklährung derer Buchstaben.
A. Das Dorf Könitz. B. Das Dorf Radost. C. Ein hoher Weinberg welchen die beyden Preußische
Grenadier-Batallons v. Billerbeck u. Kleist occupiret, und die Oesterreichen Grenadiers und Pan=
ren zum weichen genöthiget. D. Die Preußische Infanterie, 24. Batallons. E. Preußische Batterien
F. Eine große Oesterreichische Batterie, v. welcher auf die Preußische Cavallerie starck canoniret worden.
G. Preußische Cavallerie, 61. Esquadrons, welche anfangs auf dem Berge hinter der Infanterie gestand.
hernach aber vor selbige gerückt u. die Oesterreichische attaquiret. H. Die Oesterreichische Cavallerie. I. I.
Dorf Suhlewitz, welches in Brand gerathen. K. Oesterreichische Infanterie. L. Die Stadt Lowositz, welche
durch die Preußische Artillerie v. dem Weinberge C. in Brand gesteckt worden. M. Leut meritz über der Elb.

als Vorrat bei der Bagage mittrieb. Versuche, Fleischpulver zu konservieren,
schlugen 1756 und 1778 fehl.

Alles übrige hatte der Soldat selbst zu
kaufen auf Lagermärkten oder von den
zugelassenen Marketendern. Vom speziellen billigen Soldatentabak hatte die
staatliche Tabaks-Regie stets einen Jah-
resbedarf vorrätig zu halten.

Requisitionen aus dem Lande waren
der Truppe grundsätzlich verboten, denn
dies Geschäft sollte das Feldkommissariat rationeller und disziplinierter besor-

gen. So stand's auf dem Papier – aber die
Preußen waren dafür bekannt, daß sie –
ohne Eklat oder gar Gewalt – doch im
Vorbeigehen alles mitnahmen, was ihnen Eßbares vor die Finger kam; genüß-
lich berichten die Bräker, Dominicus,
Buhrmann und wie sie alle hießen, was
ihnen über den Weg lief. Gröbere Exzesse wurden scharf bestraft, insbesondere schon jede Entfernung von der
Truppe. Um so mehr bemühte man sich
– mit Erfolg! –, daß Löhnung, Brot,
Fleisch und nicht zuletzt Branntwein

No. 3.
PLAN
DER BATAILLE
welche den 1. Oct. 1756. von denen Kay-
serlich-Königl. Ungarischen und Königl.
Preußischen Armeen bey LOWOSITZ
in Böhmen geliefert worden.

Schlacht bei Lobositz
1756
Altkolorierter Stich aus einer
zeitgenössischen Folge
Es hat mehrere Serien solcher
Schlachtenstiche gegeben,
die in verschiedenen Ver-
lagen erschienen. Nur die
ersten Bilder dieser Folgen
versuchten, noch die
speziellen Uniformen der
Regimenter zu geben.
Die Darstellung des Geländes
ist oft unbeholfen und meist
ungenau.

„Heute besah der König von
jedem Batl.Garde einen ge-
packten Tornister, in solchem
war
1 Messer Löffel Gabel
1 Schuhe und Kleiderbürste
1 Buderbeutel und Kamm
1 Pr. Strümpfe u. Talglappen
1 Feldmütze
die Ermel tuchene
2 Unterhemde, 2 Collerets,
2 Pr. Vor Ermel
1 Aderlaßbinde,
2 Pr. leine Hosen
kein Spiegel und auch kein
Balbiermesser soll darinnen
sein. Die Feldscher sollen vier
Messer mitnehmen und sich
durch Bursche helfen lassen
balbiren. Die neue tuchene
Hosen werden auf die Wagens
mitgenommen. Die Bursche
sollen Salz mitnehmen."
Tagebuch v. Scheelen (No. 15 I)
23. VIII. 1756

selbst in Krisenzeiten regelmäßig flossen.

Ansätze zur Marsch-Hygiene sind er-
kennbar: frühes Obst und schlechtes
Wasser waren gefürchtet; letzteres
glaubte man durch Essigzusatz zu bessern. Statt der Wollstrümpfe marschierte
man im Sommer in Leinensocken oder
wickelte talggefettete Leinenstreifen um
die Füße.

Die Truppenbagage war äußerst beschränkt. Außer dem erwähnten Brotwagen hatte jede Kompanie einen weite-

ren Packwagen und 6 Tragpferde für die
Lagerzelte – dazu pro Bataillon einen
Kommandeurswagen und pro Regiment
einen für den Regimentsfeldscher. Jedem
Kompanie-Offizier stand ein berittener
Knecht zu sowie je ein Pack- und Reit-
pferd. Zum Kochen und Waschen waren
einige Soldatenfrauen zugelassen, die
auch marketendern durften.

So wälzte sich der preußische Heer-
wurm durch die Lande, wohlgeordnet
unter Trommelschlag und Gesang –
Choräle waren auch zum Marsch beson-

163

ders beliebt. Er kam unbelastet relativ schnell voran – den Einwohnern ohne Zweifel eine Plage, aber doch ohne jene Greuel des Dreißigjährigen Krieges, die im 18. Jahrhundert nur noch den wenigen Irregulären – zumal Rußlands – vorbehalten blieben.

die Pferde in 2 Reihen angepflockt.

Vor den Zeltreihen wurde die Front markiert durch 5 Leinen, deren jede zwischen 2 Zeltflaggen ausgespannt war; auf diesen Leinen hatte die Truppe im Alarmfall anzutreten. Schon damals wurde das geübt: aus tiefstem Schlaf bis

Lager

Gestattete es die Situation, so wurde im Felde zur Nacht oder zu längerer Rast das regelmäßige Lager aufgeschlagen. Je 6 Gemeine hatten ein kleines, je 5 Unteroffiziere ein etwas größeres rechteckiges Zelt; in den noch größeren Offizierszelten lagen die Subalternen einer Kompanie gemeinsam oder der Kompaniechef allein, und Funktionszelte wurden für die Fahnenwacht vor, für die Brandwacht hinter dem Bataillon oder Kavallerieregiment aufgeschlagen. Bei der Infanterie kamen auch die Gewehre unter kegelförmige, zeltartige »Gewehrmäntel«, während die Kavallerie Reitzeug, Gepäck und Waffen mit in die Mannschaftszelte nahm; sie waren dazu hinten zu einem runden »Schopf« ausgebuchtet. Die Zelte einer Kompanie oder Schwadron standen in Reihe rechts und links ihrer Gasse, die senkrecht zur Front lief, und bei der Kavallerie wurden in der entsprechend breiteren Gasse auch noch

zur Kampfbereitschaft 10 Minuten, möglichst noch weniger; in der Nacht von Hochkirch warfen die Überfallenen das Bandelier mit der Patronentasche über das flatternde Hemd. Vor der Mitte dieser Front standen die Feldzeichen gepflanzt, bei der Infanterie außerdem noch die Bataillons-Geschütze hinter einem kleinen Erdaufwurf. Zeltflaggen und Gewehrmäntel waren mit den Namen des Regiments und kriegerischen Emblemen bemalt; ursprünglich trugen auch die Zelte den Namen, später aber nur noch Nummern.

Entsprach dieses Gassenlager »en parade« dem dekorativen Ordnungssinn des Jahrhunderts, so war es doch für den preußischen Kriegsstil auf die Dauer zu umständlich. Um 1760 kommt die einfachere Form des Lagers »en ordre de bataille« auf: jede Truppe schlägt im Frontverlauf 3 Zeltreihen hintereinander auf mit nur geringen Kompanie- bzw. Schwadronsintervallen – die Offi-

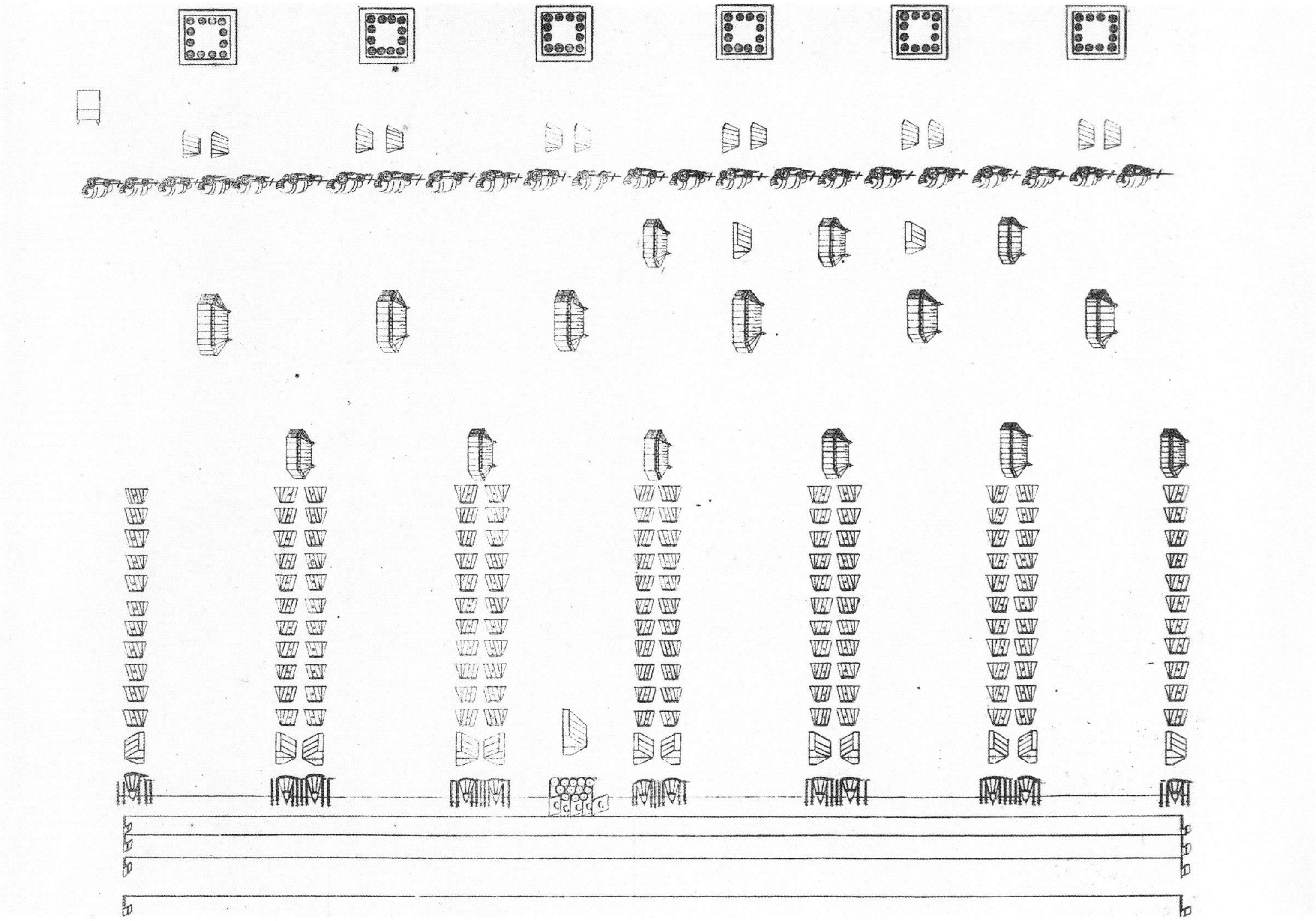

Lagerplan aus dem
Reglement für die Infanterie
1743
Stich
Der Plan zeigt das damals
noch allein übliche Gassenlager, später »en parade«
genannt.

Lager der Hessen-Darm-
stätter Grenadiergarde in
Pirmasens
Gemälde von Petzinger,
Ausschnitt (ehem. Darmstadt,
Schloßmuseum)
Landgraf Ludwig IX. von
Hessen-Darmstadt behielt
für seine kleine Armee sehr
genau die Formen seiner
preußischen Zeit (1743
bis 1757) bei. Wir sehen
Gewehrmäntel, dazu
Unteroffizierszelte (mit
geraden Wänden), dahinter
in Reihe die schrägen Zelte
der Gemeinen.

165

166

Tableau der preußischen
Armee, um 1770
Gemälde von Petzinger (?)
(ehem. Darmstadt, Schloß-
museum)
Übersicht aller Mannschafts-
uniformen, wobei auch die
Kriegsformationen
1756/62 einbezogen sind.

167

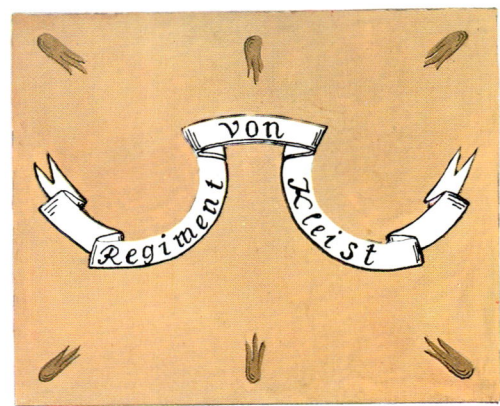

*Lagergerät der Armee,
um 1740/50
Graphische Wiedergabe durch
F.-G. Melzner nach den
Mustertafeln der privile-
gierten Firma Reichenstein
(früher Zeughaus Berlin)
Lagerfähnchen (Feldflaggen)
für No. 15 (vor 1740),
15¹, 18, 19, 26 und 37;
Trommelüberzüge für No. 15
(vor 1740), 15¹, 19 und 38*

zierszelte dahinter, die Feldwachen da-
vor.

Über die verschiedenen Zeltmodelle
sind wir nur durch einen Beutebestand
unterrichtet, der sich auf einem österreichischen Schloß erhalten hat; das Regiment des Besitzers erbeutete die Zelte
1758 bei Hochkirch, und seine Nachkommen haben sie eineinhalb Jahrhunderte lang als Jagdgarnitur benutzt.

Das ganze System hat etwas recht
Sommerliches an sich und entsprach damit der ursprünglich bedächtigen Kriegführung des Jahrhunderts, welche die
Truppen im Winter in Ortschaften einquartierte – möglichst im Schutz einer
Winterkonvention, also eines Waffen-
stillstands. Der Existenzkampf Preußens
hat auch diese Praxis rauh durchbrochen: von 1757 bis 1760 fielen alljähr-

lich die letzten Entscheidungen erst im November oder Dezember, und im harten Winter 1759/60 haben beide Gegner in einem Lager durchhalten müssen, dessen Unzulänglichkeit schwere Opfer forderte.

Sieben Jahre Feuerofen –
Zerreißprobe, Bewährung und Opfer

Die Armee von 1756 war wohl die beste, die Preußen je besaß. Mannschaft wie Offiziere hatten überwiegend Felderfahrung – nur Siege, keine Niederlagen, und im Jahrzehnt des Friedens war unablässig der Ernstfall geprobt worden.

Die Wechselfälle des Siebenjährigen Krieges haben aber trotz hoher Durchschnittsleistung eine sehr verschiedene Qualität der einzelnen Regimenter ergeben. Schon 1757 hat der Stabschef des Heeres, General v. Winterfeld, die Kampfkraft der schlesischen Infanterie bezweifelt; die neue Provinz hatte sich noch nicht ins Heer eingewöhnt, und die katholischen Oberschlesier neigten zu Österreich, so daß eins ihrer Regimenter bei Prag 1757 sogar zum Feind überging. Die Ostpreußen erwiesen sich den Russenschlachten auf die Dauer nicht gewachsen; außerdem hatten sie seit 1758 ihre Kantons durch russische Okkupation der Heimat verloren.

Die Last des Krieges lag auf den Märkern, Pommern und »Magdeburgern«, aber auch hier gab es Unterschiede: glänzende, formal bestgedrillte Fürsten-Regimenter wie »Alt-Bevern« (No. 7, Stettin), »Hessen-Darmstadt« (No. 12, Uckermark) oder »Fürst Moritz von Anhalt« (No. 22, Stargard) konnten jene Krisen nicht verkraften, nach denen sich minder gedrillte, aber eigentlich erzogene Einheiten rasch wieder fingen – meist geführt durch Chefs, die durch Leistung und nicht durch Geburt berufen waren. So fand die humane Schule Schwerins noch nach seinem Tode Bestätigung; sein eigenes Regiment wurde bei Prag, Kay und Kunersdorf sehr stark mitgenommen und hielt doch durch bis zum Ende – ebenso das Berliner Regiment No. 19 ungeachtet Hochkirch und Kunersdorf.

Den besten blieben allerdings die Russenschlachten – dieses Inferno von Hitze, schwersten Verlusten und Vergeblichkeit – erspart, zunächst durch Zufall, später offenbar planmäßig. Der König verheizte dort die zweite und dritte Garnitur. Wider Erwarten bewährte sich allerdings bei Kunersdorf das schlesische Regiment No. 31 so, daß es von da an als zuverlässig galt.

Bei der Kavallerie gab es zwar beste Regimenter, aber keine eigentlich schlechten: der Reiter konnte sich den Katastrophen leichter entziehen. Sie ergänzte sich außerdem stark aus Freiwilligen, und selbst die Schlesier »bissen zu«, wie etwa das Muster-Regiment der Seydlitz-Kürassiere (K 8, Ohlau). Bei den Husaren bürgte aus gleichem Grund die Gattung für Qualität, und die technischen Truppen taten, was man von ihnen füglich verlangen konnte – ungeachtet schwerer Rüstungsfehler, auf die wir noch zurückkommen.

Die blutigen Verluste in den großen Aktionen waren hoch: bei Zorndorf ein Drittel, bei Torgau 40 % (Infanterie über 50 %). Dabei war auch die Sterblichkeit der Verwundeten in den Lazaretten erschreckend: nach Torgau starben in acht Wochen 2 000 von 9 500, vor allem wohl an Wundstarrkrampf. Dazu kamen noch

Soldaten im Zelt, um 1760
Stich der Zeit (Frankreich)
Die preußischen Zelte waren etwas kleiner, dafür nur mit höchstens 6 Mann belegt, die dort aber ähnlich dicht lagen. Auch hatten die preußischen Zelte je zwei große Decken: eine auf dem Lagerstroh, die andere zum Zudecken; sie waren eingeführt worden, als die Infanterie bald nach 1713 die Mäntel verlor und die Röcke enger wurden.

169

die Verluste durch die Lagerseuchen wie Fleckfieber, Ruhr u.a. außerhalb der Kampfhandlungen – eine wahre Bilanz des Schreckens. Das preußische Lazarettwesen war zu dieser Zeit nicht mal besonders schlecht, aber die Medizin des Jahrhunderts war solchen Verhältnissen um so weniger gewachsen, als eine notgedrungen hektische und oft geradezu verzweifelte Kriegführung auf Schonung der Truppen nicht immer bedacht sein konnte.

Die prozentualen Verlustziffern einzelner Einheiten dürften auch 1914/18 selten erreicht worden sein. Beim pommerschen Infanterie-Regiment No. 8, das zur Spitzengruppe der Armee gehörte, wurden für 1756 bis 1763 listenmäßig verzeichnet bei einer Etatstärke von rund 50 Offizieren, 120 Unteroffizieren und 1 800 Mann:
tot und an Wunden gestorben
     35 Off., 57 Uoff., 1 639 Mann
verstorben an Krankheiten
     2 Off., 22 Uoff., 1 091 Mann
Summe: 37 Off. 79 Uoff. 2 730 Mann
Daneben sind die Zahlen der Verwundeten nur für die Offiziere mit 22 sicher bekannt, während 80 Unteroffiziere und 1 700 Mann Verwundeter nur einen

Bruchteil darstellen. Die Einheiten wurden also mehrfach völlig erneuert.

Das ostpreußische Regiment No. 2 (Königsberg) registrierte bei gleichem Etat einen absoluten Verlust – also ohne Versetzungen oder Abgaben zu anderen Truppen – von 34 Offizieren, 112 Unteroffizieren, 3 740 Mann.

Als die Armee heimkehrt, bestehen die alten Feldregimenter überwiegend aus Inländern: Preußens Bauern haben den stillen Kontrakt mit der Krone voll und ganz erfüllt und ihre Freiheit redlich bezahlt.

Grenadiere
Drei Truppengattungen bewähren sich in diesen Jahren besonders: erneut die Grenadiere, erstmals die Husaren, und für die Zukunft meldet die Artillerie den Siegeszug der Technik auch für das Kriegswesen an.

Preußische Grenadiere sahen wir bereits zur Zeit des ersten Königs in Aktion. Ihre zum Granatwurf notgedrungen statt des Hutes getragene Mütze hatte sich merkwürdigerweise konfessionsbedingt entwickelt: protestantische Heere bevorzugten die Blech-, katholische die Bärenmütze.

Friedrich II. führt die Grenadiere der Avantgarde durch die Torgauer Heide gegen die österreichischen Stellungen, 3. XI. 1760 Populärer Stich von Haas 1794 Stiche zur Verherrlichung des Königs erschienen nach 1786 wie Pilze nach dem Regen. Diese ganze »Post mortem-Produktion« ist im Detail ohne Bedeutung, spiegelt aber sehr wohl die Trauer und Verehrung seines Volkes – vielleicht auch die Unsicherheit, ob seine Nachfolger ihm ebenbürtig sein würden.

Als man in Preußen ab 1735 die Grenadiere dauernd in besondere Kompanien zusammenfaßte, erreichte auch ihre Mütze die letzte Vollkommenheit: die ursprünglich dem Tuch nur aufgelegten Metallembleme ergaben nun ein komplettes Vorderblech, das bei jedem Regiment ein eigenes Muster zeigte.

Die Handgranate warfen sie zu dieser Zeit nur noch im Belagerungskampf, aber sie waren eine Elite geblieben, weil sie sich seit jeher nur aus bereits gedienten Leuten, nicht aber aus Rekruten ergänzten. So finden wir ihre 29 Bataillone – in jedem »schwadronierten« die Grenadiere zweier Regimenter – in Friedrichs Kriegen immer dort, wo Gefahr drohte oder Entscheidung winkte: auf den empfindlichen Flügeln der linearen Schlachtordnung oder als »Avantgarden« im Sturm auf wichtige Punkte der feindlichen Stellung. Sie bringen dabei oft vernichtende Opfer, wie bei Torgau 1760.

Die bravsten der Braven aber waren bezeichnenderweise die Grenadiere der mißachteten und vernachlässigten Garnisontruppen. Ihre Stammtruppen wurden aus Halbinvaliden und jenen Dienstpflichtigen gebildet, die zu klein waren zur Handhabung des normalen Gewehrs, also mangels Armspannweite nicht rasch genug laden konnten; für die Verteidigung der Wälle mochten sie mit kürzeren Gewehren immerhin genügen. Auch aus ihnen schied man jedoch Grenadiere aus, in der richtigen Erkenntnis, daß Ambition und Wille im Einzelfall den körperlichen Mangel ausgleichen können. Diese Garnison-Grenadier-Bataillone wurden schon im Frieden von ihren Stammtruppen völlig abgetrennt und nach »Feldfuß« bezahlt, ernährt, gekleidet und geachtet; so schlugen sie sich mit der verzweifelten Tapferkeit derer, die ihren sozialen Aufstieg zu beweisen und zu verteidigen hatten.

Angesichts des Rufes der Gattung hat man 1787 die Grenadiere verdoppelt, so daß sie nun in jedem Regiment ein eigenes Bataillon zu 4 Kompanien bildeten. Es erwies sich, daß der militärischen Auslese Grenzen gesetzt sind: sie entzogen nun den Stammtruppen allzuviel gute Substanz und konnten doch den elitären Leistungsstand nicht halten; sie haben ihn auch bis 1806 nicht wieder erreicht, obwohl man die Verdoppelung 1798 rückgängig machte. Trotzdem behielt der Name seinen Klang: die 11 »al-

Ausmarsch der Öster-
reicher nach der Kapitulation
von Breslau, 21. XII. 1757
Gemälde des (unbekannten)
»Breslau«-Malers
(früher Breslau, Provinzialmuseum)
Das künstlerische Erbe aus
Altdorfers »Alexander-
schlacht« verebbt in simplen
und doch geschichtlich
beachtlichen Bildern wie
denen des Breslauer Augen-
zeugen. Die Details sind
historisch von Wert, wie
etwa der Mohrenpfeifer der
Garde (s. Skizze), die
Offizierspferde, Hoboisten
im Mittelgrund, die österreichischen Fahnen – neu
auch für Kenner.

172

ten« Regimenter der neupreußischen Armee hießen bis 1918 »Grenadiere«, und in aller Welt bezeichnet der Name nach wie vor Garden oder sonstige Elite-Einheiten.

Husar und Ulan – Reiter aus dem Osten

Der berittene »20. Mann«, aus dem im Westen der Ritter wird, ist im Osten – auf ungarisch – der »Husar«: auch er ursprünglich adlig und in Rüstung, aber stets auf dem ukrainisch-wallachischen Pferdeschlag leicht beritten: so tritt er in den Gesichtskreis Europas als »flüchtiger« Reiter ein. In Pelzwerk gekleidet, mit Federn geschmückt und mit dem gebogenen Säbel ausgerüstet, wird er zum Begriff, als Mitteleuropa mit ungarischer und polnischer Hilfe im 17. Jahrhundert die Türken abwehrt.

Ungarns Husaren sind zunächst die leichten Reiter schlechthin – des Kaisers, dann auch Frankreichs und schließlich aller Armeen. Dabei löst sich der militärische Begriff vom nationalen, doch hat gerade Preußen noch lange Zeit Wert auf Nationalungarn gelegt, von denen die Protestanten als Verfolgte habsburgischer Intoleranz gern im Ausland dienten.

Leider war die erste Erfahrung übel: eine der beiden 1721 errichteten Kom-

panien fügte sich dem strengen Dienst nicht ein, sondern desertierte alsbald mit Sack und Pack über die ostpreußische Grenze. Trotzdem gefiel dem Soldatenkönig 1730 das Leibhusarenkorps seines Ansbacher Schwiegersohnes, und alsbald steht ein »Leibkorps« auch in Berlin. Später haben die Ostpreußen das grüne Husarenregiment formiert, das Leibkorps die berühmten Zieten-Husaren, bei ganz unveränderter Uniform. Ab 1740 folgten ihnen in wenigen Jahren 6 weitere Regimenter, schillernd in allen Farben der Palette.

Diese Farbenpracht war Symbol: stets blieben die Husaren in Preußen eine lebendige Besonderheit. Die Aufgaben der leichten Reiterei – wie Aufklärung, Sicherung, Streifzüge des kleinen Krieges – erforderten Soldaten von Treue und Ehrgeiz, die auch ohne feste taktische Formation und Aufsicht ihre Pflicht taten. So ergänzten sie sich folgerichtig ebenso durch Freiwillige wie das Jägerkorps, mit dem sie gemeinsam im Frieden um die Garnisonen, im Felde aber um das Lager jenen Cordon zogen, der sich auch nach innen gegen die Desertion aus den eigenen Truppen richtete.

Andererseits waren Preußens Husaren lange Zeit als einzige in Europa auch ausgebildet zum Angriff in geschlossener Formation – und Österreichs stolze Kürassiere fühlten sich recht indigniert, als sie sich von diesen windigen Burschen attackiert und – leider – gelegentlich geworfen sahen.

Die vielfältigen Aufgaben erforderten entsprechend gewandte Anführer, und so galt bei dieser Waffe zwar ungarische Herkunft viel, aber adlige Geburt gar nichts. Sie hatte alsbald zahlreiche bürgerliche Offiziere und zumal im Siebenjährigen Kriege viele Freiwillige, die von der Pike auf versuchten, durch besondere Leistung Offizier zu werden – Studenten, »Kaufmannsgehilfen« und Bauernsöhne –, und bei Torgau sah man einfache Husaren die zersprengte Kavallerie sammeln und anführen. Vielleicht waren es Vorläufer der Freiwilligen von 1813? – jedenfalls hat eine ganze Reihe von ihnen hohe Ränge in der Armee erreicht.

Ihre Uniform bleibt orientalisch nach Schnitt und Bezeichnung: Pelz – auch Mente/Mantel genannt – und Dolman werden mit Schnüren und Knöpfen geschlossen und geschmückt. Ihre Pelzmütze entwickelt sich aus der Zipfelmütze – Schwester der Grenadier-Bärenmütze –, während die ursprünglich nur im Sommer getragene Filzmütze ebenso eigenständig ist wie ihre Sitte, entgegen europäischer Herrenmode »rechts über links« zu knöpfen.

Auch die östlichen Lanzenreiter – Ulanen oder speziell in Preußen zunächst

Idee, alte Greuel zu wiederholen. Schon das Gerücht von der sich in Polen sammelnden Reiterarmee genügte, daß die Berliner in Bürgerkompanien zusammentraten und alte Schanzen und Mauern wieder instand zu setzen versuchten; denn die Feldarmee war leider in Schlesien beschäftigt. Aber die Berge gebaren eine Maus: der sächsische Kammerherr, der die Löhnung für die wilden Reiter nach Polen bringen sollte, fand die Warschauer Spieltische angenehmer, und auch hier galt: kein Geld, keine Tataren! Und fast alles verlief sich.

Riß einer sechspfündigen Kanone, 1768 Zeichnung der Zeit (Rastatt, Wehrgeschichtliches Museum) Es handelt sich zumindest bei der Lafette um eine Konstruktion nach 1763: die untere Begrenzungslinie der Lafettenbohle ist gerade, nicht mehr »gebrochen«.

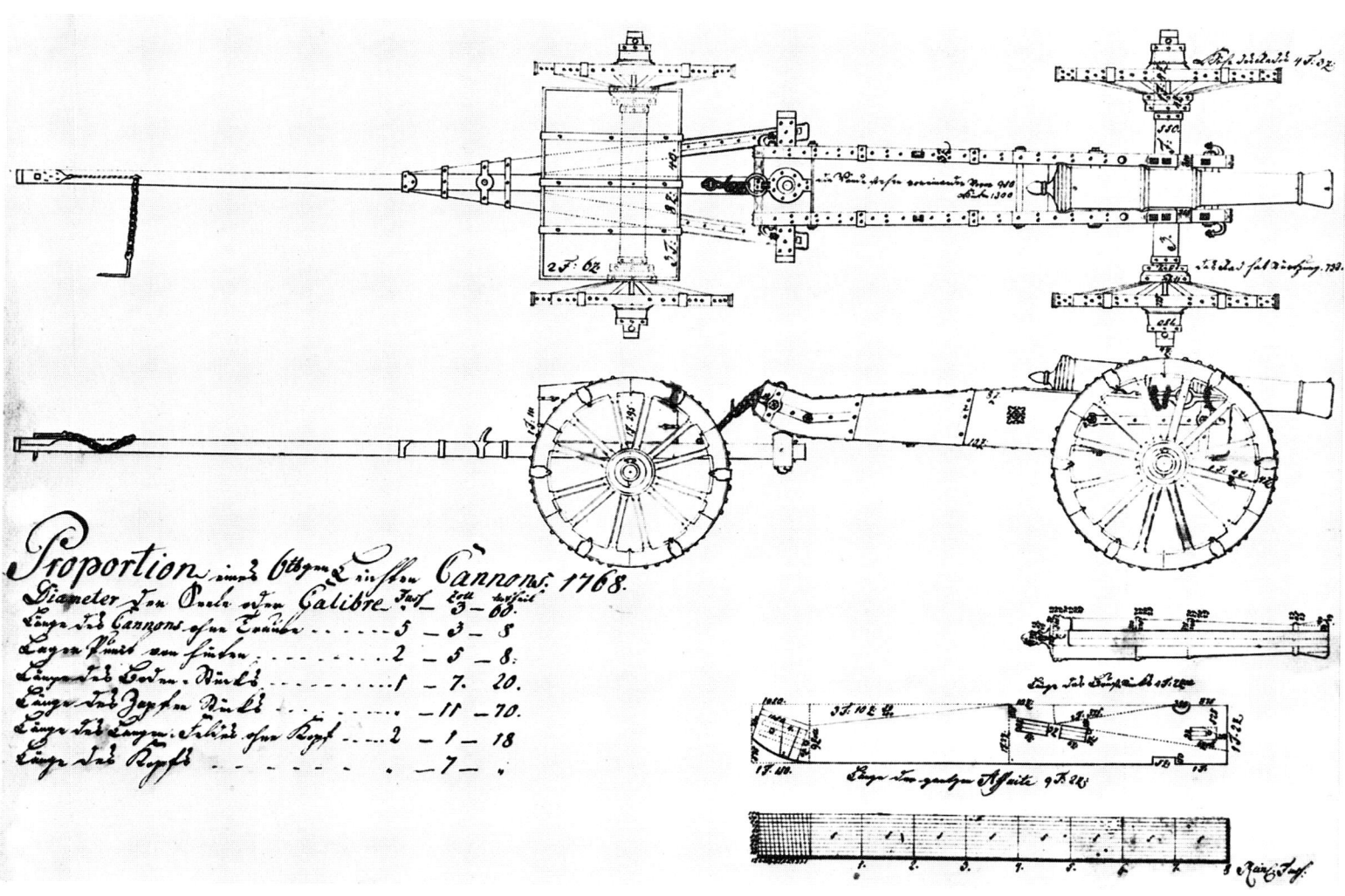

Bosniaken genannt – haben getrennte Sommer- und Winterkleidung. Ihre lange, weite Katanke wie der anfangs getragene Turban weisen in den Südosten, und von dort sind sie auch auf skurrile Weise nach Preußen gekommen.

Der noch immer wirksame »Tatarenschrecken« brachte 1745 den feindnachbarlichen Kurfürsten von Sachsen, der zugleich König von Polen war, auf die

Fast alles, denn der bosnische Juwelenhändler Stefan Serkis hatte in der Hoffnung auf fette Beute sein Privatvermögen in eine »Fahne Bosniaken«, also eine Schwadron leichter Lanzenreiter, gesteckt. Angesichts des drohenden Ruins bot er sein ganzes Unternehmen rasch dem König von Preußen an; den er eben noch hatte ausplündern wollen; der verstand Spaß, und Serkis ging mit sei-

175

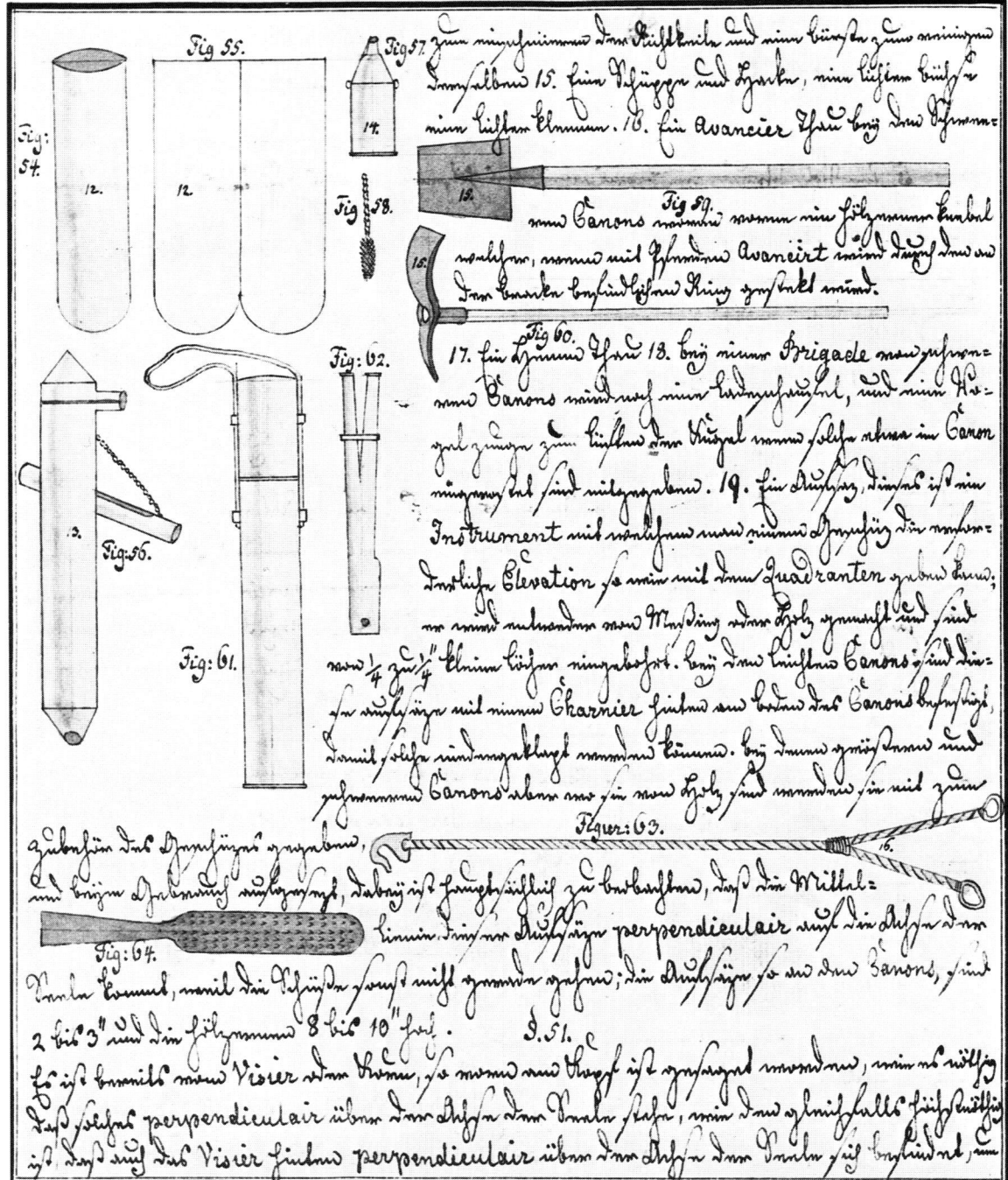

*Geschütz-Zubehör,
um 1780
Seite aus dem »Artillerie-
Collegium« des Bombardiers
Braatz, 1782
(Archiv Bleckwenn)
Jeder Bombardier hatte
Winterkurse zu absolvieren
und über deren Stoff ein
»Collegium« zu fertigen, das
vor Beförderung zum
Offizier vorzulegen war.
Braatz brachte es noch bis
zum Kapitän; 1807 verfehlte
er mit seiner Batterie im
Schneegestöber den Weg aufs
Schlachtfeld von Preußisch-
Eylau und wurde »kassiert«.*

*Auf Seite 177
Exerzieren mit der
bespannten zwölfpfündigen
Kanone
Aus einer Folge kolorierter
Stiche des Bombardiers
Gleim, 1804
Der Chef des Feldartillerie-
Korps ließ die Stiche fertigen
als Illustration zu einem
Exerzier-Reglement, dessen
Text gelegentlich erwähnt
wird, aber verlorenging.
Die Folge ist die einzige
bekannte bildliche Dar-
stellung des Manuals und der
Exerziermanöver der alt-
preußischen Artillerie (vgl.
auch S. 185).*

nen Bosniaken, Türken und Armeniern bei ausbrechendem Frieden nach Goldap in Garnison. Dort hat die Truppe folkloristische Spuren und nette Geschichtchen noch bis ins 20. Jahrhundert hinterlassen – wie etwa jene vom türkischen Offizier, der mit einer Dienstmagd Zwillinge zeugte: das Konsistorium Lyck erwog, das Mädchen wegen fleischlichen Umgangs mit einem Heiden zu verbrennen, aber der Leutnant schrieb an den König, und die geistlichen Herren wurden sehr drastisch zurechtgewiesen, während ihm selbst allerhöchste Erlaubnis erteilt ward, kleine Heiden zu machen, soviel er wolle. Mit orientalischer Höflichkeit lud er nun das Konsistorium ein, sich die Beschneidung der kleinen Mohammedaner anzusehen.

1757 platzte die Idylle; aber als die Russen kamen, erwies sich, daß allein die letzten 17 Bosniaken in der Lage waren, den Kosaken mit der Lanze zu begegnen. Drei Jahre später verbreitete sich in der russischen Armee das Gerücht, der Sultan wolle – nach langen Verhandlungen – nunmehr den »Heiligen Krieg« zugunsten Preußens erklären, und alsbald konnte man bei der preußischen Armee aus mohammedanischen Überläufern ein ganzes Bosniaken-Regiment zu 10 Eskadrons errichten.

Damit war Preußens Ulanen-Waffe geboren. Nach den polnischen Teilungen 1772 und 1793/95 nahmen ihre »Pulks« den tatarischen Kleinadel der ehemals polnischen Gebiete auf, die Nachkommen also der mongolischen Goldenen Horde, die einst bis weit nach Polen hinein geherrscht hatte. Noch 1807 haben diese Mohammedaner mit dem Sieg von Preußisch-Eylau dem König für die Sicherung ihrer angestammten Lebensform und Glaubensfreiheit gedankt.

Artillerie

Bis 1756 waren technische Truppen in Preußen nur geduldete Notwendigkeit. Die Artillerie hatte vorwiegend bürgerliche Offiziere, da dem Adel der zünftig-gelehrsame Betrieb nicht lag, während man fürs Ingenieurkorps Franzosen bevorzugte. Beide Sparten waren wenig geachtet, denn das Zeitalter der Technik lag noch fern. Auch die Uniform war ganz schmucklos, dabei in Einzelheiten auffallend altertümlich – wie altväterische Westentressen der Offiziere und Bombardier-Mützen noch bis 1787 belegen.

In den Siebenjährigen Krieg ging die Artillerie zu schwach und mit völlig fehlkonstruiertem Material: da die Armee aus ökonomischen und strategischen Gründen auf den Blitzkrieg, also den Angriff, angewiesen war, sollten die Kanonen beweglich, also leicht sein. So erlag man dem ignoranten Trugschluß, durch Verengen der Pulverkammer hinten im Geschützrohr unveränderte Schußleistung auch mit geringer Treibladung erzielen zu können – glaubte also, die Rohre relativ dünn, d.h. leicht und damit beweglich, konstruieren zu dürfen. In Wirklichkeit aber wurde damit nur das Laden kompliziert, die Wirkung nach Durchschlagskraft und Reichweite dürftig.

Diese Mängel offenbarten sich, als im Wechsel des Kriegsglücks 1757/58 die verläßliche Infanterie dahinschmolz und die mühsam aufgefüllten Bataillone wirksamer artilleristischer Hilfe bedurften. So schleppte man provisorisch aufs Schlachtfeld von Leuthen 1757 alte, 30

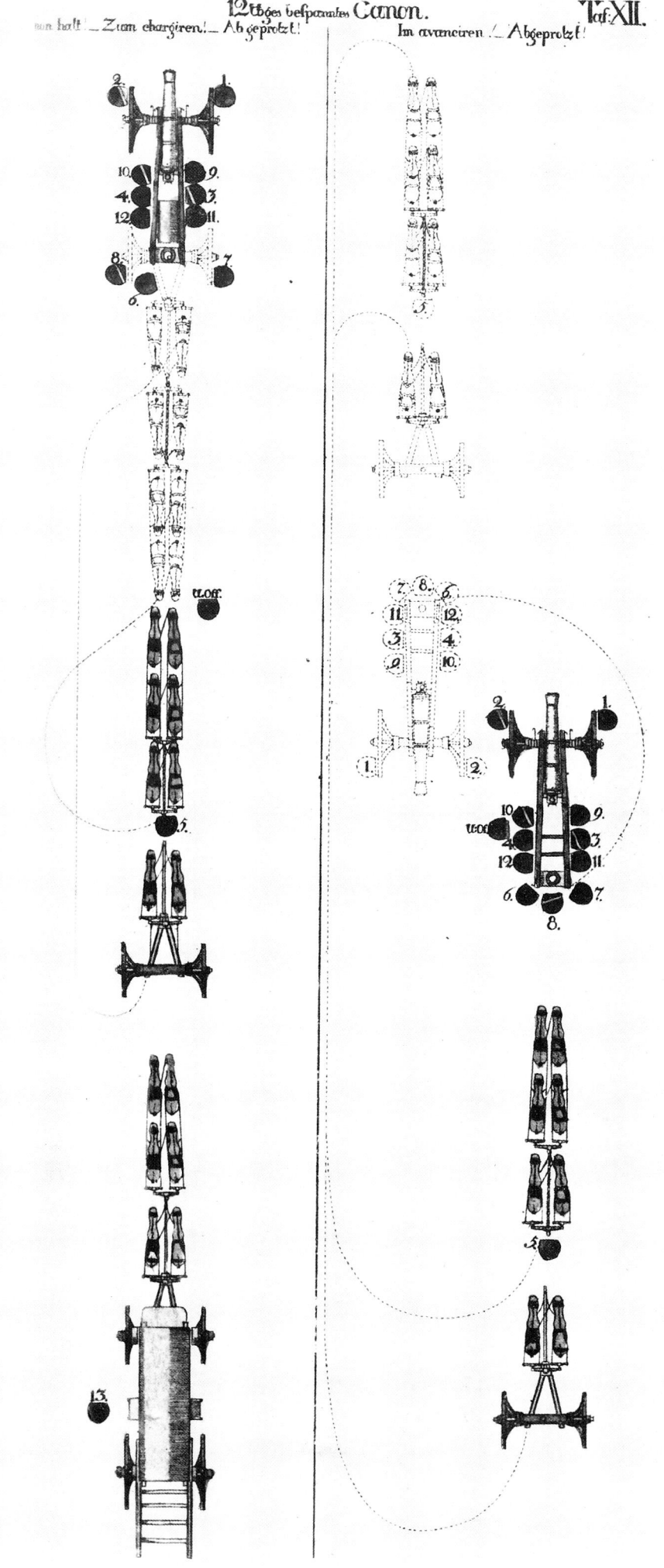

Zentner schwere Festungskanonen von den Wällen Glogaus mit – jeder dieser »Brummer« mit 16 Bauernpferden bespannt. Bis 1759 war bereits das gesamte bisherige Material durch neue »vollgütige« Kanonen ersetzt, aber die jähe taktische Umstellung fiel schwer, und die neuen Konstruktionen blieben unreif: während in Österreich das »System Liechtenstein« ab 1753 für ein Jahrhundert mit 4 Kanonen- und 2 Haubitztypen auskam, hat man in Preußen von 1756 bis 1763 allein 20 Modelle verwendet und meist wieder verworfen.

Trotzdem wurde die Artillerie nun eine der schlachtentscheidenden Waffen; sie begann den Krieg mit 360 Feldgeschützen und 1740 Mann, um ihn mit 662 Geschützen und 6340 Mann zu beenden. Dazu gehörte erstmals im Feldzug 1759 auch eine Brigade reitender Artillerie, die bei Kunersdorf und erneut bei Maxen verlorenging, aber immer

wieder errichtet wurde. Die Anregung war russisch; dort saßen die Kanoniere auf, in Preußen waren sie beritten.

Man schoß aus glatten Vorderlade-Kanonen eiserne Vollkugeln von 3, 6, 12 und 24 Pfund Gewicht, wobei das schwerste Kaliber mit einem Kugeldurchmesser von 15 cm sowie die Mörser mit einem Geschoßgewicht bis 100 Pfund nur im Festungskrieg verwendet wurden. Diese Mörser und die Haubitzen – kurzrohrige, zum Feldgebrauch lafettierte Wurfgeschütze – verschossen auch Sprenggranaten, außerdem die Haubitzen und Kanonen auf nahe Massenziele auch »Kartätschen«, in denen kleine Kugeln oder gehacktes Eisen durch eine leichte Hülle zusammengehalten wurden, die beim Abfeuern zerriß und die Streuladung freigab.

Die Reichweite schwerer Zwölfpfünder betrug bei günstigsten Umständen – Rollschuß auf festem Boden – bis zu

Königl. Preußisch. Regiment. Prinz Ferdinand vom Hause.
2tes Bataillon.

5 km; für mittlere Kaliber war leidlich gezieltes Feuer aber nur bis etwa 1000 m wirksam. Trotzdem war die Vollkugel im Zeichen der Lineartaktik ein durchaus wirksames Kampfmittel – doppelt gefährlich, wenn sich Truppen ballten, wie etwa die Österreicher im Schlußakt der Schlacht bei Leuthen 1757 oder die Russen bei Zorndorf 1758: hier wurde beobachtet, daß eine zwölfpfündige Kugel 42 Mann tötete; auch ein dichtes Vorbeifliegen konnte tödlich sein.

Erschwert wurde der Gebrauch des Geschützes dadurch, daß es – mangels Rohrrücklauf – nach jedem Schuß zurückrollte, also immer wieder neu gerichtet werden mußte. Bei längerem Feuern mußten die erhitzten Rohre gekühlt werden, damit sich die neue Ladung nicht von selbst entzündete und den Einsetzenden tötete. Eine besondere Kunst war der Bogenwurf mit Granaten gegen gedeckte Ziele: die Menge der

Treibladung und die Zünddauer der Sprengladung mußten »auf Fall und Knall« berechnet werden, was nicht immer gelang; gelegentlich wurden beherzte Soldaten dafür ausgezeichnet, daß sie eine frisch gefallene Bombe noch vorm Krepieren beiseite warfen oder den Zünder auf sehr natürliche Weise löschten.

So erscheinen, wenn es ans Rechnen geht, die »Bombardiere« als Unteroffiziere und Offiziersanwärter zugleich; sie werden in besonderen Winterkursen geschult, und ihre überlieferten »Kolleghefte« geben heute noch Auskunft über Probleme und Grenzen ihrer Kunst. Aus ihren Reihen sind berühmte Soldaten hervorgegangen wie etwa Tempelhoff, der Geschichtsschreiber des Siebenjährigen Krieges, oder Scharnhorst, der als Denker, Organisator und Mensch einer der wirklich großen Soldaten war; als Schöpfer des modernen Volksheeres ließ er die Grenzen seiner Waffe hinter sich.

Preußische Grenadiere um 1750
Graphische Darstellung von A. Gay, nach den »Darmstädter Grenadier-Bildern« von Petzinger (früher Großherzogl. Cabinets-Bibliothek Darmstadt)
Von der Bilder-Handschrift blieben nur Fotos erhalten, die aber nach Tonwerten und anderen Unterlagen koloriert werden konnten.
Auch der Herr im Hut ist Grenadier – weil er bei der Garde dient! Der pausbäckig-martialische Typ entspricht dem Geschmack der Zeit.
Von links nach rechts: No. 4, No. 12, No. 15[II] und No. 34

179

Die Schlacht

Auch der blutige Zusammenstoß hat im höfisch eingestellten 18. Jahrhundert ursprünglich sein Zeremoniell –, angelegt als Mischung aus Ballett und Feuerwerk. Ehe der Preuße sich zwischen die Großen drängt und dort mit Kopf und Charakter behaupten muß, gibt es ein festes Schema: jede Partei bildet zwei Linien (Treffen) mit der Infanterie in der Mitte, der Kavallerie auf den Flügeln – Kürassiere in der ersten, Dragoner in der zweiten Linie. Vorn rechts außen ist der vornehmste Platz, denn Flügel gilt besser als Mitte, rechts besser als links und vorn besser als hinten. Husaren und leichte Infanterie treiben sich im Gelände herum und kümmern sich um Flüchtlinge, eigene wie feindliche.

Die Artillerie eröffnet, die Kavallerie auf den Flügeln spielt den zweiten Akt, zunächst unter sich! Dann setzen sich die Infanterie-Linien in Bewegung aufeinander zu, mit Musik, und auf 150 Meter beginnt das Feuern in kleinen Abteilungen; es schießt jeweils etwa ein Achtel des Bataillons, denn man möchte nicht in toto für dreißig Sekunden wehrlos sein.

In dieses schöne Spiel – bei Fontenoy 1745 bekomplimentieren sich französische und englische Garden um die Ehre des ersten Schusses – bläst ab 1740 der

Berliner Leibkorps-Husaren 1736
Graphische Darstellung von B. Koch nach einem Gemälde aus der Sammlung des Markgrafen Carl von Schwedt
(früher Neuruppin, Museum)
Das Original ist verloren, doch blieben eine kolorierte Zeichnung von A. Menzel für sein Armeewerk (Blatt 109) und eine schlechte Fotoreproduktion in einem Ruppiner Heimatbuch erhalten.
Von links nach rechts: ein Wachtmeister, der Chef des Corps v. Wurmb, sein Adjutant, Rittmeister Joachim von Zieten.
Die Uniform wurde im wesentlichen beim späteren Regiment »Zieten« (H 2) beibehalten.

preußische Wind: lange Gewehre bedeuten größere Schußweite, alle 20 Sekunden kracht es, und möglich gleich bataillonsweise. Das Bajonett dient diesen Emporkömmlingen nicht bloß zur Abwehr von Kavallerie, sondern sie versuchen es überall in den Linien des Gegners zu tragen.

Spezielle Exerzierkünste gipfeln in rascher Entfaltung gedrängter Marschbocks zu Linien, welche den Gegner umfassen –, erst Flügelschlacht, dann Umfassung durch detachierte Corps: wirkt das Alte nicht mehr überraschend, so muß der Schwächere sich wieder etwas Neues ausdenken. Nach Erfolg nimmt

die Verfolgung unangenehm nachdrückliche Formen an, und falls der Stärkere im Sommer schön auf der Hut war und schon an Winterquartiere denkt, so erwischt man ihn doch noch in Schnee und Eis eines knappen Wintertages –, kurzum, eine üble Neuerung jagt die andere.

All das ist besonders häßlich für den kleinen Mann in Reih und Glied. Sieht man dann wirlich »das Weiße in des Gegners Auge«, so reißt ein Teil meist vorsichtshalber aus – aber welcher? In diesen Sekunden kann das soziale Gefüge eines Heeres, seine Verbundenheit mit der Führung und sein Vertrauen in ihre Absichten entscheidend werden.

Dolmans und Pelze (Hinterpartien) der Husaren-Regimenter 1786
Zeichnung von A. Menzel nach den Originalen im Zeughaus Berlin für sein Armeewerk (Blatt 142)
Die Stücke demonstrieren den Reichtum der Farben und Formen an den Uniformen dieser Reitergattung.

ATTAQVE
PRES DE
MAXEN
LE 20 NOV. 1759
DERAITTE DES PRUSSE
PAR VN CORPS DE

Rechts oben:
Uniformen der Bosniaken,
um 1756
Kolorierte Handzeichnungen
aus der Handschrift
»Wellner VI«, 1768
(früher Berlin, Schloß-
bibliothek)
Das späteste der etwa 24
bekannten »Cahiers« des
Garde-Unteroffiziers Carl
Wellner zeigt sogar zwei
Pulks: der braune bestand
wahrscheinlich nur kurze
Zeit vor dem Kriege.

Rechts unten:
Feldartillerie 1759
Kolorierter Stich aus der
Serie »Accurate Vorstellung
der . . . Preußischen Armee«
des Leutnants v. Schmalen
(Verlag Raspe, Nürnberg
1759ff.)
Die Serie war ein Bestseller,
der schon bis 1762
mindestens vier Auflagen
erlebte; zahlreiche Dar-
stellungen anderer Armeen
folgten.
Schlicht dunkelblauer Rock
kennzeichnet die technische
Truppe, der altertümliche
Westenbesatz des Offiziers
ihre zum Nachteil des
Dienstes traditionelle
Grundhaltung.

Auf Seite 182/183:
Die Schlacht bei Maxen 1759
Gemälde von Findenigg
(Wien, Heeresgeschichtliches
Museum)
Findeniggs Gemälde – kurz
nach dem Kriege geschaffen –
stehen in Komposition und
Zeichnung hoch über den
»naiven« preußischen
Parallelstücken, geben aber
die gleiche Vielfalt interes-
sierender Details.
Bei Maxen scheiterte
Friedrichs erster Versuch,
im Sinne des »Getrennt
marschieren, vereint
schlagen« die aus der
Lineartaktik entwickelte
Flügelschlacht durch
Umfassung aus der Tiefe
zu ersetzen. Aber die Ko-
ordination der getrennten
Korps versagte – Grenzen
des Jahrhunderts!

Prinz Heinrich – perfekter Stratege seiner Zeit – hat dem königlichen Bruder vorgeworfen, er sei einfach aufs »Batail- lieren« versessen gewesen. Dabei über- sah er, daß Preußen materiell gar nicht in der Lage war, die zeitübliche Voraussetz- zung zur Schlacht, nämlich die Sicherheit des Sieges, erhoffen oder erreichen zu können. Fast immer mußte Unterlegen- heit durch Kunst, Überraschung oder ähnliche Momente ausgeglichen werden, und stets arbeitete auf lange Sicht die Zeit gegen Preußen – nur eben langsa- mer als eine Niederlage.

Lobositz 1756 war eher eine erste Fühlungnahme; man erwog schon den Abbruch der Aktion, als der linke Infan- terieflügel, durch Beschuß gereizt, nach vorn durchging und den Sieg herein-

Erste Fahne Bosniaken, errichtet und commandirt vom Capit Stephan Serkis, zugetheilt dem Husaren-Regiment von Rue (Nr. 5) 1745–1762.

holte. Prag 1757 war auf Entscheidung angelegt, aber sie gelang nicht, weil eine Umgehungsabteilung nicht über die Moldau gelangen konnte: der Kessel behielt ein Loch, und große Teile des Gegners entkamen. Mit Reserven bildeten sie eine neue Armee, die sich zwischen Wien und den König legte. Der Versuch, auch sie zu schlagen, mißlang bei Kolin als ein Versuch mit allzu schwachen Kräften.

Kolin ist die erste nackte Niederlage seit einem halben Jahrhundert. Hier wird der »Blitzkrieg« begraben und von nun an die Übermacht der feindlichen Koalition wirksam. Alle Siege bedeuten jetzt nur noch Zeitgewinn, jede Niederlage kann das Ende sein. Im November wehrt man Franzosen und Reichsarmee in Thüringen bei Roßbach ab, aber inzwischen geht bei Breslau Schlesien großenteils verloren, und Leuthen (5. XII. 1757) ist die erste der Verzweiflungsschlachten: Stärke 5 : 3 für die Österreicher, aber sie rücken ausgerechnet auf das Manövergelände der schlesischen Truppen vor, wo man preußischerseits jeden Busch und Hügel kennt. Eine rasche Kräfteverschiebung bleibt unbemerkt, und sie werden in einer klassischen Flügelschlacht vernichtend geschlagen; preußische Führungsqualität, österreichische Irrtümer und freundliche Zufälle reichen sich dabei unablässig die Hand; dieser Sieg hat die preußische Geschichte ebenso beflügelt wie die deutsche vergiftet: nicht immer war der liebe Gott verbündet!

1758 sieht man nach einem vergeblichen Angriff auf Mähren die Russen bei Zorndorf abgeschlagen; es bleibt der einzige Sieg gegen diesen zähesten der Gegner. Im Oktober fordert leichtfertige Unterschätzung der österreichischen Übermacht die Niederlage bei Hochkirch heraus. Die im Morgengrauen überfallenen preußischen Eliten wehren sich derart, daß die Österreicher den Sieg nicht nutzen können; gerade von diesem trüben Tag bleiben Beispiele der Aufopferung im Bewußtsein des Heeres lebendig: der Untergang des II. Bataillons Markgraf Carl auf dem Friedhof und die Vernichtung des Regiments Forcade.

»Forcade ist nie gewichen, auch heute wichen wir nicht«, sang die bündische Jugend noch in unserem Jahrhundert.

1759 wird man mit den Russen nicht mehr fertig; Kay mißlingt, und Kunersdorf wird zur Katastrophe. Zum ersten Mal ereignet sich die panische Flucht einer ganzen preußischen Armee, die man bei glühender Hitze gegen die österreichisch-russische Übermacht zunächst erfolgreich, dann aber zu lange strapaziert hat. Die Sieger tun einfach gar nichts, aber dies »Wunder des Hauses Brandenburg« ist kein Wunder: die Kriegsziele der beiden Alliierten erweisen sich

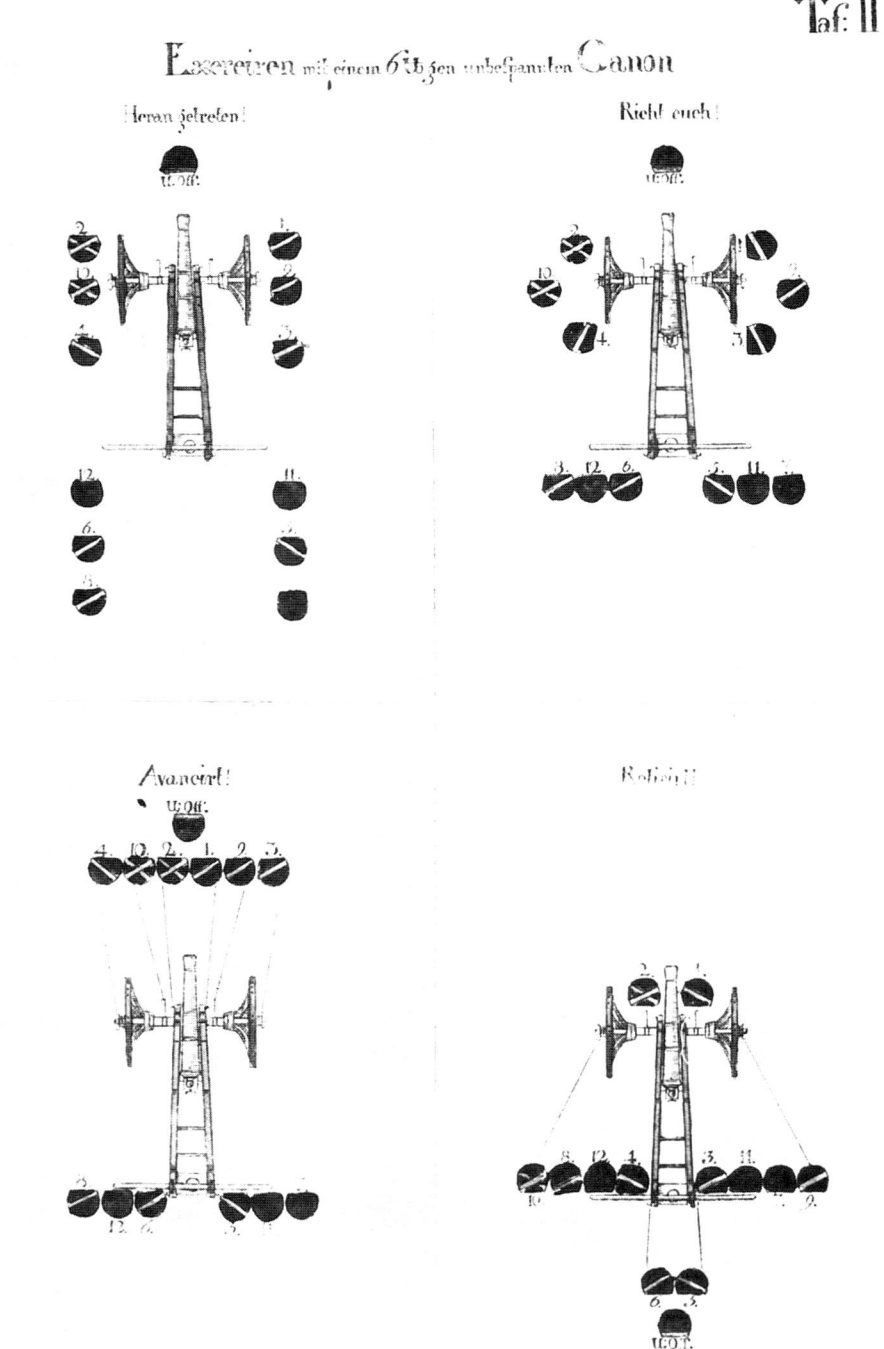

Taf. II

Exerzieren an der sechspfündigen Kanone Stich, vgl. Seite 177 Im Gefecht werden die zu den Bataillonen eingeteilten Geschütze, aber auch ein Teil der schweren Artillerie, durch Menschen bewegt (vgl. Abb. S. 200). Grenadier-Zimmerleute und notfalls Handlanger aus der Infanterie unterstützen dabei das artilleristische Fachpersonal.

Vivat-Band auf die Schlacht bei Leuthen 1757 Zeichnung nach zeit-genössischem Stoffdruck Nach Siegen des Königs schmückte sich die Bevölkerung mit derartigen Bändern. Der Erfolg bei Leuthen wurde nahezu als Wunder empfunden.

als allzu verschieden. Friedrich spannt alle Kräfte an und versucht, gegen die Österreicher etwas Neues, nämlich eine Umfassungsschlacht mit getrennt operierenden Korps. Das scheitert bei Maxen an der Unzulänglichkeit der Befehlsübermittlung: Korps Finck wird abgeschnitten und muß die Waffen strecken – »ein bis dato ganz unerhörtes Exempel«, schreibt Friedrich.

Nun steht die Katastrophe nicht akut, sondern schon chronisch vor ihm. Im Folgejahr wechseln Schlappen und kleine Erfolge – am Schluß wieder der »Anruf an das Schicksal«: bei Torgau erneuter Versuch der Schlachtentscheidung durch getrennte Korps in Front und Rücken des österreichischen Gegners – und wieder um ein Haar Fehlschlag. Der Wind steht falsch herum, und als der König die Österreicher anfällt, hört Zieten auf der anderen Seite nichts vom Kanonendonner. Entsetzliche Verluste, alle Angriffe des Königs abgeschlagen – aber auch die Österreicher müssen Haare lassen; bei Zieten sieht man sie im Schein brennender Dörfer ihre Linien zusammenziehen, und gerade jetzt findet ein verirrter Adjutant jenen Damm, der durch Sumpfgelände in ihren Rücken führt. Als der Kanonendonner nun bei Zieten beginnt, treten in der Gruppe des Königs ein paar letzte Reserven, Versprengte und Leichtverwundete zusammen – und den Österreichern versagen die Nerven, sie räumen das Feld. Die Verluste sind furchtbar, der Erfolg ist kümmerlich: das alte Patt ist für 1761 hergestellt, große Schlachten wird es nicht mehr geben.

Die folgende Phase der Erschöpfung wird erst nach der politischen Wendung 1762 durch die Siege des Königs bei Burkersdorf und Prinz Heinrichs bei Freiberg beendet, wobei Heinrich die neue Schlacht mit beweglichen Korps statt der alten Linien erstmals reibungslos gelingt.

Zieht man die Bilanz bis zur Wende Anfang 1762, so hat der König 7 Schlachten gewonnen, 3 verloren, aber nur Kolin mit weitreichenden Folgen; seine Unterführer haben inzwischen 4

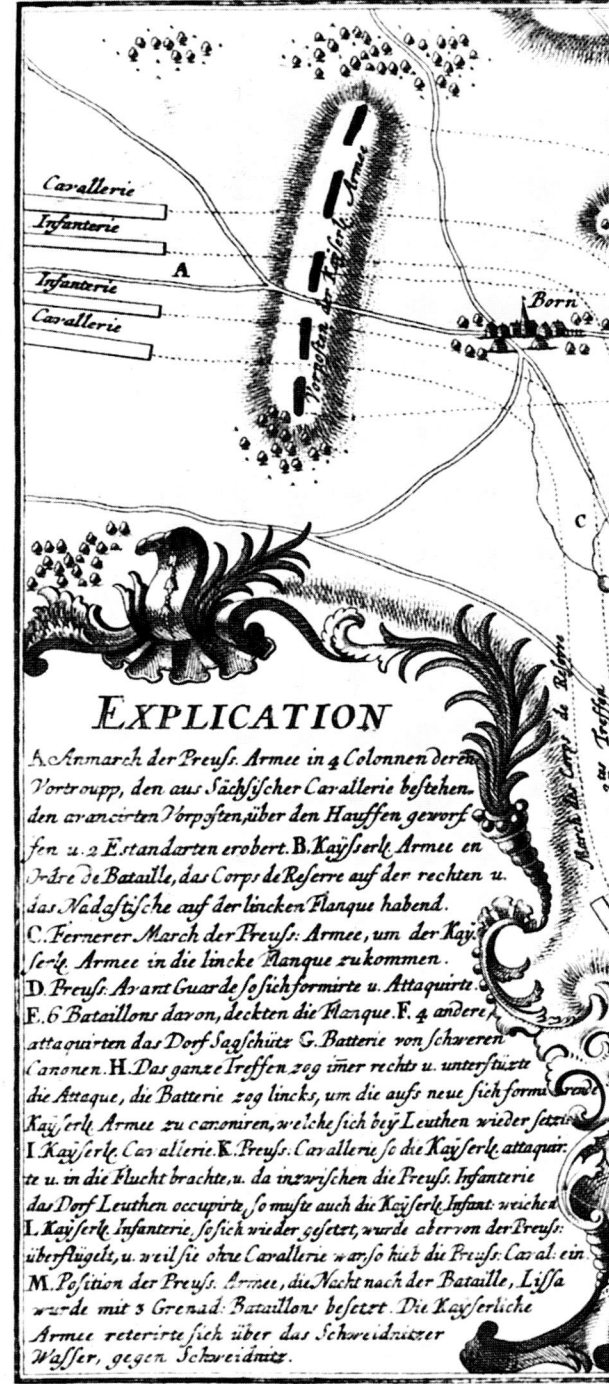

Schlachten verloren. Der Blitzkrieg war mißglückt, aber die ausgeteilten Schläge waren so eindrucksvoll – Niederlagen eingeschlossen –, daß sie das Durchhalten bis zur politischen Wende ermöglicht haben.

Feldherren und Führungsgehilfen

Gehört Friedrich überhaupt zu den großen Feldherren? Auch berufene Kritiker konnten es nicht bestreiten, nachdem er mit fast immer unterlegenen Mitteln doch meist Erfolge hatte. Seine flexible Intelligenz wußte Lehren und Erfahrun-

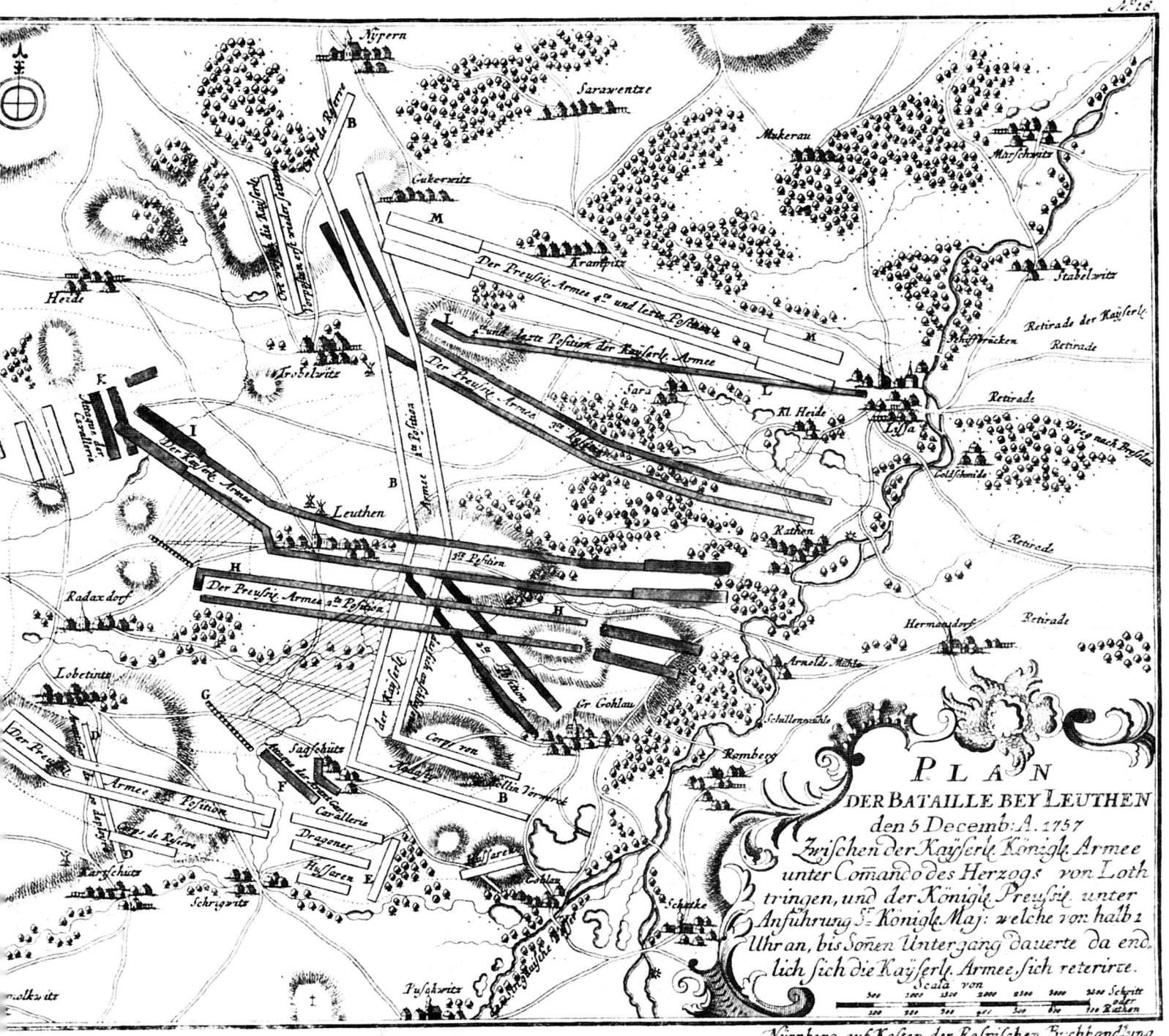

PLAN
DER BATAILLE BEY LEUTHEN
den 5 Decemb: A. 1757
Zwischen der Kayſerl. Königl. Armee
unter Comando des Herzogs von Loth
ringen, und der Königl. Preuſſiſ. unter
Anführung Sr Königl. Maj: welche von halb 1
Uhr an, bis Soñen Untergang dauerte da end
lich ſich die Kayſerl. Armee ſich reterirte.

Nürnberg auf Koſten der Raſpiſchen Buchhandlung

Plan der Schlacht bei
Leuthen
Stich aus der Serie »Schauplatz des gegenwärtigen
Krieges« (Verlag Raspe/
Nürnberg, 1757 ff.)
Nach und nach erschienen
von dieser Serie 160 Blatt,
die auch außereuropäische
Aktionen einbezogen.
Die eingezeichneten Phasen
der beiderseitigen Auf-
stellung zeigen den Verlauf
dieser klassischen Flügelschlacht.

gen rasch auszuwerten, Situationen zu analysieren und zu meistern wie etwa die österreichische Umfassung am Morgen der Schlacht bei Liegnitz 1760; diesen Blick des Feldherrn hat er sich zumindest erworben.

Möglichkeiten und Grenzen seiner Mittel waren ihm vertraut, wenn er auch gelegentlich in der Krise die Leistungskraft der Truppen überspannte, wie bei Kunersdorf. Auch in diesen Grenzen wußte er den Gegner immer neu zu überraschen – zunächst durch das Anstreben der Schlacht überhaupt, die ihm aus materiellen Gründen ebenso nötig war, wie

die Kriegstheorie der etablierten Großmächte sie zu meiden suchte. Als im Rahmen der Lineartaktik das Eindrükken eines feindlichen Flügels nach mehreren Versuchen abgegriffen schien, gingen er und sein Bruder Heinrich über zur operativen Umfassung des Gegners aus der Tiefe mittels getrennter Korps – der Zeit und ihrem Nachrichtenwesen so weit voraus, daß die ersten Versuche bei Maxen 1759 und bei Torgau 1760 negativ bzw. zweifelhaft verliefen.

Weniger spektakulär, aber fast unfehlbar war er als Logistiker im weitesten Sinne: nie trat in all den Jahren eine we-

187

Schema der Kriegsereignisse 1756–1762

	König (= Hauptaktion)		Nebenschauplätze
1756	VIII.	Einmarsch in Sachsen, sächsische Armee ausgeschaltet	
	X.	Lobositz (Sieg), österreichischer Entsatzversuch abgewehrt	

Bilanz: Sachsen besetzt, Position gebessert

1757	IV.	Einmarsch in Böhmen	VI.	Ostpreußen Großjägersdorf (Niederlage) gegen Russen
	V.	Prag (Sieg) gegen 1. österreichische Armee		
	VI.	Kolin (Niederlage) gegen 2. österreichische Armee Rückzug aus Böhmen	XI.	Schlesien Breslau (Niederlage) gegen Österreicher
	XI.	Roßbach/Thüringen (Sieg) gegen Franzosen und Reichsarmee		
	XII.	Leuthen/Schlesien (Sieg) gegen Österreicher		

Bilanz: Ostpreußen verloren, Lage nach Krise wiederhergestellt

1758	V.	Einmarsch in Mähren Belagerung Olmütz vergeblich, Rückzug	
	VIII.	Zorndorf/Neumark (Sieg) gegen Russen	
	X.	Hochkirch/Lausitz (Niederlage) gegen Österreich	

Bilanz: unverändert

1759	VIII.	Kunersdorf/Neumark (Niederlage) gegen Russen	VIII.	Sachsen Dresden verloren an Österreicher
	XI.	Maxen/Sachsen (Niederlage) gegen Österreicher und Reichsarmee		

Bilanz: auch Sachsen zum Teil verloren, Pommern/Neumark verwüstet, Position eingeengt

1760	VIII.	Liegnitz/Schlesien (Sieg) gegen Österreich	VI.	Schlesien Landeshut (Niederlage) gegen Österreicher
	XI.	Torgau/Sachsen (Sieg) gegen Österreicher		

Bilanz: auch Oberschlesien verloren, Position weiter eingeengt, Erschöpfung beginnt

1761	VIII./IX.	Lager bei Bunzelwitz/Schlesien gegen Österreicher und Russen	XII.	Pommern Colberg an die Russen verloren
	X.	Schweidnitz/Schlesien verloren		

Bilanz: weitere Teile Schlesiens und Hinterpommern verloren, Position stark eingeengt, Erschöpfung sehr deutlich

Jahreswende: Tod der Zarin

1762	VII.	Burkersdorf/Schlesien (Sieg) gegen Österreicher		Ostpreußen und Hinterpommern frei
	X.	Schweidnitz/Schlesien zurückerobert	X.	Freiberg/Sachsen (Sieg) gegen Österreicher und Reichsarmee

1763	II.	*Frieden*

Österreichischer Ver-
bandplatz in der Schlacht
bei Hochkirch 1758
Gemälde von J. C. Brand,
Ausschnitt (Wien, Barock-
Museum)
Das Elend der Verwundeten
war auf beiden Seiten gleich
groß: zu wenig Personal,
zu dürftige Fachkenntnisse.
Es wurde aber vom
Schrecken der Lazarette
noch übertroffen, in denen
Seuchen nochmals furcht-
bare Ernten hielten: Starr-
krampf, Gasbrand, Ruhr,
Typhus, Fleckfieber . . .

Die Nacht in Oetscher,
12./13. VIII. 1759
Stich von Peschke nach
Hampel, um 1790
Nach Kunersdorf brach
Friedrich für Tage zu-
sammen. Nur die absolute
Divergenz der österreichi-
schen und der russischen
Interessen hat damals
Preußen gerettet – das
»Wunder des Hauses
Brandenburg« war also
höchst politischer Natur.

Auf Seite 191
Oben:
Die »Seeschlacht am Repziner
Haken« am 11. IX. 1759
Stich aus einer Serie zeit-
genössischer Schlachtpläne
Die schwedische Flotte ver-
nichtete – auffallend spät –
mit wenig Mühe das
improvisierte preußische
»Schiffsarmament«; es wurde
jedoch wieder hergestellt
und hielt weiterhin den
Weg von der See zum
Stettiner Hafen frei.
Unten:
Preußisches Kriegsschiff,
Entwurf von 1761
Zeichnung von Quantin
(früher Archiv Stettin)
Ob dieser Entwurf noch
ausgeführt wurde, ist
fraglich. Auf alle Fälle
spiegelt er, daß das neue
Armament vorwiegend
neu erbaut und nicht nur
aus Zivilschiffen aptiert
wurde.

sentliche Versorgungskrise ein – weder »vor Ort« Hunger oder Munitionsmangel noch im größeren Rahmen Mangel an Geld, Material oder Rüstungskapazitäten.

Kein Licht ohne Schatten: hochmütige Verachtung des Gegners ließ den Feldzug 1757 bei Kolin scheitern, allerdings nur um Haaresbreite: »Die Retraite ist auf Suchdol«, befahl der österreichische Feldherr bereits, aber seine Soldaten siegten statt dessen weiter. Auch das Unglückslager bei Hochkirch wie die Fehlplanung vor Maxen rechneten allzu sehr auf die »Timidität«, die Zaghaftigkeit des Gegners. Andererseits war das »Va banque« von Leuthen die letzte Möglichkeit; wie schwer ist zu beurteilen, welches Wagnis jeweils vertretbar oder gar nötig ist?

Von den wenigen Feldherren, die sich neben Friedrich entfalten konnten, hat er die kongenialen allzu früh verloren. Curt Christoph von Schwerin (1684–1757) kennen wir schon – ein glücklicher Mensch! Mit 33 Jahren besiegt er als mecklenburgischer »Generalissimus« in der Miniaturschlacht bei Walsmühlen die eindringenden Hannoveraner, um dann – derart empfohlen, aber doch eine Stufe billiger – als Generalmajor in preußischen Dienst zu treten. Als Weltmann von offenem Geist hielt er in Frankfurt/Oder besten Kontakt zur Universität, ganz anders als sein Widersacher Leopold von Anhalt in Halle, und war beim Soldatenkönig wohlgelitten – Bote aus einer anderen Welt –, trotz einiger unehelicher Kinder, für die ihn der König strafend zur Kasse bat. Mit Friedrich gab es auch Spannungen, doch war seine Kompetenz als Heerführer unbestritten, bis er als Führer der schlesischen Heeresgruppe bei Prag den Schulbuchtod des Generals fand: mit der Fahne in der Hand vor der Front seines Regiments.

Den Plan dieses Einmarsches in Böhmen 1757 – noch Moltke folgte ihm 1866 – hatte Friedrich mit seinem General Hans Carl v. Winterfeld (1707–1757) ausgearbeitet. Er war nicht nur sein Stabs-Chef, wie wir heute

sagen würden, sondern zugleich sein einziger militärischer Freund, außerdem »Mädchen für alles«, was Erfahrung, Geist und Geschick erforderte: Aufbau der Husarenwaffe, Sicherheits- und Nachrichtendienst sowie strategisch-taktische Planung; schon der Soldatenkönig schickte ihn als besonders Vertrauten zu erfolgreicher diplomatischer Mission nach Petersburg. Entgegen dem Stil seiner Zeit war er betont nationaldeutsch eingestellt und deshalb der völlig französisch orientierten Opposition um Prinz Heinrich verhaßt als der böse Mann schlechthin. Sein Traum einer preußisch-protestantischen deutschen Kaiserkrone endete bei Kolin; für den anschließenden Rückzug ordnete der König ihn der Heeresgruppe seines Bruders August Wilhelm als Berater zu, doch der stellte ihn kalt – und alles ging schief. In ähnlicher Funktion und Lage bei dessen Nachfolger, dem Herzog von Bevern, ist er im September 1757 bei Moys gefallen, und nie hat der König seinen Verlust überwunden. Als man ihn 1857 als Mittelpunkt des Invalidenfriedhofs Berlin beisetzen wollte, hat – nach Zeichnungen aus dem geöffneten Sarg durch A. Menzel zu urteilen – der abholende Leutnant auf seinem Gute Barschau versehentlich den Sarg der Hoftänzerin Barbarina ergriffen. Die hatte das Gut von seiner Witwe gekauft und war dort gestorben. Menzel hat geschwiegen, und so wurde diese etwas zweifelhafte Dame mit höchsten militärischen Ehren beigesetzt. Preußen ist offenbar kein rechter Boden für bombastische Romantik, und Winterfeld selbst – einem Scherz und Umtrunk nicht abgeneigt – hätte vermutlich darüber gelacht.

General von Finck, der ihn dem König ersetzen sollte, endete nicht ohne dessen Mitschuld im »Finckenfang von Maxen«: Kriegsgericht, Festungshaft, Entlassung, dänischer Dienst – aber schon 1765 ist er dort gestorben. Auf Nebenschauplätzen selbständig, aber viel zu schwach ausgestattet, unterlag General v. Fouquet bei Landeshut 1760 im Versuch, Schlesien gegenüber Übermacht zu

*Friedrich Wilhelm von
Kleist (1724–1767)
Gemälde eines unbekannten
Künstlers
(Familienbesitz)
1744 Cornet bei den Gens
d'Armes (K 10)
1753 Leutnant
1755 Zur Ausbildung zu
den Husaren H 4
1756 Major bei H 1
1758 Oberstleutnant
1759 Chef von H 1, Oberst;
er beginnt, seinem Regiment
leichte Truppen anzu-
gliedern
1762 Generalmajor, Chef
zahlreicher Freiformationen
Die Familie Kleist stellte
wohl die höchste Zahl von Offizieren zur Armee – zum
Dienst wie zu den Ver-
lusten. Unter vielen tüchtigen
ist der »Grüne Kleist« der
bemerkenswerteste, – wie er
nach der Uniformfarbe
seiner Husaren hieß, die
auch bei all seinen Frei-
truppen wiederkehrte.
Als Mensch ebenso ein-
drucksvoll wie als Offizier –
er soll Lessings Vorbild für
die Figur des Tellheim
gewesen sein –, wußte er
auch seine Freiformationen
zu relativ hoher Leistung
zu bringen.*

Truppen mit englischen Regimentern diese Front unter Ferdinand von Braunschweig abschirmten. Auch der Norden blieb Nebenschauplatz: die Festung Stettin trennte die Schweden in Vor- von den Russen in Hinterpommern, die dort jahrelang vor Kolberg scheiterten.

Um die Entscheidung ging es hin und her zwischen Neumark und Schlesien im Osten, Sachsen im Süden – besonders bewegt im Jahr der großen Märsche 1760, während 1759 und 1761/62 der Schwerpunkt eindeutig in Schlesien lag. Schwerpunkt – das bedeutete die Anwesenheit des Königs mit den kampfkräftigsten Teilen der Armee.

Den anderen Abschnitt – also meist Sachsen – hielt jeweils Prinz Heinrich, durch Kräftemangel zur Defensive verurteilt, aber in diesem Rahmen wahrhaft ein Meister des fast Unmöglichen. Unter ihm standen die schlesische und ostpreußische Infanterie, die Füsilier-Regimenter zumal der »Garnison Wesel«, die letzten »ehemals sächsischen Regimenter«, Garnisontruppen und die Masse der Freitruppen, steigend an Zahl und sinkend an Wert – eine Spezies immer zweifelhafter als die andere, aber jede in ihrer eigenen Art unzulänglich.

Die Qualitätsunterschiede der einzelnen Landsmannschaften berührten wir bereits; die Füsiliere der »Garnison We- sel« (Infanterie No. 44, 45 und 48) hat- ten überhaupt keine Kantons gehabt, sondern sich seit längerem aus dem be- denklichen Angebot der großen Werbe- plätze im Rheingebiet, insbesondere Kölns, rekrutiert. Die Sachsen waren Beute-Preußen aus der Kapitulation der sächsischen Armee bei Pirna 1756. Die Ausgehungerten hatte man gefüttert, blau uniformiert, ein wenig nachexer- ziert und dann in den alten Verbänden eingesetzt. Aber 1757 hatte die begon- nene Ausplünderung Sachsens bereits jede Sympathie erstickt, und zwei Drittel der Regimenter liefen noch im selben Jahr je nach Gelegenheit auseinander oder zu den Österreichern über; auch der Rest verrichtete nach Ergänzung nur sehr mäßige Dienste.

Die »Garnisöner« lebten schon im Frieden in Löhnung, Montur und Ach- tung auf der Schattenseite preußischen Heerwesens; auch ihre Offiziere waren invalide oder minderwertig. Als Korrek- tionsregiment für leichtsinnige Berliner

Curt Christoph von Schwerin (1684–1757) Gemälde von Pesne, 1750 (Potsdam, Schlösser und Gärten) Die pommersche Familie hat zwischen 1701 und 1806 ein Dutzend Generale gestellt, unter denen Curt Christoph der bedeutendste war. Nach dem Studium tut er 1700 bis 1720 in Mecklenburg Dienst, bis zum Generalleutnant. 1720 als Generalmajor in preußischem Dienst 1723 Chef von No. 24 1731 Generalleutnant 1739 General der Infanterie 1740 Generalfeldmarschall 1741 Sieger von Mollwitz 1757 gefallen als Führer der schlesischen Heeresgruppe bei Prag. Nüchterne Daten schließen ein erfülltes Leben ein, reich an militärischen, diplomati- schen und persönlichen Ereignissen, Tätigkeiten und Erfolgen – bis zum Schul- buch-Tod des Generals: mit der Fahne in der Hand.

Offiziere war No. VII unter dem gestrengen Chef v. Kowalski besonders berüchtigt – »zu Kowalski schicken« stehende Redensart; man lese ferner nach, wie Trenck in Magdeburg für Geld und Freundlichkeit stets Helfer seiner Fluchtversuche fand. Einige Regimenter nahm man in der Not mit ins Feld, und sie gaben sich Mühe; andere wurden mit gepreßten Sachsen aufgefüllt, so daß auch sie bald nur noch auf die erste Gelegenheit warteten wegzulaufen. Selbst in den Festungen waren sie unsicher, und nur energische Kommandanten konnten sie bändigen: als 1759 Torgau gegen freien Abzug kapitulierte, liefen beim Ausmarsch auf einen Zuruf des Reichsgenerals Prinzen von Stolberg ganze Bataillone auseinander. Das Blatt wendete sich jedoch, als der preußische Chef den hohen Herrn vor die gespannte Pistole nahm und eine Reihe von Flüchtlingen erschossen wurden; man wahrte nun die Kapitulationsbedingungen, die Flüchtlinge wurden zusammen- und davongetrieben, harter Strafe entgegen.

Hans Carl von Winterfeld (1707–1757)
Miniatur von König, 1756 (Berlin, Schloß Charlottenburg)
1721 in Dienst bei der Kavallerie
1722 Fähnrich im Königsregiment No. 6
1731 Adjutant,
1734 Begleiter des Kronprinzen in den Rheinfeldzüg
1740 Major und Flügeladjutant, Kommandeur eines Grenadier-Bataillons
1741 Oberstleutnant
1742 Oberst und Generaladjutant, alle Feldzüge, mehrfach verwundet
1745 Generalmajor, selbständiges Kommando in Oberschlesien
1756 Generalleutnant, Ritter vom Schwarzen Adler, Chef von No. 1
1756/57 Feldzüge, bei Prag schwer, bei Moys tödlich verwundet
Zwei Königen unentbehrlich, der Gruppe um Prinz Heinrich auf tiefste verhaßt, war er offenbar als einziger in der Armee dem König kongenial, der seinen Verlust nie verwunden hat.

195

Ein besonderes Kapitel sind die Freitruppen. Gegenüber den vorzüglichen
»Grenzern« der Kaiserin hatte Preußen
nur das schwache Fußjägerkorps für
Aufklärung und Kommandozwecke
einzusetzen. So errichtete man in den ersten drei Kriegsjahren neun Freibataillone – d.h. solche ohne Regimentsver-
band – und konnte sie noch aus jenen
Elementen rekrutieren, die den Krieg in
freier Form als Tätigkeit und Stil des Lebens schätzten; außerdem traten sächsische Arbeitslose zumal aus dem Erzge-

birge freiwillig ein. So haben die ersten
Formationen recht gute Dienste gelei-
stet, jedoch schon Bataillon »Hordt«
(F 9) von 1758 wurde mit Kriegsgefangenen aufgefüllt, die bei erster Gelegenheit zu den Russen übergingen. Noch
schlimmer stand es um zahlreiche Formationen, die im Frühjahr 1761 aufgestellt wurden: asoziales Gesindel, Deserteure und gepreßte Kriegsgefangene
gaben den Ton an. Nun ging nach ihrer
Uniform – blau mit hellblauen Abzeichen und Unterkleidern – der Spruch um

*Hans Joachim von
Zieten (1699–1786)
Porzellan-Malerei nach
Chodowiecki, um 1775
(Haus Doorn)
1720 Fähnrich bei No. 24,
1724 dimittiert
1726 Leutnant beim
Dragoner-Regiment D VI,
1730 kassiert wegen Duells
1730 wieder angestellt beim
Leibcorps Husaren
1731 Rittmeister,
1734/35 Feldzug am Rhein
1736 Major
1741 beim Feldzug, Oberst
1744 Generalmajor
1756 Generalleutnant,
alle Feldzüge
1757 Ritter vom Schwarzen
Adler
1760 General der Kavallerie,
Führer einer Heeresgruppe
bei Torgau
Obwohl persönlich schwierig,
setzte er sich doch als uner-
schütterlicher Praktiker und
verläßlicher Unterführer
durch.*

»Dreimal blau und dreimal des Teufels«, und Friedrich selbst hat sie kurz und schlicht »execrables Geschmeiß« genannt, eben gut genug, beim Sturm als Kugelfang vorangetrieben zu werden. Früher hatte den Grenadieren die Ehre des Sturms gebührt – welche Wandlung des Stils und der Mittel!

Um so beachtlicher bleibt, was einzelne Chefs auch aus diesen Menschen noch herausholten. Schulbeispiel ist der »Grüne Kleist«, Generalmajor und Chef des grünen Husaren-Regiments (H 1), der diesem zunächst 2 Schwadronen ungarischer Überläufer angliederte und dann zu einem eigenen Regiment verstärkte. Hinzu traten im Laufe der Jahre »kroatische Infanterie«, ein Dragoner- und ein Ulanen-Regiment, Jägerkorps und sogar reitende Artillerie – zuletzt sozusagen eine Division gemischter Waffen, 6000 Mann stark und im Auftreten wie in der Leistung vorzüglich. Kleist soll Lessing Modell gestanden haben für den Major von Tellheim in »Minna von Barnhelm«, und er hat sich

Friedrich Wilhelm von Seydlitz (1721–1773) Gemälde von Franke (Werkstatt?) (Familienbesitz)
1734 Page bei Markgraf Friedrich Wilhelm von Schwedt
1740 Cornet in dessen Kürassier-Regiment K 5
1743 als Auszeichnung Rittmeister beim Husaren-Regiment H 4
1745 Major
1752 Oberstleutnant, Kommandeur des Dragoner-Regiments D XII,
1753 des Kürassier-Regiments K 8,
1755 Oberst,
1757 Generalmajor, Generalleutnant, Ritter vom Schwarzen Adler, Chef von K 8, Sieger bei Roßbach und Zorndorf, schwer verwundet bei Kunersdorf
1763 Generalinspekteur der schlesischen Kavallerie
1767 General der Kavallerie Als Reiterführer ein Genie, als Mensch ein wahrer Kavalier, wirkte er als Vorbild weit über seinen Tod hinaus. Persönlichkeit wie Führungserfolge sind nur zum Teil rational faßbar.

auf alle Fälle nicht nur als Soldat, sondern auch als Mensch bewährt. Er belegt, daß die Qualität des Offiziers um so entscheidender wird, je weniger die Truppe selbst wert ist. Die Auswahl der Offiziere für die Freitruppen hat dem Rechnung zu tragen versucht: zumindest als Kompaniechefs sollten Offiziere eingesetzt werden, die zwar aus diesem oder jenem Grund bei den Feldregimentern nicht recht erwünscht – als Spieler etwa oder unruhige Geister –, aber tüchtig im Dienst waren. In den unteren Stellen

mischten sich mit zweifelhaften Elementen die nichtadligen Freiwilligen »von Ambition und Fortune«, die man bei Abdankung dieser Truppen 1763 zum Teil durchaus beibehalten hat, wie etwa die Studenten David Neumann von »Kleist« – 1807 Verteidiger von Cosel – und Günther, der vom Feldkommissariat über die Bataillone Angelelli (F 4) und Trümbach (F I) aufstieg bis zum berühmten General der Bosniaken.

Im ganzen ist es gelungen, mit diesen Kräften den sächsischen Schauplatz zu

Karte des Kriegsschauplatzes in Sachsen, Herbst 1760 Kolorierter Stich aus einer zeitgenössischen Serie Während der König in Schlesien zusammen mit Prinz Heinrich vergeblich die Entscheidung sucht, schlagen sich in Sachsen General Hülsens geringwertige und schwache Truppen mit hinhaltender Zähigkeit um Zeitgewinn, bis Ende Oktober die Hauptarmee wieder frei wird, die Lage zu wenden; wenige Tage später fällt bei Torgau die letzte große Schlachtentscheidung im alten Stil.

halten. Als 1762 Prinz Heinrich einige gute Feldregimenter als »Korsettstangen« erhielt, ging er prompt bei passender Gelegenheit zum Angriff über und hat mit einem Siege neuen Stils bei Freiberg den Krieg beschlossen.

An der Nordfront war alles anders. Hier dominierten Milizverbände, die von der Provinz Pommern ab 1757 freiwillig aufgestellt waren. Die Reihen dieser Land- und Rekrutenbataillone wurden laufend nachgefüllt von der Landbevölkerung, welche vor den russischen Bru-

talitäten in die schützenden Festungen floh. Diese Bataillone waren Besatzung und Ausbildungsformation zugleich; laufend gebaren sie Feldeinheiten für den örtlichen Gebrauch und stellten außerdem alljährlich der Feldarmee ausgebildeten Ersatz von Qualität. Nebenbei besetzten sie auch noch die erste Königlich Preußische Kriegsflotte, aptierte »Zösekähne« und »Kopenhagenfahrer« als Fregatten, Gallioten usw. Damit hielt man die Odermündungen nach Möglichkeit frei, durch die der – im Osten

Friedrich vor den
Einwohnern des abge-
brannten Küstrin, 1758
Zeichnung von A. Menzel
für Kuglers »Geschichte
Friedrichs des Großen«

Schlußakt der Schlacht
bei Torgau, 3. XI. 1760
Stich von Ringck nach
Hampe, 1801
Als die Heeresgruppe des
Königs geschlagen und fast
vernichtet ist, fallen endlich
Zietens Truppen den
Österreichern in den
Rücken. Generale des
Königs formieren aus
Versprengten ein paar
zusammengewürfelte
Formationen und greifen
an. Der alte Hülsen –
verwundet und erschöpft –
läßt sich auf einer Kanone
voranfahren – allgemeines
Durcheinander in Nacht und
Kälte, aber die Öster-
reicher geben auf.

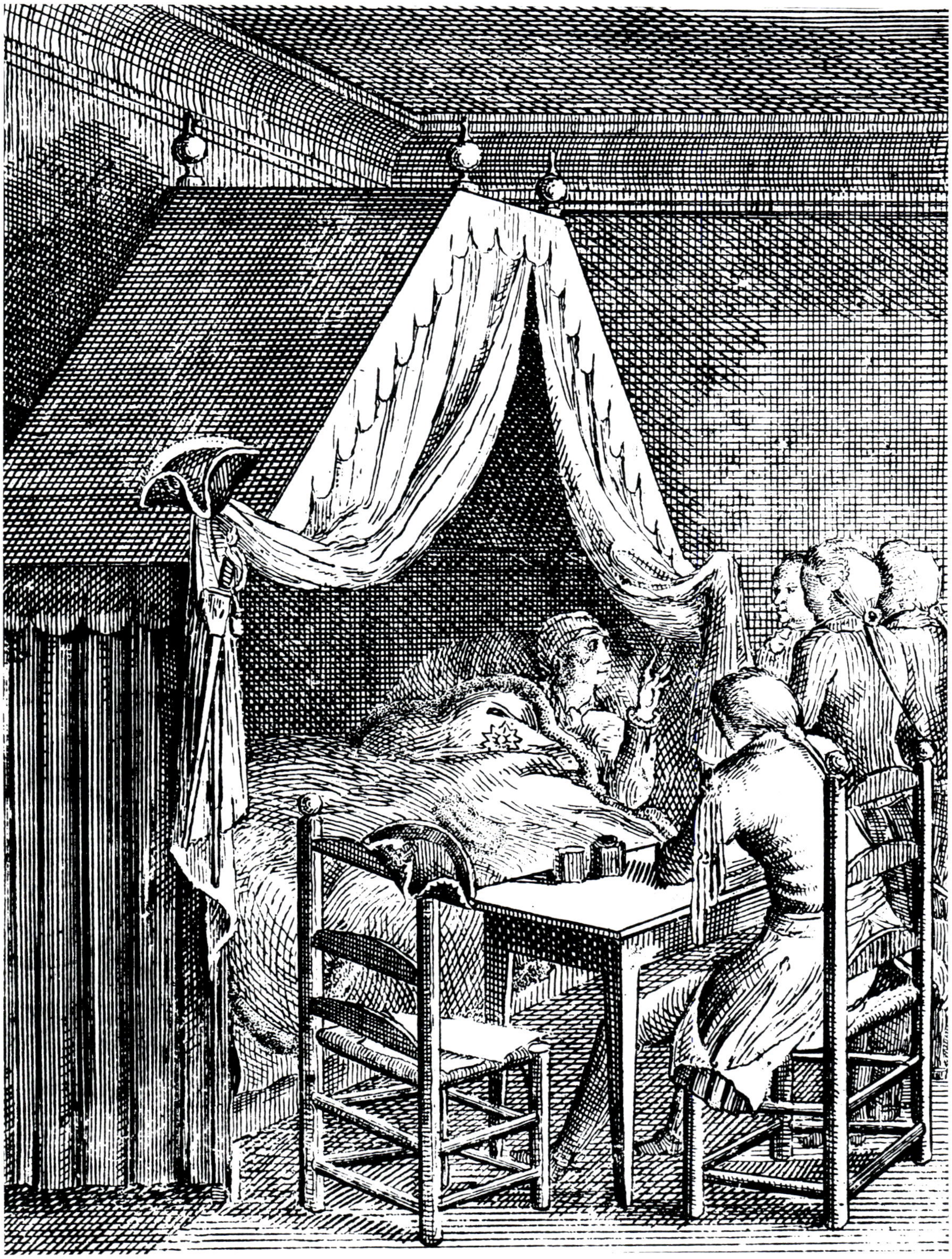

Vivat-Band aus dem
Siebenjährigen Krieg
Druck auf Seide
(Sinsheim, Lerchennest).
Noch im Schatten der
Katastrophe blieb Preußen die
Hoffnung des protestantischen
Europa. Aber darüber
hinaus – wie etwa in Italien –
gab es überall starke Gruppen
von Sympathisanten,
die durch Anlegen von
Vivatbändern, Illumina-
tionen, Festgedichte,
Dankgottesdienste u.ä. ihre
Gefühle ausdrückten, sobald
Anlaß gegeben schien.
Links oben:
Danach . . .
Zeichnung von A. Menzel
Unten:
Der kranke König diktiert
seine Befehle
Stich aus dem Kriege
Feldzüge, unter primitiven
Verhältnissen bis tief in den
Winter ausgedehnt, ließen
den König rasch altern;
immer häufiger litt er an Gicht.

201

neutrale – englische Handel mit Versorgungsgütern einlief. 1759 hat Schwedens Schärenflotte dies »Schiffsarmament« vernichtet – Professionals gegen Amateure! Aber wie Phönix aus der Asche erhob es sich von neuem: die Gefangenen aus der »Seeschlacht am Repziner Haken« bemächtigten sich ihres Transportschiffes, das nach Kolberg eilte. In Stettin legte man sofort neue Schiffe auf Stapel: 1761 hatte die Flotte wieder je 2 Fregatten, Galeeren, Bombardierprahme und 3 Espingen mit 90 Geschützen.

chen gemeinsam zu begehen. So genügten Milizen und das Husaren-Regiment von Belling, an den der König spottend Schwedens Unterhändler verwies, als sie 1762 Frieden vorschlugen; er wisse von keinem Krieg mit Schweden.

Wichtigste Beute war ein schwedischer Husaren-Cornet namens Leberecht von Blücher. Da zufällig Belling sein Onkel war, nahm er sofort preußische Dienste, noch ohne schwedischen Abschied! Aber die Majestäten auf beiden Seiten drückten die Augen zu.

Offiziere und Soldaten 1759
Kolorierte Stiche aus (v. Schmalen) »Accurate Vorstellung . . .«
Von links nach rechts:
Ehem. sächsisches Regiment »Lubomirsky«, seit 1756 preußisch als »Hauss« (S 55)
Weseler Füsilier-Regiment »Salmuth« No. 48
Garnison-Bataillon »Kalckreuth« No. XII
Freibataillon »Monjou« F 5 (1759 bei »Wunsch« F 7 untergesteckt)
Alle vier Gattungen galten als zweitrangig und wurden selten in rangierter Feldschlacht verwendet. Ihre bedenkenlose Auffüllung mit gepreßten Sachsen und Kriegsgefangenen führte mehrfach zu Zwischenfällen: Übergang ganzer Truppen zum Feind, Verlust von Festungen u. ä. Trotzdem blieben sie in der Masse für Nebenaufgaben unentbehrlich.

Ausbilder und Führer waren in Stettin und Kolberg vor allem inaktive und invalide Offiziere des Landadels; Geist und Haltung waren so, daß Friedrich nach dem Kriege sagte, er liebe die Pommern wie seine Brüder, und er hat das auch vielfältig bestätigt, schon beim »Retablissement« 1763.

Dabei war der Krieg gegen Schweden sehr eigener Art. Eine dort herrschende Adelsgruppe hatte ihn im Solde Frankreichs begonnen, während das Königshaus – die Königin eine Schwester Friedrichs – und ein Teil der Armee preußisch gesinnt waren. Im Winter schloß man Waffenstillstand, und die Offizierkorps beider Seiten trafen sich in einer neutralen Zone, die Geburtstage ihrer Monar-

In Hinterpommern dagegen regierte blutiger Ernst. Die Russen verwüsteten das Land und versuchten dreimal, Kolberg als den Vorposten Stettins und als Basishafen ihrer Versorgung über See zu erobern. 1758 hielt es sich aus eigener Kraft, 1760 wurde es von einem detachierten Korps der Feldarmee entsetzt, aber 1761 konnte ein ganzes Armeekorps nichts gegen die Übermacht ausrichten, und die ausgehungerte Festung fiel. Nur der russische Thronwechsel verhinderte die nun fälligen Folgen für Stettin und damit die ganze Nordfront.

Vor dem Ende?

Im August 1759 war die Armee bei Kunersdorf überanstrengt panischer Flucht verfallen; im Herbst hatte bei Maxen ein ganzes Korps im freien Felde kapituliert: es waren die »alten Preußen« nicht mehr! Die Kavallerie stand nach tragbaren Verlusten zwar auf der Höhe der Kriegserfahrung, aber die Infanterie war »delabriert«, abgewirtschaftet. Siege wie Niederlagen hatten ihre alten Friedensstämme verzehrt, und etwa einem Drittel der Regimenter waren die Ersatzbezirke verschlossen (Ostpreußen, Westgebiete), schwer zugänglich (Oberschlesien) oder verheert und entvölkert (Hinterpom-

mern, Neumark). Ende 1759 hatten die Alliierten erstmals den Austausch der Kriegsgefangenen abgelehnt; nur die Ausbildung der Rekruten klappte dank der Winterquartiere noch leidlich.

Furchtbar waren auch gerade bei der Infanterie die Offiziersverluste gewesen. Eifer und Hingabe allzu jugendlicher Kadetten und Junker konnten die fehlende Erfahrung im Metier nicht aufwiegen. In der Not mußte man zunehmend auch auf zweifelhafte Elemente zurückgreifen, die im Gefüge des Heeres manches Unheil anrichteten, zumal bei den schwer zu kontrollierenden Freitruppen. Der Zugang an Bürgerlichen hat sich als qualitativ gut erwiesen, war aber gegenüber den Verlusten relativ gering. Mit

den Unteroffizieren stand es offenbar besser: Geeignete konnten sich im Kriege leichter und schneller hervortun.

1760 hatte man sich noch recht und schlecht durchgeholfen. Im Oktober war es aber Russen und Österreichern gelungen, sogar für kurze Zeit Berlin zu besetzen und die in Stadt und Umgebung konzentrierte Rüstungskapazität schwer zu schädigen. Die Staatseinnahmen sanken schon deutlich ab – kein Wunder nach den Gebietsverlusten und Zerstörungen. Auf der Ausgabenseite taten die Behörden zwar jahrelang ihre Pflicht, auch wenn der Beamte statt Bargeld nur noch entwertete »Kassenscheine« zu sehen bekam. Aber die kriegswichtigen Produkte waren angesichts der jahrelangen Nachfrage so teuer geworden, daß die englischen Hilfsgelder durch nackte Falschmünzerei gestreckt werden mußten. Man betrieb dies feine Gewerbe zunächst in den komplett erbeuteten sächsischen Münzstätten, später auch mit der eigenen Währung in Generalpacht durch den Münzjuden Ephraim.

Das Jahr schloß mit dem erneuten Aderlaß von Torgau: 24 700 tot, verwundet oder vermißt, wobei ein Teil der letzten guten Truppen fast völlig zugrunde ging, insbesondere die 10 Grena-

„Auf der Rundreise heute morgen bin ich einem ganz kleinen Offizier begegnet. ‚Sie sind noch recht jung‘, habe ich zu ihm gesagt; ‚sind Sie denn schon trocken hinter den Ohren?‘ Ohne die Fassung zu verlieren, antwortete mir dieses Endchen Mann, indem es mich fest anblickte: ‚Sire, ich bin zwar jung; aber mein Mut ist alt.‘ Diese Antwort hat mir gefallen; ich glaube, er wird ein tüchtiger Mann werden.“
Als er das erzählte, sah er andere, ebenfalls junge Leute, die unter seinen Fenstern Pferd spielten, so wie es die kleinen Knaben tun.
Dann deklamierte er folgende Verse:
„Sieh, was für Rächer zu dem Streit sich rüsten:
Ein Greis, und Kinder? O du ew'ge Weisheit?
Doch hälst du sie, wer sollte sie erschüttern?“
(Nach Racine, „Athalia“, 3. Aufz., 7. Auftr. Statt „ein Greis“ steht im Original: „ein Priester“)
Der König zu de Catt, Lager Schlettau, 26. IV. 1760

„Von außen Silber, von innen schlimm, — außen Friedrich, innen Ephraim.“
Spottvers auf die preußische Münzverschlechterung um 1760

203

*Frei-Infanteristen des
Siebenjährigen Krieges
Linolschnitte von Scharf
nach zeitgenössischen
Pappfiguren Ludwigs IX. von
Hessen-Darmstadt
(früher Sammlung Rascher/
Frankfurt)
Von links nach rechts:
Musketier vom Frei-
Bataillon »Jeney« F 10
desgl. »Schack« F 11
Tambour vom Freikorps
»Trümbach« F I
desgl. vom Frei-Regiment
»Wunsch« F 7
Die Freitruppen waren
vielfältig organisiert, –
teils als Infanterie, teils als
gemischte Korps. Je höher die
»Hausnummer«, umso
geringer die Leistung: Die
ersten Formationen fanden
noch gute Soldaten, die
letzten bestanden nur noch
aus Gesindel.*

dier-Bataillone, die bei der Königsarmee die ersten Angriffe geführt hatten.

Für 1761 konnten 5 Infanterieregimenter schon nicht mehr ergänzt werden – d.h., ihre Reste vegetierten als Festungsbesatzung; andere kamen nur noch durch Zwangsaushebungen im nichtpreußischen Mitteldeutschland wenigstens äußerlich auf den kompletten Stand. Die statt dessen zahlreich aufgestellten »Freitruppen« wurden bereits charakterisiert; offenbar hat man diese

Sorte Ersatz wohlweislich nicht in die Feldregimenter einstellen wollen.

Außenpolitisch lockert sich das Bündnis mit England, das seine Kriegsziele erreicht hat und Frieden anstrebt. Frankreich ist völlig erschöpft und keine Gefahr mehr – aber die englischen Hilfsgelder fallen nun aus! Daß die Armee unter solchen Umständen überhaupt noch einsatzfähig bleibt, spricht für die zähe innere Qualität der von außen schwer angeschlagenen Institution. Man

Janitscharen der
»Ungarischen Infanterie«
vom Freikorps »Kleist« F II
Graphische Darstellung von
B. Koch nach Figuren einer
zeitgenössischen Tabaksdose
(früher Sammlung Mar-
garete Oppenheim)
Die Dose zeigte außen und
auf Innendeckeln nur Typen
dieses Korps in feiner
Miniaturmalerei. 1938
wurde die Dose dem Zeug-
haus Berlin angeboten,
doch machte man dort nur
Notizen. Zwei Formationen
bildete man in der »Uniform-
kunde« Neue Folge ab, vom
Rest erhielten sich nur Text-
bruchstücke. Unserer
Darstellung konnte zusätzlich
ein Foto des Dosendeckels
aus einem Versteigerungs-
katalog zugrunde gelegt
werden.
Entsprechend dem Ursprung
der Musik sind diese Typen
türkisch gekleidet. Sie
belegen die exotische
Uniformierung ihres Korps.

207

kann 1761 keine Schlacht mehr riskieren, da der gewitzte Gegner sich keine Blöße mehr gibt, die einen sicheren Erfolg verspräche. Aber auch die nun nahtlos vereinigte russisch-österreichische Übermacht wagt es nicht, den König in seinem schlesischen Defensivlager bei Bunzelwitz anzugreifen. Sieben Wochen liegt man sich untätig lauernd gegenüber, um dann ohne Kampf auseinanderzumarschieren; aber vor den Winterquartieren gehen noch die Festungen Schweidnitz in Schlesien und Kolberg in Pommern verloren – böses Omen für nächstes Jahr.

Jeder weiß: es wird das letzte sein! Ein Wunder? Jedenfalls ein Ende. Der König hofft noch auf die Türken, mit denen er seit Jahren in Istanbul – und allmählich mit einigen Fortschritten – verhandelt. Wenn nicht, dann der Freitod? Prinz Heinrich soll versuchen, für den Neffen dann das Bestmögliche noch herauszuholen. Der voraussichtliche Sieger zumindest an Oder und Ostsee wäre ohne Zweifel Rußland gewesen, und zu einer echten Reichsreform unter Österreichs Führung hätten es die übrigen Großmächte nie kommen lassen . . .

Nichts von alledem: am 5. Januar 1762 stirbt Elisabeth, Zarin von Rußland, und Preußen ist gerettet. Das Tagebuch eines Gardeoffiziers erzählt uns vom Eintreffen eines russischen Kuriers: niemand weiß, was er gebracht hat, aber am Abend spielt der König zum ersten Mal in diesem Winter Flöte.

Waffenstillstand, dann Frieden und schließlich sogar Bündnis mit dem neuen Zaren Peter III., dem Verehrer Friedrichs, ließen aus der Einkreisung eine simple schlesisch-sächsische Front werden. Den Preis dafür hat Preußen nicht zu zahlen brauchen: Peter war Herzog von Holstein, ehe ihn seine Tante, Zarin Elisabeth, zur russischen Thronfolge berief. Seinen Besitz in Schleswig hatte seit 1720 Dänemark okkupiert, und der Zar wollte ihn nun mit Preußens Hilfe zurückerobern. Schon marschierten vor Holstein die Armeen auf, und ein neuer furchtbarer Krieg drohte, kaum daß der Siebenjährige verlosch; denn nie hätte

England die Russen an den Ostsee-Ausgängen geduldet. Aber das Schicksal griff erneut ein: der Zar wurde im Juli des Jahres von seiner Gemahlin Katharina (II.) entthront, die an diesen Fragen wenig Interesse hatte. Nochmals zeigt sich Friedrichs Macht der Persönlichkeit: der Führer des russischen Hilfskorps Tschernitscheff meldet ihm den Umsturz in Rußland und der neuen Zarin strikten Befehl zum Abmarsch; aber der König bewegt ihn, noch drei Tage zu schweigen. So binden die Russen als Statisten Teile der österreichischen Armee, die der König bei Burkersdorf am 21. Juli schlägt.

Indes nutzte Preußen die Zeit, und die Armee war nicht wiederzuerkennen. Die Realitäten zwar änderten sich nur langsam: erst im Frühsommer trafen aus Ostpreußen die ersten Kantonisten, aus Pommern die besten der Landformationen ein. Aber die psychologische Situation war gewandelt, denn wer 1 : 3 ausgehalten hat, ist 1 : 1 des Sieges sicher, und der Feldzug entsprach diesen Erwartungen, wie wir sahen.

Für 1763 eine letzte rabiate Anstrengung: letztmals statt englischer Pfunde schamlos verfälschte Münzen und rücksichtsloser Druck auf die besetzten Gebiete – aber Österreich gibt auf.

Kriege werden auf mindestens drei Ebenen geführt. Als Österreich an der Wende 1761/62 militärisch fast gesiegt hat, verliert es politisch alles Erreichte und steht finanziell vorm Bankrott. Preußen ist zur gleichen Zeit militärisch am Ende, kann aber nun politisch England durch Rußland ersetzen und ist wirtschaftlich zwar in Not, doch vermag der moderne Zentralstaat seine restlichen Mittel besser zu aktivieren als der veraltete österreichische Ständestaat seine weit reicheren.

Der Friede von Hubertusburg am 15. Februar 1763 läßt die Landkarte gegenüber 1756 völlig unverändert. Preußen hat damit sein Kriegsziel erreicht, Österreich nicht. Der deutsche Dualismus ist für ein Jahrhundert festgeschrieben, Preußen als Stimme auch im europäischen Konzert anerkannt.

Copie eines Portraits von Blücher, der Uniform und dem Federbusch nach aus den Jahren 1762 — 63.

Kragen u. Aufschläge dunkelgrün Sammet. Schärpe u. Mützen cordon Silber, Alles andre Schnüre Gold. Pelzwerk bräunlich schwarz.

Ruinen und Ruhm, Ruhe und Rost

Nach Kriegsende ist Preußens innerer Zustand trostlos, sein äußeres Ansehen enorm. Sieben Jahre lang hat alle Welt den Kampf Davids gegen Goliath so angespannt verfolgt, daß man die großen Veränderungen auf anderen Kontinenten – Nordamerika und Indien fielen an England – kaum beachtete. England verehrte Friedrich, Frankreich achtete ihn hoch; im Reich wie in Amsterdam und der Schweiz, den publizistischen

fürchtet und die Siege mit Illuminationen und Vivat-Bändern bejubelt. So hat auch der Bürger im engeren Sinne des Wortes ein Verhältnis zur Armee gefunden; leider verkümmert es später wieder unter dem Druck einer Arbeitsteilung – hier Bürger, dort Militär –, die der König für zweckmäßig hält.

Denn es sieht böse aus, und für jeden Stand gibt es genug zu tun. Die Bevölkerung ist um eine halbe Million zurückgegangen, ihr Wohlstand vernichtet. In der Wirtschaft mangeln natürlich alle

Zentren Mitteleuropas, haben sich Parteien pro und contra Preußen wahre Schlachten mit der Feder geliefert, und sein Ruhm drang bis nach Übersee.

Die Staatsbürger sind »Preußen« geworden, denn dies Wort bedeutet nun nicht mehr die eine Provinz, auf der die Krone ruht, sondern den Gesamtstaat. Dabei ist der Krieg an keinem vorbeigegangen – alle haben die Niederlage be-

kriegswichtigen Güter; ihre Preise sind in guter alter Münze erhöht, in der schlechten neuen vervielfacht. Spekulation und Kriegsgewinne haben die alte kaufmännische Moral untergraben; der alsbald nötige Währungsschnitt trifft wie gewöhnlich die minder Gewandten und den Mittelstand.

Die Demobilisation des Heeres wird bereits in den Dienst des »Retablissements«, also des wirtschaftlichen Wiederaufbaus, gestellt. Aus den besetzten Gebieten treibt man vor Räumung rasch noch alle »restierenden« Gelder und Lieferungen ein, wirbt aber auch Menschen, von Bauern bis zu Meißner Facharbeitern, welche in Berlin die Königliche Porzellan-Manufaktur einrichten sollen; die Soldaten sollen sich aus Sachsen ehewillige Mädchen mitnehmen – möglichst mit Vermögen, notfalls ohne.

Kavallerie, Artillerie und Train geben die nun überzähligen Pferde in die Ostprovinzen; die Armeemagazine öffnen sich und teilen Saatkorn aus. Von den bleibenden wie von den aufzulösenden Truppen – nur wenige Kriegsformationen bleiben bestehen – eilen die Inländer zum Helfen nach Hause, die überzähligen Ausländer können sich vorteilhaft als Ansiedler niederlassen. So eröffnet das Heer die allgemeine Wiederherstellung, welche die zweite Regierungshälfte des Königs in Anspruch nehmen wird – und das erst hat ihn zum »Großen« gemacht.

Spielende Kinder,
um 1770
Gemälde eines unbekannten
Künstlers, wahrscheinlich
in Schlesien
(Berlin, Märkisches Museum)
Die Uniform hat hier keine
ursprüngliche Funktion
mehr: Die Kombination des
Hohen Ordens vom
Schwarzen Adler mit einer
Unteroffiziers-Uniform vom
Infanterie-Bataillon No. 50
(Silberberg) weist den
spielerischen Charakter der
Attribute nach.

Auf Seite 210:
Deckblatt einer
Sammlung von Manöver-
plänen Ludwigs IX. von
Hessen-Darmstadt 1769
(Darmstadt,
Landesbibliothek)
Die militärische Welt trägt
sich nun preußisch – in
Frankreich bewirkt es der
Kriegsminister, in Österreich
der Thronfolger. Es war
stets verlockend, den Sieger
zu imitieren, aber meist
blieb es bei der äußeren
Form, ohne daß man die
sozialen Voraussetzungen
entsprechend verändern
konnte.

*Rückkehr des Königs
vom Manöver 1785
Gemälde von Cunningham
(zweite Fassung)
(Potsdam, Schlösser und
Gärten)
Der Künstler schuf in Berlin
zahlreiche Portraitstudien,
die er dann zu verschiedenen
Gemälden kombinierte. Sie
alle belegen den inter-
nationalen Auftrieb am Hofe
des alten Königs, und keiner
der illustren Gäste ließ sich
die berühmten Potsdamer
Manöver entgehen. In
diesem Interesse begegneten
sich friedlich sogar die
Gegner aus dem jüngsten
Kriege in Nordamerika:
General Lafayette und der
Herzog von York (7. bzw. 12.
Kopf von rechts)
Von links nach rechts
(nur vordere Reihe):
Oberstleutnant v. Wolfrath
(H 2), Friedrich Wilhelm (III.),
Kronprinz Friedrich Wilhelm
(II.) (No. 18),
Friedrich August von Braun-
schweig (No. 19), Ludwig von
Württemberg (K 5), Friedrich
der Große, Carl Wilhelm Fer-
dinand von Braunschweig
(No. 21), Herzog von York,
v. Möllendorf (No. 25), Zieten
(H 2), Lafayette, v. Prittwitz
(K 10), v. Retzow (No. 6),
v. Götzen (Gen. Adjutant).
(Die Hintergrundpersonen z. T.
nicht sicher identifiziert)*

212

Sogar seine Sorge um die Armee muß dabei zurückstehen: erstmals treten zwischen den König und die einzelnen Regimenter »Inspekteure«, d.h. besonders beauftragte Generale, welche die Ausbildung der Infanterie oder der Kavallerieregimenter einer Provinz anleiten und ihren Leistungsstand kontrollieren. Nur in den alten Mittelprovinzen und Schlesien nimmt der König die alljährliche Revue noch selbst ab; in den Westen kommt er nur selten, und Ostpreußen hat er zeitlebens nicht wieder betreten, denn die allzu willige Huldigung an die russische Zarin 1758 hat ihm die Provinz verhaßt gemacht. Nach der ersten polnischen Teilung werden im neuen Westpreußen 5 neue Regimenter Füsiliere und je eins an Husaren und Lanzenreitern errichtet; künftig nehmen auch die ostpreußischen Truppen an den westpreußischen Königsrevuen teil.

Sonst bleibt der äußere Rahmen der alte, aber für das innere Leben der Armee bedeuten die Kriegsjahre eine tiefe Zäsur. Im Offizierskorps weicht das frühere Gefühl adliger Gemeinschaft einer Amtshierarchie der Ränge, was sich auch in den Umgangsformen innerhalb der Regimenter ausdrückt. Kriegserfahrene Offiziere werden – auch aus Sparsamkeit – möglichst lange beibehalten; so überaltern die Stabsoffiziere, und die jüngeren kommen nicht voran. Der gleiche Dienst Jahr um Jahr – Langeweile breitet sich aus und kommt nur partiell einer verbesserten Allgemeinbildung zugute: auffallend viele junge Offiziere nehmen zumindest passiv am erwachenden literarischen Leben der Nation teil, zumal in Potsdam und Berlin, wo nach wie vor der Theaterbesuch für Offiziere frei ist – denn auch die Theater sind ja königlich.

Langweiliger werden auch die Manöver. Ordnungs- und Aufmarschübungen im Sinne der Lineartaktik stehen im Vordergrund, nicht mehr die Entwicklung kriegsmäßiger Lagen aus der Tiefe des Geländes. Es ist, als ob man die letzten schlimmen Jahre des Kriegs vergessen wollte, und was man nun treibt, wird immer ausgetüftelter. Daß der große

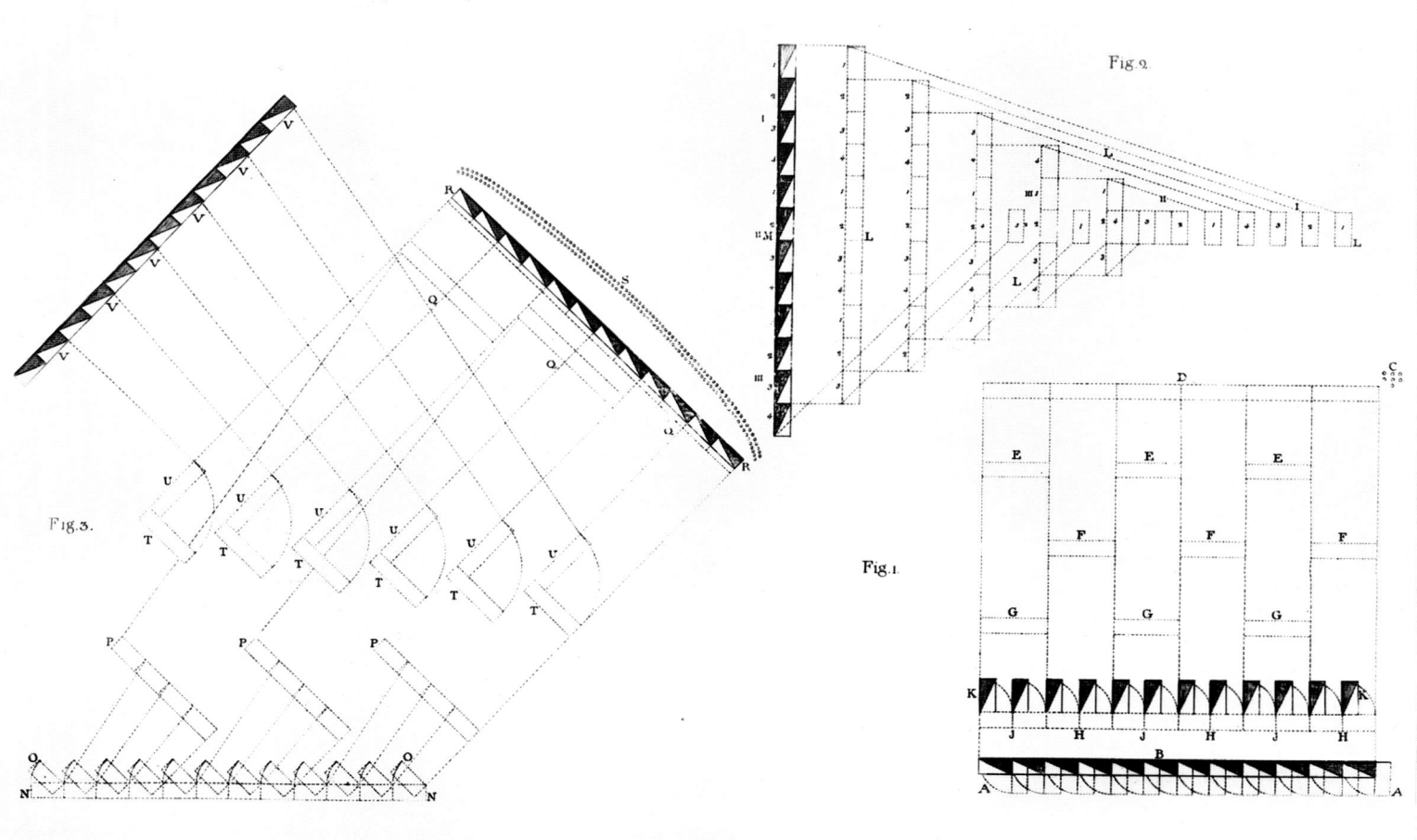

Exerziermeister, der Magdeburger Generalinspekteur v. Saldern, erwogen habe, ob 75 oder 76 Schritt pro Minute besser seien, ist zeitgenössische Legende, aber eine bezeichnende.

Man bringt die Armee zwar wieder in Ordnung, zementiert sie aber in alten Formen ein. Und es war doch 1763 wirklich kein Sieg, sondern nur ein Aushalten . . . Der kurze Feldzug 1778/79 um die Erbfolge in Bayern bleibt mehr eine politische Demonstration mit mili-

sultiert schon vor 1786 eine beklemmende innere Enge und Dürftigkeit, die mit dem gewaltigen äußeren Ansehen dieses Heeres seltsam kontrastiert und für die Zukunft nichts Gutes verheißt. Seydlitz als innerlich unabhängiger Gehilfe von Format ist 1773 zu früh verstorben. Friedrich selbst hat zwar gefühlt, daß neue Zeiten heraufzogen: kriegserfahrene Offiziere aus Nordamerika 1776/83 werden gern übernommen, wodurch Gneisenau nach Preußen

Schützenscheibe aus Schwäbisch-Hall, 1764 (Schwäbisch-Hall, Museum) Die Scheibe stellt jeweils der Schützenkönig des Vorjahres, hier ein Leutnant v. Dyherrn. Preußens Adler und die – fast korrekten – Standarten der Garde du Corps sprechen für einen preußischen Offizier – vielleicht kriegsgefangen auf dem Heimweg? Näheres bietet das dürftig erhaltene Listenmaterial nicht.

tärischen Mitteln; man kämpft vor allem mit Verpflegungsschwierigkeiten und Krankheiten, so daß man noch keine warnende Erfahrung mit nach Hause bringt.

Nimmt man dazu die Zwangsjacke des Mangels – bei weiter sinkendem Geldwert läßt das Retablissement keinen neuen Fonds für Armeezwecke –, so re-

kommt. Und 1785/86 beginnt der König, eine leichte Infanterie zu organisieren, aber an grundsätzlichen und weit gespannten Reformen hat das Retablissement ihn gehindert.

Trotzdem blieb die preußische Armee europäisches Vorbild, Potsdam das internationale Mekka der Militärs; man ahmte Taktik und besonders gern

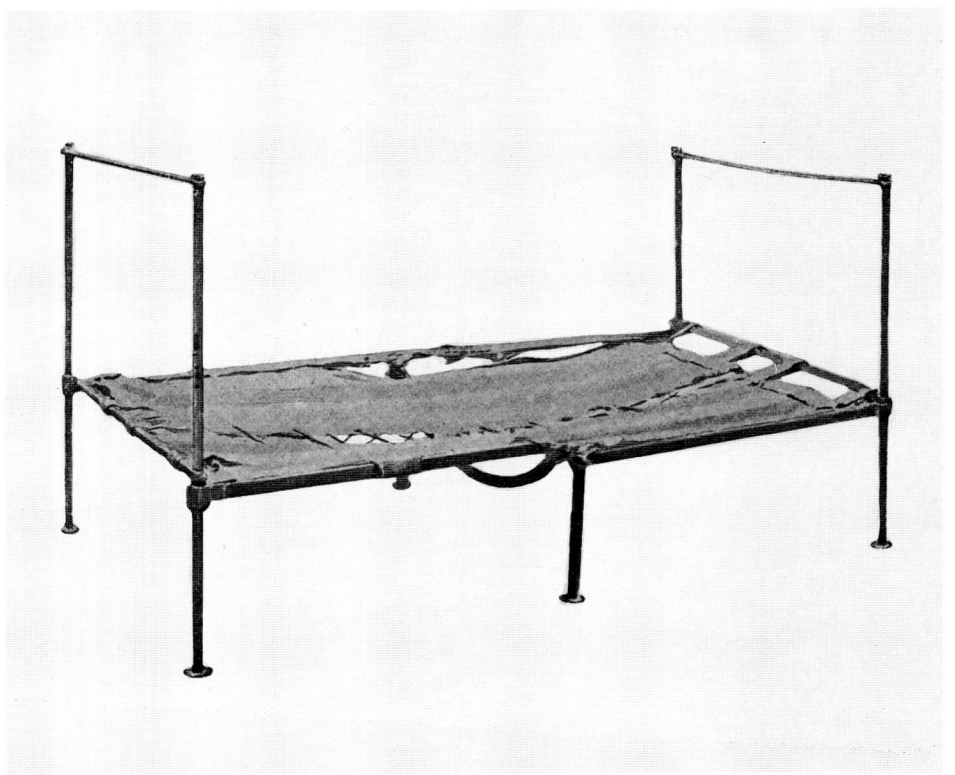

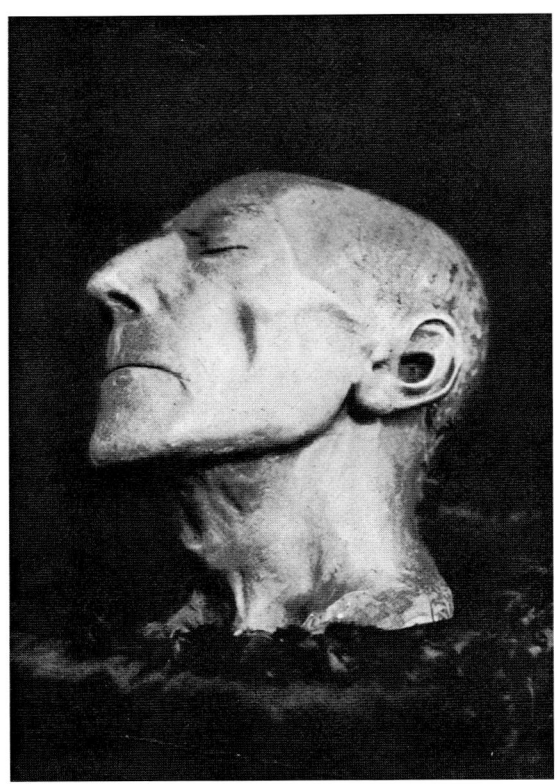

*Feldbett Friedrichs des Großen
Zeichnung nach dem Original von Schöbel (früher Berlin, Hohenzollern-Museum ?)*

Totenmaske Friedrichs des Großen, 1786 Abgenommen von Eckstein (Potsdam, Schlösser und Gärten)

Äußerlichkeiten nach: daß mittlere und kleine Fürsten ihre Leibgarde genau wie die Potsdamer kleideten, war vergleichsweise harmlos; in Frankreich aber hat die Einführung preußischer Stockdisziplin das Verhältnis zwischen Heer und Krone nachhaltig gestört – zugunsten der späteren Revolution – und in Österreich die Nachahmung des Kantonwesens die nationale Aufsplitterung des Heeres eingeleitet, an welcher der Kaiserstaat schon 1848 fast zerbrochen wäre. »Und wie er sich räuspert und wie er spuckt, das habt ihr ihm trefflich abgeguckt«, dichtet Schiller.

Als der König am 17. 8. 1786 starb, trauerte alle Welt um einen »aufgeklärten« und unendlich pflichttreuen Regenten – in Preußen mit einem gewissen Unterton der Erleichterung; das preußische Prinzip hatte ihnen seit nun 73 Jahren allzu nah auf den Nähten gesessen, und man fand, es habe sich in vielen Punkten durch seine Erfolge entbehrlich gemacht.

Spätzeit

Preußen – nur eine Armee mit etwas Staat dazu? Schon das Entstehen dieses Heeres als Teil einer weitgreifenden sozialen Neuordnung verneint diese Frage. Aber noch schärfer wird die beliebte These widerlegt durch den Zustand und die Entwicklung der Armee nach 1763. Denn während auf dem zivilen Sektor die Wunden des Krieges unter bedachten und unermüdlich durchgeführten Maßnahmen sogar bis zu einer gewissen Prosperität heilen, krankt die Armee im Abseits an Erstarrung und beginnender finanzieller Auszehrung. Auch sie hätte nun einer Erneuerung, also einer besonders klugen und konsequenten Führung bedurft.

Zwei Könige teilen sich genau in die beiden letzten Jahrzehnte des alten Preußen 1786 bis 1806. Man pflegt diese Zeit als einen kontinuierlichen Abstieg der Armee zur Katastrophe zu sehen, aber das ist ein Irrtum, denn die beiden Regierungsperioden scheiden sich gerade im militärischen Bereich scharf nach Voraussetzungen und Entwicklungen.

Bandkreuz des Roten Adler-Ordens (ehem. Zeughaus Berlin)

Die Könige

Die beiden Nachfolger erwiesen sich im Charakter jeder auf seine Art ungeeignet, die Reihe fürstlicher Talente fortzusetzen, auf die der exponierte und materiell chronisch überforderte Staat angewiesen war.

Seinen Neffen Friedrich Wilhelm II. (1786–1797) hatte schon Friedrich mit Sorge durchschaut: ein freundlicher Lebemann – Vaters Erbe! –, dessen Damen zwar wenig politischen Einfluß ausübten, ihn jedoch zu lockerem Gebaren in Gelddingen animierten. Er gab einfach ein schlechtes Beispiel, wobei die Berliner lokale »Sittenverderbnis« zwar europäisches Gesprächsthema, aber unbedeutend war gegenüber der Leichtfertigkeit und sogar Korruption hoher Verwaltungsbehörden, die nun zumal im Finanzwesen einzureißen begannen.

Der durchaus intelligente König war in politischen Fragen schlecht beraten, wobei man seine Schwäche wohl zu nutzen wußte: er war Spiritist, und man wußte ihm den Zorn seiner Ahnen vorzugaukeln für den Fall, daß er sich nicht am Krieg gegen Frankreich beteilige. Dieser Schritt (1792) war aber generell und für Preußen auch speziell sinnlos – Öl ins Feuer der Revolution.

Ähnlich stand es um die zweite und dritte Teilung Polens, die nur Belastungen brachten. Die erste 1772 war noch sinnvoll gewesen, denn sie ergab die Landbrücke nach Ostpreußen über vorwiegend deutsche Gebiete und eine strategisch bessere Grenze gegen Polen, das sich wenige Jahre zuvor von russischen Armeen als Aufmarschbasis und Etappe gegen Preußen hatte mißbrauchen lassen. Die folgenden Teilungen dagegen nahmen durch den elenden Zustand der anfallenden polnischen Gebiete nutzlos die Staatskräfte in Anspruch; zugleich wurde jener Pufferstaat vernichtet, den man gegen Rußlands Expansion hätte stärken und entwickeln sollen.

Positiv ist der Zuwachs durch die fränkischen Fürstentümer der Hohenzollernschen Nebenlinie zu bewerten, auf die der letzte Markgraf von Ansbach-Bayreuth 1792 verzichtete, unter dem

*Standartenadler
1740/1806*

*Friedrich Wilhelm II.
(Ansbach, Schloßgalerie)
Er trägt die neue Interims-
Uniform des Leibgarde-
Bataillons No. 15[1]*

Druck der Schuldenlast und im Wunsch, eine unstandesgemäße Ehe einzugehen. Nach einem Jahrhundert finanzieller Mißwirtschaft, die nur von Berlin aus zuweilen reguliert und eingedämmt worden war, begrüßten die Einwohner den Wechsel mit Freude: Stein und Hardenberg legten hier als Verwaltungsfachleute die ersten Proben hoher Begabung ab. Wäre es gelungen, die neuen Landesteile zu halten, so hätte Preußens Präsenz in Süddeutschland nie den Begriff einer »Mainlinie« aufkommen lassen.

Friedrich Wilhelm III. (1797–1840), der Sohn des II., ging ins historische Be-

wußtsein vor allem als Opfer Napoleons und Ehemann der Königin Luise ein. Darin liegt einige Wahrheit: er war ein braver Mann, ebenso einsichtig wie schwach, ebenso guten Willens wie pedantisch eng – alles in allem für den heraufziehenden Umbruch der Zeiten als Regent denkbar ungeeignet. Nachgiebig gegen allzu feinen Rat hat er freiwillig ein Lebensprinzip Preußens verletzt, das schon sein Vater notgedrungen angetastet hatte, als er 1795 das linke Rheinufer zu räumen gezwungen war: Im großen napoleonischen Länderschacher um deutsche Reichsteile ab 1801 gab der

220

Sohn neben den fränkischen Gebieten auch altpreußische wie Cleve preis für anderweitigen Gewinn. Als ob er einer seiner Duodez-Kollegen sei, verleugnete er die mühsam geschaffene besondere Bindung des preußischen Untertanen an *seinen* Staat – und die Quittung ließ nicht auf sich warten. Stets zögerte er auf seinem langen Weg, wenn es zu handeln galt: in den Freiheitskriegen haben Unzählige mit ihrem Leben bezahlen müssen, daß er nicht schon im Januar 1813 die letzten Franzosen der »grande armee« einfach verhaftete, und der anschließende Betrug an seinen Freiheitskämpfern lag auf der gleichen Linie. Es spricht für die gesunden Grundlagen des preußischen Staatsneubaus ab 1713, daß sie in wesentlichen Punkten diesen Monarchen doch überdauerten.

Die Armee
und ihr Weg zum Untergang
Reformversuche nach 1786
Beim Tod Friedrichs des Großen war der Wirtschaftssektor »retabliert«, der Staatsschatz wieder gefüllt. Es hätte nun des intensiven Engagements eines dritten Königs bedurft, auch das Heerwesen wieder in ein gesundes Verhältnis zu den Gefahren der geographischen Mittellage Preußens zu bringen.

Friedrich Wilhelm II. hat diesen Versuch unternommen, fühlte sich aber den Anforderungen an Entschluß- und Arbeitskraft offenbar nicht gewachsen. Er hat 1787 zwischen König und Armee eine neue, in Ressorts gegliederte Behörde eingeschaltet: das Oberkriegskollegium. Dieses hätte – vom Vertrauen des Königs berufen, von seinem Mißtrauen kontrolliert – in selbständiger Verantwortung positiv wirken können wie etwa später einmal ein Kriegsministerium und ein Generalstab. Statt dessen fühlte es sich nur als Vorzimmerinstanz und belastete durch unkontrollierte Schwerfälligkeit den Geschäftsgang: die Trägheiten summierten sich, und es ist erschütternd, wie viele Vorschläge in seinen Aktenschränken zur Ruhe gebettet, aber später von den Ereignissen bestätigt wurden.

Dabei hatte der König gute Gedanken: der alte Unterschied zwischen Musketier- und Füsilier-Regimenter fiel weg, und der Name »Füsiliere« ging an eine neu errichtete leichte Infanterie, grün gekleidet und vor allem ausgebildet im Gefecht der lockeren Schützenlinie, das den Preußen allerdings weniger lag; die Franzosen nannten sie später abwertend die »Chasseurs mit dem Vogel«, weil sie an der Kopfbedeckung einen Messing-

adler trugen – im Gegensatz zum Jägerkorps, das als »Chasseurs mit dem Strick« (Achselband!) beim Feind hochgeachtet war. Auch die innere Struktur der Infanterie wurde wohltuend vereinfacht – aber Einzelheiten lohnen nicht, denn der nachfolgende Pedant Friedrich Wilhelm III. drehte alles wieder zurück.

Standarte eines Bosniaken-Offiziers (Privatbesitz)
Die ganze Truppe war mit Lanzen bewaffnet, an denen eskadronweise verschiedenfarbige Fähnchen wehten. Die Offiziere hatten veritable Standarten, – die der Subalternen an deren eigener Lanze, die der Eskadrons-, Bataillons- und Regimentschefs von einem Träger geführt.

Militärverdienst-Medaille von 1806 (Privatbesitz)
Sie wurde – in Silber oder Gold – an Mannschaften für besondere Auszeichnung im Kampf verliehen, und zwar relativ selten, was dem Träger hohes Ansehen gab.

Auf Seite 220: Friedrich Wilhelm (III.), 1791 (Potsdam, Schlösser und Gärten) Der Kronprinz ist dargestellt als Chef des Infanterie-Regiments No. 18, das ihm 1790 verliehen wurde. 1792 wurde er Generalmajor; da er den Hut noch ohne Plumage trägt, ist er noch als Oberst portraitiert.

Preußische Kavallerie-
Offiziere vor der Berliner
Oper, 1788
Deckfarbenbild von
Niegelssohn
(Hessische Hausstiftung,
Schloß Fasanerie bei Fulda)
Der Künstler hat die Herren
beziehungsreich vor die
Oper plaziert – manchem
ein schwer erfüllbarer
Wunsch, denn es ist von
jedem der bis an die öst-
lichen Grenzen verteilten
Regimenter ein Offizier
dargestellt. Über den
Gesamteindruck hinaus sind
wieder die Details von
Bedeutung, hier besonders
die wenig bekannten
Offiziers-Schabracken.

Einsätze vor 1806

Wert oder Unwert der Armee ist in dieser Zwischenzeit schwer abzuschätzen. Sie kam dreimal zum Einsatz: gegen die niederländischen Patrioten, die 1787 die Französische Revolution vorprobten und dabei der Erbstatthalterin – Schwester des preußischen Königs – recht unfreundlich begegneten. Ein kleines preußisches Expeditionskorps, von der Statthalterpartei begrüßt, erledigte die Angelegenheit rasch und mit Geschick – aber ein Ernstfall war es eigentlich nicht.

Im legitimistischen Motiv parallel, aber in Dimension und Erfolgsaussicht recht anders war Preußens Eingreifen 1792 in Frankreich an der Seite Österreichs und anderer Verbündeter. Wie die Sache angefaßt wurde, war sie zumal für Preußen sinnlos und ging völlig schief. Man mußte froh sein, 1795 einen Separatfrieden mit dem revolutionären Frankreich zu bekommen, nachdem eine Menge Porzellan unrettbar zerschlagen war – darunter das französische Königtum.

Gleichzeitig kämpften die Polen verzweifelt, aber zu spät, um ihre letzte Unabhängigkeit, so daß Preußens Kräfte und Finanzen auch im Osten beansprucht wurden – dort im Bunde mit Rußland erfolgreich.

An beiden Fronten schlugen sich die Truppen gut – einige Schlappen sind in einer schlecht funktionierenden Koalition üblich. Mehr verdarb im Westen das Zögern der Heeresleitung – z.B. bei Valmy 1792 –, dessen Motive nie völlig deutlich geworden sind. Der Herzog von Braunschweig, Generalissimus wie 1787 in Holland, zeigte schon jene Schwächen, die ihn 1806 ein Opfer Napoleons werden ließen. Der von Friedrich so tief verachtete Kriegsrat, »in dem doch stets die furchtsame Partei obsiege«, war bereits feste Einrichtung geworden.

Innere Verfassung

Wie stand es um die Armee im einzelnen? Kann man Erscheinungen oder Entwicklungen nachweisen, die zur Katastrophe von 1806 führen *mußten*? Es ist landläufige Ansicht, daß sie in ihrer letzten Zeit schlecht gehalten, schlecht ausgerüstet und schlecht geführt wurde.

Ohne Zweifel waren ihre sozialen Voraussetzungen zum Teil veraltet. Neben dem faktisch schon befreiten Bauerntum gewann im Staat durch die Bemühung der Könige ein breiter Bürgerstand Bedeutung, doppelt wichtig durch die Tendenzen der »Aufklärung«; sie bewirkte die Neigung des Bürgers zur Emanzipation und sein Drängen zur

Macht. Diese Gruppe in ein gesundes Verhältnis zur Armee zu bringen war nicht gelungen; die Ansätze einer Gemeinschaft aus Not gingen nach dem Siebenjährigen Krieg wieder verloren. Auch das Adelsreservat der Offiziersstellen erwies sich nun als bedenklich, nachdem man es versäumt hatte, die staatstragenden Schichten – befreite Bauern und gebändigten Adel – um eine dritte zu vermehren:

Nicht auszudenken, was aus dieser Armee hätte werden können, wenn man die zweifelhaften Söldner durch bürgerliche Elemente ersetzt hätte, unter Aufhebung der Dienstbefreiungen bei verkürzter Dienstzeit. Ohne Zweifel hätte dieser soziale Umbau Energie und Ausdauer von oben her erfordert; da es an beidem fehlte, nützte auch das Modell nichts, das Graf Wilhelm von Schaumburg-Lippe längst theoretisch und praktisch vorgeführt hatte. Es bedurfte einer Katastrophe, ehe seinem Lieblingsschüler Scharnhorst, dem hannoverschen Bauernsohn, in Preußen freie Hand zur allgemeinen Wehrpflicht gegeben wurde.

So aber identifizierte der Bürger weiterhin »das Militär« mit jenen Söldnern, die er verachtete und deren Bändigung durch den Stock zugleich seinen neuen Vorstellungen von Menschenwürde widersprach. Mit ihnen verband er jenen Offiziersstand, zu dem er kaum Zutritt hatte: die Kluft war da. Auch die Offizierskorps waren nicht unschuldig, denn sie schlossen sich ab, weil sie einen zwar ehrenhaften, aber für bürgerliche Begriffe oft recht dürftigen Lebensstil einhalten mußten; die Bezüge der Jüngeren waren zu gering, und viele hatten keinen Zuschuß von zu Hause. Nur in gewissen Kavallerieregimentern stand es auch schon damals anders: reiche Offiziersanwärter wurden bevorzugt, andere lebten über ihre Verhältnisse und auf Pump. Schon der große Friedrich hielt die Offiziere der berühmten Bayreuth-Dragoner (D V) schlichtweg für Säufer – na ja, in Pasewalk . . . – aber auffällig wurden auch die Berliner Gens d'armes (K 10): sie waren dem König schon 1747 »zu galant«, und als Gegengift verordnete er ihnen einen entsprechenden Kommandeur. Ihre übermütigen Streiche vor 1806 wurden von Geschichte und Literatur negativ bewertet, weil das Regiment genauso elend kapitulierte wie die Masse der Kavallerie überhaupt. Darüber wurde vergessen, wie bescheiden, im ehemals polnischen Osten sogar dürftig, es bei unzähligen anderen Regimentern zuging.

*Dienender Adel: Familie v. Steinwehr Gemälde vermutlich **eines** unbekannten Künstlers (Familienbesitz)*
Von links nach rechts:
Friedrich Wilhelm (1735–1809) bei No. 23, gemalt 1784
Carl Friedrich (1769–1826) bei No. 17
Philipp Heinrich (1771–1846) bei No. 19
Friedrich Franz (1781–1841) als Cadet
Die drei Söhne Friedrich Wilhelms von Steinwehr sind um 1794 gemalt worden.
Es haben noch vier weitere Söhne in der Armee gedient; insgesamt brachte es je einer bis zum Generalleutnant und zum Oberst, drei bis zum Major, während einer 1801 als Ingenieur-Eleve verstarb und der Jüngste 1809 unter dem Herzog von Braunschweig fiel.

Königsrevue des Infanterie-Regiments »Herzog von Braunschweig« No. 19, 1791
Gemälde eines unbekannten Künstlers
(Marienburg/Hannover)
Links nimmt Friedrich Wilhelm II, den Vorbeimarsch ab, ihm zur Seite als Regimentschef Herzog Friedrich August von Braunschweig.
Generäle, selbst Generalfeldmarschälle hatten in Preußen bei der Königsrevue ihr Regiment persönlich vorzuführen, zu Fuß und mit dem Esponton in der Hand.
Als zweiter und dritter rechts vom König der Kronprinz Friedrich Wilhelm (III.) und sein Bruder Ludwig.
Die Truppe trägt das 1787 bei der Infanterie eingeführte »Kasket«, einen zweiklappigen Hut.

226

Auch die unveränderte Besoldung der Mannschaft erwies sich als immer ungenügender. Das traf weniger die Inländer als die »Diensttuer«, denn wer ließ sich schon zu solchen Verhältnissen anwerben? Strafen wurden für diese Elemente immer unerläßlicher, kontrastierten aber immer stärker mit dem neuen Menschenbild der Aufklärung. Vergeblich wurde auch von oben her mehr Humanität angestrebt: schon Seydlitz hatte in seinem Regiment und der ganzen schlesischen Inspektion das Schlagen untersagt, und vom Füsilier-Bataillon Boguslawski (F XXII) wird 1805 berichtet, daß die Spießrutenstrafe, also das Gassenlaufen, nur noch pro forma und in gemilderter Form angewandt wurde. Es fehlte aber auch hier die ordnende Hand von oben, die prinzipiell pädagogischen Ignoranten oder Rohlingen in den Arm gefallen wäre.

Ausrüstung

Viel Negatives hat man über die Uniform dieser Spätzeit zu sagen gewußt. Aber sieht man von fehlenden Mänteln oder schlechtem Schuhwerk ab, so ist die Uniform – ob gut oder schlecht – keine entscheidende Waffe zum Sieg; Mängel beeinträchtigen die Stimmung, werden aber im Ernstfall rasch provisorisch gedeckt. Trotzdem verdient die Bekleidung Aufmerksamkeit, weil sie den Geist widerspiegelt, in dem die Truppe ganz allgemein behandelt und versorgt wird.

Infanterie-Regiment No. 19 im Manöver, 1791 (Marienburg/Hannover) Links wieder der König und der Herzog – hinter dem König ein englischer Gast. Selten, und damit für die Spezialforschung wertvoll, ist die Gruppe der Tambours im Mittelfeld.

Hier differieren die beiden letzten Jahrzehnte altpreußischen Heerwesens ganz entscheidend.

1787 wird der Aufwand für Uniform zwar nur gering erhöht, aber der Schnitt bei der Infanterie ganz deutlich verbessert. Die Rabatten – bereits zu festgenähten Tuchflecken degeneriert – werden wieder mobilisiert zum Überknöpfen als echter Kälteschutz; auch die Rockschöße kann man in gleichem Sinne noch herablassen.

1798 dagegen ist die Finanzlage äußerst gespannt, und wieder hat es die Armee auszubaden. Jetzt erst kommt es zu all den Lächerlichkeiten, die bis in die Gegenwart das Bild dauerhaft prägten: das blaue Tuch des Infanterierockes wird

von 2,5 Ellen, die schon nicht gerade reichlich waren, auf 1,75 Ellen reduziert – ein wahrhaftes Affenjäckchen, wie es Stiche der Zeit gelegentlich ehrlich zeigen. Die unterhalb der Taille stark nach hinten – etwa im Sinne des Frackschnittes – weggestutzten Schöße sind nicht mehr herabzulassen, denn vom früheren Umschlag bleibt nur noch ein fest aufgenähtes Tuchstreifchen. Auch die Weste ist dem Sparstift zum Opfer gefallen: zwei rechts und links innen an den Rock genähte Läppchen täuschen noch Westenschöße vor! Entsprechend der damaligen Modetendenz sind auch die übrigen Kleidungsstücke krachend eng.

Aber man hatte Geld, um den zweiklappigen, recht praktischen Hut aus der Zeit 1787/97 wieder durch einen großen abgeflachten Dreispitz zu ersetzen, der bei der Kavallerie geradezu törichte Ausmaße annahm: »Luxurieren« als Endsymptom! Ob man mit diesen »Mühlrädern« überhaupt noch Galopp geritten ist? Eine wieder eingeführte teure Grenadiermütze war nicht das altpreußische Modell, also ohne Traditionswert und nur genauso unpraktisch wie die 1787 abgeschaffte. Mit dem finanziellen Zwang konkurrierte bis zum letzten Augenblick der uniformkundliche Spieltrieb des gekrönten Pedanten: als er 1806/07 nur noch über Teile Ostpreußens verfügt, können dort die Reserve-Bataillone nicht uniformiert werden, weil er sich inzwischen Uniformen nach russischem Muster in den Kopf gesetzt hat – aber es gibt in diesem Winkel zwischen Königsberg und Tilsit nicht mehr genug Schneider für seine Ambitionen.

Die Bewaffnung – im Ernstfall wesentlicher als die Uniform – war 1806 doch besser, als ein allzu negatives Urteil von Clausewitz lange Zeit hat glauben lassen. Scharnhorst hat sich vor und während der späteren Heeresreform mit der Wirksamkeit zumal der Infanteriegewehre beschäftigt, und zwar im modernen Sinn durch Reihenversuche und Vergleich der Ergebnisse. Dabei erwies sich das altpreußische Gewehr als durchaus noch genügend. Mißbräuche bei ein-

„Die Waffen des Soldaten wurde immer blank erhalten; die Gewehrläufe mit dem Ladestock fleißig poliert, die Schäfte alljährlich gefirnißt, aber die Gewehre waren die schlechtesten in Europa.“
v. Clausewitz „Nachrichten über Preußen in seiner großen Katastrophe“

229

zelnen Regimentern – wie zu dünne Läufe durch ständiges Polieren oder das Lockern der Schrauben für klirrende Griffe und ähnlicher Firlefanz – kamen vor, haben aber die französische Armee bei Jena keineswegs vor sehr bitteren Verlusten bewahrt. Der wandernde Schlossergeselle Dreyse fand zwar dort auf dem Schlachtfeld viele preußische Gewehre geladen und nicht losgegangen. Er bezog daraus die Anregung für seinen späteren Zündnadel-Hinterlader, aber der Fehler lag im ganzen System: das

Füsil mit seinem Steinschloß war eben kein ideales Gewehr, und die nächsten Verbesserungen – Perkussionszündung und Stauchpatrone – haben noch Jahrzehnte auf sich warten lassen. Gerade in Preußen war ein Füsil »Nothardt« in Vorbereitung, von dessen kleinerem Kaliber und geringerem Gewicht man sich viel versprach – zu spät, wie so vieles! Es hat 1806 noch keine Rolle gespielt.

Die französische Artillerie, Napoleons Spezialwaffe, erwies sich der preußischen deutlich überlegen. Ihr »System

Musketier und Offiziere
1800
Kolorierte Kupferstiche aus
der Folge von Ramm
Von links nach rechts:
Musketier und Offizier vom
Infanterie-Regiment No. 12.

Gribeauval« war in den Grenzen der Zeit besonders gut ausgewogen und durchdacht, aber schwerer wog ihre höhere Gewalt im taktischen Einsatz, insbesondere in der Massierung, als Resultat langjähriger Kriegserfahrung.

Taktik
Auch Gründe formaltaktischer Natur hat man für die Niederlage 1806 bemüht. Das ausgehende 18. Jahrhundert sah im Tiraillieren, also im Gefecht der Schützenschwärme, ein Wundermittel.

Diese Taktik wurde 1776 in Nordamerika aus der Not geboren: man konnte die Milizen der Rebellen in der Eile nicht zu perfekten Linearsoldaten ausbilden, zumal bei begrenzter Dienstzeit die Mannschaften immer wieder wechselten. So bot sich als Ersatz das aufgelöste Gefecht an, das man sowieso gegen die Indianer geübt hatte. Vor ganz ähnlichen Verhältnissen stand die französische Heeresleitung 1792: die alten königlichen Linienregimenter hatte man aus Mißtrauen in ihre Zuverlässigkeit ba-

Offiziere der Garde du Corps (K 13), in Interims- und Gala-Uniform.
Der rote Rock der Offiziere bei den Gens d'armes und der Garde du Corps, also den Gardereitern, ist ein letzter Beleg des roten Adelsrockes, der heute nur noch im Reitsport gelegentlich zu sehen ist.
Durch das übertriebene Wegstutzen der unteren Rockpartien nach hinten wird die Bekleidung unzweckmäßig; auch die 1798 wieder eingeführten großen Hüte waren für Soldaten unhandlich.

taillonsweise mit revolutionären Volontairs, die keine wesentliche Ausbildung hatten, zu Halb-Brigaden kombiniert. Und wieder glückte der Versuch einigermaßen, weil es nicht an der Idee fehlte, welche diese Kämpfer auch in loser Ordnung zusammenhielt: war es in Amerika die Freiheit des Vaterlandes, so in Frankreich der Kampf gegen ungerechte Aggression, der die Freiwilligen begeisterte. Kein Heer der Welt hat sich diesem Beispiel entziehen können, und auch in Preußen gab es leichte Bataillone und

Anders bei der Kavallerie: hier haben tatsächlich taktische Mängel eine Waffengattung nicht zum Zuge kommen lassen, die sogar Napoleon fürchtete. Man urteilt heute, daß sie falsch verteilt gewesen sei – keine Massen dort, wo es auf sie angekommen wäre; aber die meisten Regimenter versagten auch bei den verzettelten Kleinaktionen.

Welcher Unterschied zum Tag von Roßbach, 50 Jahre zuvor: in der gleichen Gegend um die gleiche Jahreszeit der unwiderstehliche Ansturm der von Seydlitz

Feldlager bei Frankenthal/ Pfalz 1793
Zeichnung eines unbekannten Künstlers
(Rastatt, Wehrgesch. Museum)
Oberst Szekeli (H 7) »wirft einen scheelen Blick auf die ihm vorgebrachten französischen Gefangenen«. Der Zeichner will alle im Streifkorps dieses Herrn vertretenen Truppen vorführen und ihn selbst karikieren.

Schützenschwärme; aber daneben blieb die Linie im Gefecht üblich, für England sogar das alte Pelotonfeuer noch bis auf das Schlachtfeld von Waterloo 1815. Auch der französische Kolonnenstoß nach Artillerievorbereitung, Napoleons großes Entscheidungsmittel, hatte seine Wurzeln tief im 18. Jahrhundert bei den Kolonnen des Theoretikers Folard um 1730, als extreme Gegenform zu allem Plänklerwesen.

geführten breiten Attacken! Und hier das zaghafte Vorpreschen und Umkehren der einzelnen Schwadronen – nichts könnte besser die entscheidende Kraft des Willens bezeichnen, der ein so empfindliches, stimmungsabhängiges Instrument wie die Kavallerie zum Sieg führen muß. Verzettelt und indisponiert – so ging eine Reiterei ruhmlos zugrunde, die man für die beste der Welt gehalten hatte.

232

Die höhere Führung

Die Infanterie tat überall ihre Pflicht, aber es war unverkennbar, daß die französischen Bataillone ihr an Ausdauer im entscheidenden Moment überlegen waren. Die Führungskrise der preußischen Armee war bis unten hin fühlbar geworden, durch Langsamkeit, Fehldispositionen und Unvermögen, in kritischen Augenblicken rasch zu improvisieren; die Truppe hatte die Altersschwächen ihrer höheren Führung erkannt. Demgegenüber die Franzosen: unter Napoleon

Führung nicht wesentlich unter den preußischen Ziffern von 1806 gelegen – aber gleichmäßig auf beiden Seiten!

Auch die unteren Führer waren in Preußen überaltert, und zwar absolut; denn seit 1800 war der Pensionsfonds erschöpft, und 1801 hatten bereits 388 invalide Offiziere aus diesem Grund im Dienst bleiben müssen.

Das Schlimmste aber kam erst nach den Niederlagen in Thüringen. Zu all den Führungsmängeln und Kopflosigkeiten trat nun der moralische Zusam-

Die neuen Grenadier-mützen von 1799 Kupferstich der Zeit Es war nicht das alte friderizianische, sondern ein ebenso kostspieliges wie unpraktisches neues Modell. Gegenüber dem »Kasket« von 1787 bedeutete auch diese Uniformspielerei des neuen Königs einen Rückschritt.

noch nie geschlagen, der Glanz des Kaiserreichs durch den siegreichen Feldzug gegen Österreich und Rußland 1805 voll bestätigt . . .

Der Altersunterschied der Führungsgruppen auf beiden Seiten war enorm:
Preußen: von 11 höheren Führern

33	Jahre	1
50	Jahre	1
60–70	Jahre	9

Franzosen: von 12 höheren Führern

30–40	Jahre	8
42–53	Jahre	4

Das mittlere Alter der französischen Gesamtgeneralität lag dicht über 40 Jahre, mindestens anderthalb Jahrzehnt niedriger als in Preußen.

Das Gravierende dabei war die Differenz, weniger das Alter an sich, denn in allen späteren Kriegen bis zum 1. Weltkrieg einschließlich hat das Alter der

menbruch jener, die innerlich nicht aufs »Einstecken« vorbereitet waren, gipfelnd im Versagen der Festungskommandanten. Von keiner Kampfhandlung berührt, im Schutz perfekter Werke und mit allem Nötigen ausgestattet, ergab sich eine Festung nach der anderen, kaum daß der Feind sich vor den Toren zeigte. Das Studium dieser Vorgänge sollte abstoßende Pflichtlektüre für Soldaten sein: wie schnell auch ohne sachlichen Grund Defaitismus, Schwäche und Pflichtvergessenheit selbst bis dahin ehrenhafte Leute befallen und beherrschen können, wenn nicht in ihnen selbst oder neben ihnen sich Widerspruch erhebt.

Und die preußische Kommandostruktur schloß Widerspruch von unten her praktisch aus. Liest man die Szenen nach, so vermißt man immer wieder den entschlossenen Mann, der die angstzit-

Königsrevue der Truppen der Fränkischen Inspektion, 1803
Kolorierter Kupferstich von Geißler nach v. Kobell
Diese vormals Ansbach-Bayreuther Truppen ergänzten sich weiter aus den fränkischen Fürstentümern, die 1792 mit Preußen vereint worden waren.
Kleinstaatliche Mißwirtschaft ließ die Bevölkerung begrüßen, daß der letzte Markgraf seine Gebiete dem Brandenburger Vetter übergab. Noch 1807 kämpften viele dieser Soldaten freiwillig in Schlesien mit für Preußens fast verlorene Sache.

Einrücken der Garde
du Corps (K 13) ins
Exerzierlager bei Potsdam
1803
Kolorierter Stich von Kolbe
Durch eine Reihe ähnlicher
Stiche erleben wir außer
einem Artillerie-Manöver
mehrere Kavallerie-Regi-
menter beim Lagerleben,
ein sonst kaum dargestelltes
Thema. Zumal Zeichnungen
von Lagergerät sind will-
kommen, wie hier die einzige
bekannte Darstellung einer
Feldkrippe (rechts vorn):
zusammenlegbar aus Leinen.

„Ruhe ist die erste Bürger-
pflicht. Ruhige Fassung ist
dermalen unser Los, unsere
Aussichten müssen sich nicht
über das entfernen, was in
unseren Mauern vorgeht. Dies
ist unser einziges höheres
Interesse, mit dem wir uns
allein beschäftigen müssen."
Ausspruch des Ministers von
Schulenburg nach der Schlacht
bei Jena

ternde Exzellenz, die nur an ihre Bagage
und ihr persönliches Eigentum dachte,
ins Gesicht geschlagen oder als krank
vom Kommando gewaltsam abgelöst
hätte. Das aber war im preußischen Ob-
rigkeitsstaat nicht drin: er lebte nach wie
vor von der reinen Subordination; sie
hatte in der Not von 1713 und bis 1761
aber nur deshalb genügt, weil die mon-
archische Spitze damals nicht nur formal,
sondern ganz real Vorbild, Motor und
Richter war.

Die Katastrophe
Der Zusammenbruch des Feldheeres ist
kurz und vernichtend: Zwei Vorgefechte
bei Schleiz und Saalfeld gehen unglücklich aus; dann folgen am 14. 10. 1806 in
zwei getrennten Kampfhandlungen die
Niederlagen bei Jena und Auerstedt. Die
Truppen taten ihre Pflicht, die Führung
versagte in, vor und nach der Schlacht,
um es auf einen groben Nenner zu bringen. Der Rest war Flucht bis zur Weich-
sel.

Überrollt wird ein unfähiger Mon-
arch, in dessen Umgebung zeitweise nur

die Königin »wie ein Mann« denkt. Napoleon hat sie nicht umsonst gefürchtet
und gehaßt, und noch nach ihrem Tod
begleitet ihr Andenken alle, die erst
heimlich, dann offen für die Freiheit eintreten. Untadelig benimmt sich der Adel
– um so bedenklicher das Großbürger-
tum. Der berühmte Aufruf des Gouver-
neurs von Berlin hätte diese wohlhaben-
den Herren nicht zur Ruhe zu mahnen
brauchen – Weltbürgerlichkeit war
Mode, und national dachten sie erst wieder, als die Franzosen sie ausgeplündert
hatten. Inzwischen stellten sie dem
»Empereur« in Berlin eine berittene No-
belgarde – prächtig uniformiert und an-
genehm gefahrlos, Soldatenspielerei für
feine Leute.

Die breite Masse war anfangs kon-
sterniert, aber bald bekundete sich auch
im Untergang noch, daß Preußen einst
zwar nicht als Staat *der* kleinen Leute,
aber *für* kleine Leute konzipiert worden
war. Die Bemühungen der Anständigen
bleiben in der Niederlage meist unver-
merkt; am Überlieferten gemessen müssen sie aber erheblich gewesen sein: Ret-

tung königlicher Kassen und Militäreffekten, Hilfe für die »Ranzionierten«, also Selbstbefreite, die zur Armee zurückwollten, und hier und da sogar Anklänge an einen Guerilla-Krieg, dem damals allerdings das spanische Vorbild noch fehlte – und all das so oft in krassem Widerspruch zur feigen Haltung einiger hoher Behörden. Die behaupteten Freudenbezeugungen der breiten Bevölkerung Berlins beim Einzug des französischen Kaisers sind inzwischen als die üblichen Bulletin-Lügen nachgewiesen.

Im militärischen Bereich versagte die Generalität derart, daß Ausnahmen von der Regel es leicht hatten, sich für die Zukunft zu empfehlen. Generalmajor v. Yorck und seine Jäger zeigten, daß man auch beim Rückzug noch um sich beißen kann – Gefecht bei Altenzaun Ende Oktober –, und das Korps Blücher ging in Lübeck im Kampf gegen die Übermacht unter; als der General sich nördlich der Stadt mit den Letzten ergeben mußte, verlangte er den Grund in die Kapitulation aufzunehmen: »Weil ich kein Brot und keine Munition habe« –

die Franzosen gaben erst nach, als er andernfalls einen Verzweiflungskampf androhte.

Über sämtliche preußische Offiziere ist sofort nach Kriegsende ein Ehrengericht gehalten worden, und die Masse hat nicht nur dabei, sondern weitere fünf Jahre später auch die neue Probe glänzend bestanden. Vom Offizierskorps der Befreiungskriege hatten bis herab zum Hauptmann alle, von den Leutnants sehr viele schon 1806 teilgenommen. Was inzwischen an Jüngeren, z.T. bürgerlich oder 1813 freiwillig, hinzutrat, brachte Schwung neuer Art mit, aber der hätte nicht genügt ohne die Erfahrung der altpreußischen Offiziere und deren gleichbleibende Hingabe an ihre Pflichten. »Das Volk steht auf, der Sturm bricht los . . .«, mag für den ersten Augenblick stimmen, aber auf die Dauer bedarf es soldatischer Kampferfahrung; auch der vielzitierte spanische Volkskrieg 1807 bis 1813 wäre von Napoleon schnell beendet worden, wenn nicht die regulären englisch-hannoverschen Regimenter dahintergestanden hätten.

Friedrich Wilhelm Prinz zu Solms (1770–1814) Gemälde eines unbekannten Künstlers, um 1800 (Braunfels, Schloß) Der Prinz war mit der Schwester der Königin Luise verheiratet, trat militärisch nicht wesentlich hervor, bewährte sich aber in der Katastrophe. Er stand im Husaren-Bataillon H 11; sein Bruder (rechts) war Offizier der Husaren Hessen-Kassels. Das husarische Reitzeug ist reich geschmückt, an der Uniform fällt der hochsteigende Kragen auf. Der Rote Adler-Orden ist wie so oft nachgemalt: Er erhielt ihn erst 1811.

Das Treffen bei Saalfeld,
10. X. 1806
Der Tod des Prinzen Louis
Ferdinand bei Saalfeld hat
die Zeitgenossen besonders
bewegt. Im Gegensatz zu
dem nüchternen König war
der Prinz eine »genialische«
Natur – die Hoffnung der
jüngeren Offiziere. Der
König lehnte ihn ab; nur
der alte Prinz Heinrich
zeigte ihm Verständnis.

Die Fahnenjunker des
Infanterie-Regiments
»Tresckow« No. 17 ver-
suchen im Gefecht bei Halle
am 17. X. 1806 die Fahnen
zu retten.
Stich der Zeit
Der Vorgang, bei dem die
Junker ertrunken sein sollen,
wurde schon 1808 in einer
Schrift bestritten. Trotzdem
lebte er als Legende weiter
im Sinne moralischer Wieder-
aufrüstung.

Die Masse der Feldtruppen ging durch Kapitulation teils in Festungen (Erfurt 10 000, Magdeburg 24 000 Mann), teils in freiem Felde unter. Diese letzteren Kapitulationen betrafen immerhin Geschlagene, Gejagte; betrachtet man die Umstände, so besteht zwar Blücher, nicht aber Hohenlohe, der sich bei Prenzlau mit 10 000 Mann fast kampflos ergab.

Von den Besiegten trat nur etwas Abschaum in Napoleons Fremdtruppen ein – vor allem in das Regiment »Preußen«

des Prinzen Isenburg. Die Masse versuchte, sich der Gefangenschaft zu entziehen, und ging teils nach Hause, teils auf Schleichwegen zum fechtenden Rest der Armee in Pommern, Ostpreußen und Schlesien. Ihre Zahl ist in den provisorischen Formationen und Freikorps dort nicht sicher zu bestimmen, dürfte aber schließlich 20 000 bis 30 000 Mann betragen haben.

Bis zum Frieden von Tilsit vom 9. 7. 1807, der den preußischen Staat halbierte, wird in diesen drei Provinzen wei-

tergekämpft; in Pommern und Schlesien geht es um Festungen, nur in Ostpreußen steht mit russischer Hilfe noch eine Armee im Feld. Die äußeren Ereignisse gehören der Kriegsgeschichte an, während die altpreußische Armee bereits mit dem »Ortelsburger Publicandum« vom 1. 12. 1806 endet. Seine Strafbestimmungen geben den erwähnten Ehrengerichten die Grundlage, aber darüber hinaus weisen andere Verfügungen schon jenen Reformwillen nach, der nun in der Not endlich zum Zuge kommt.

Was blieb?

Als man im Restgebiet unter dem Diktat des Siegers Bilanz zieht, ist von der Feldarmee das Reservekorps verblieben: 9 Infanterie-Regimenter, 6 Füsilier-Bataillone, 1 Kürassier- und Husarenregiment sowie 4 der Dragoner. Sie gehen in der einen oder anderen Form in die neupreußische Armee über – ebenso 14 Depot- oder III. Bataillone weiterer Infanterie-Regimenter.

Nur wenige Truppen entkamen ganz oder in geschlossenen Teilen dem Desa-

„ . . . 9. So lange der Krieg dauert, wird der Unteroffizier und Gemeine, wenn er sich durch Gewandheit und Geistes-Gegenwart besonders auszeichnet, so gut Officier, wie der Fürst. Nur der, welcher Verbrechen begangen, ist vom Officier-Range ausgeschlossen. 10. Wer sich ausgezeichnet hat und vor dem Feinde bleibt, dessen Wittwe erhält eine Pension, die mit dem Grade, den ihr Mann bekleidete, im Verhältniß steht. 13. Landeskinder, welche bei dem Feinde Dienste genommen haben, und mit den Waffen in der Hand betroffen, gefangen werden, werden ohne Gnade erschossen."
„Ortelsburger Publicandum" vom 1. XII. 1806

Prinz August Wilhelm von Preußen (1779–1843) Gemälde von Grassi, um 1804 (Berlin, Schloß Charlottenburg) Sohn des Prinzen Ferdinand, Bruder zu Louis Ferdinand 1797 Kapitän bei No. 26 1800 Major 1803 zu No. 13, Kommandeur des Grenadier-Bataillons 1/13 1806 Führer einer Grenadier-Brigade Der Prinz ist dargestellt in der Uniform von No. 13. Nach der Niederlage versuchte er sich der Kapitulation von Prenzlau zu entziehen, wurde aber verwundet und gefangen. Er nahm an den Freiheitskriegen teil und wurde später Chef der preußischen Artillerie, die er völlig reorganisierte.

*Garde du Corps (K 13)
und Leibhusar (H 2), 1806
Kolorierte Stiche aus der
Serie von Henschel
Die ganze Armee sollte
dargestellt werden, aber nur
24 Blatt erschienen noch.
An den Uniformen zeigt
sich die luxurierende Pracht,
die das Ende ankündet.*

ster in Mitteldeutschland. Eigenartigerweise begegnen uns hier am anderen Ende der Skala wieder stolze alte Kavallerieregimenter: Gardes du Corps (K 13), Königin-Dragoner (früher Bayreuth, D V), weiter D IV (früher einmal »Grenadiere zu Pferde«). Außerdem schafften es leichte Truppen: drei Husaren-Regimenter H 4 (die weißen) und H 6 (die braunen) sowie H 8 (Blüchers rote) und drei Füsilierbataillone.

Die Analyse dieser Einzelschicksale zeigt den energischen Kommandeur als

bildete Garde als Fortsetzung der alten Gardetruppen gelten läßt, hier also von seinen so strengen Grundsätzen völlig abweicht.

Mehr als die rühmlichen Ausnahmen vom Untergang der Feldarmee sollten einige Festungen bedeuten, die sich nicht ergaben. Auch sie waren Ausnahmen, denn das Spektrum der Kapitulationen reicht vom Übelsten – Hameln, Erfurt, Magdeburg – über sehr laue oder ungeschickte Verteidigungen bis zu Danzig, das trotz bester Bemühung sozusagen

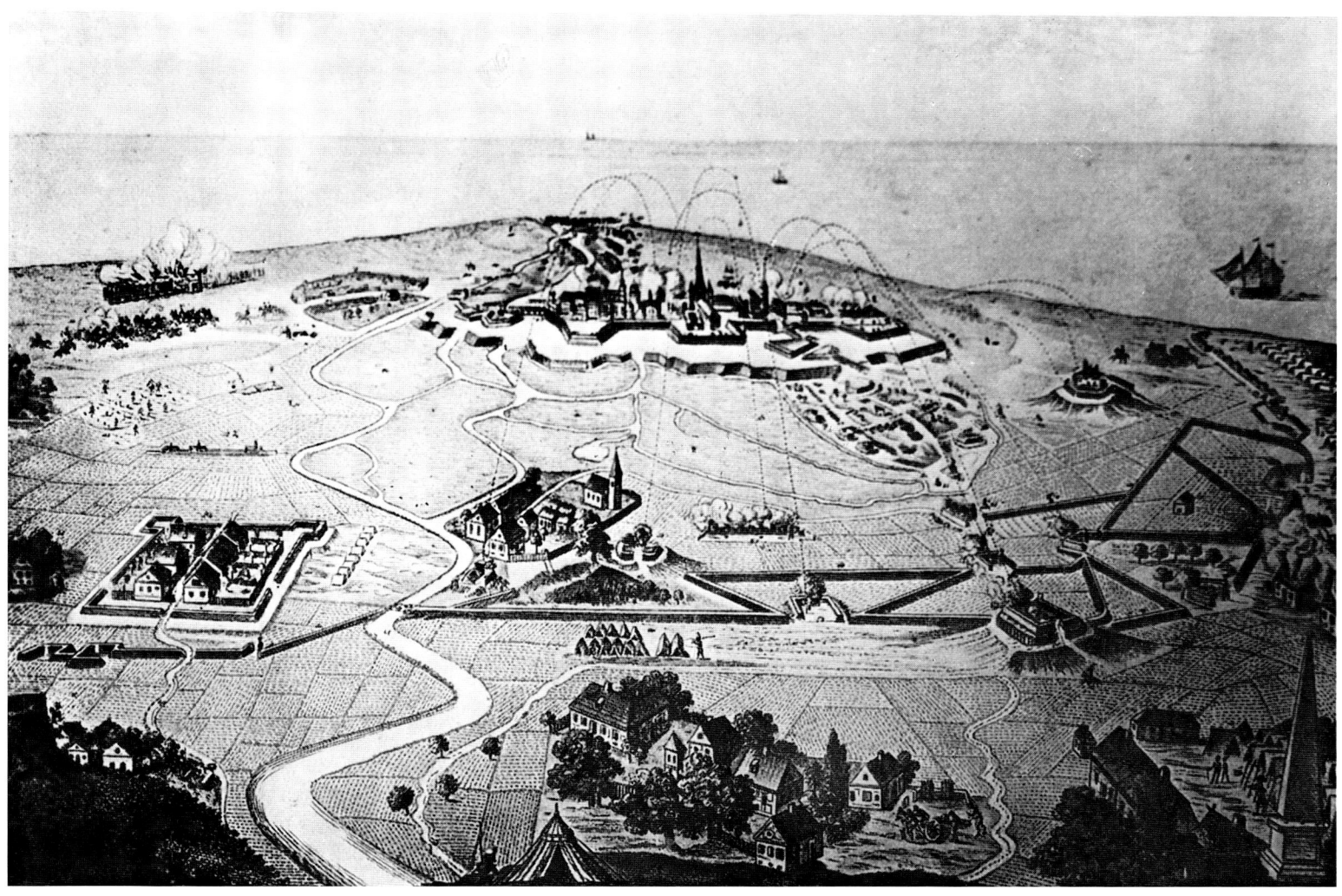

Voraussetzung; weiter meistern leichte Truppen ganz offensichtlich die Rückzugsrisiken besser als schwere, und schließlich siegt bei Eliteregimentern einfach der Wille – Tradition als Antrieb zum Entschluß.

Alle übrigen Einheiten werden auch »de jure« strafend aufgelöst. Daß man dabei die unter Blücher kämpfend untergegangenen Regimenter in einen Topf wirft mit all den Kapitulanten, empört um so mehr, als der König seine neugs-

ehrenvoll unterlag. In die Zukunft wiesen vielmehr die Verteidigung von Hinterpommern durch Kolberg, die Oberschlesiens von Glatz, Silberberg und Cosel aus – weiter die Entschlossenheit, mit der sich das isolierte Graudenz hielt. Hier wie in Cosel befehligte jeweils ein Veteran aus den Freitruppen des Siebenjährigen Krieges: der Hugenotte L'Homme de Courbière kam ursprünglich aus holländischem Dienst, der Bürgerliche Neumann von der Universität,

Belagerung von Kolberg 1807
Zeitgenössischer Stich
Die relativ kleine Festung band erhebliche feindliche Truppen und hätte Brückenkopf für ein Eingreifen Schwedens werden können. Noch wichtiger war die moralische Wirkung der durch Hartnäckigkeit erfolgreichen Verteidigung.

Links:
Gerhard Leberecht von
Blücher (1742–1819),
um 1793
Zeitgenössischer Stich
Lebensdaten bis 1806
vgl. Seite 209.
Nach Austausch wurde er
Oberbefehlshaber in
Pommern; 1813 führte er
die Armee in Schlesien,
siegte an der Katzbach und
bei Leipzig (dort General-
feldmarschall).

Rechts:
August Neidhardt von
Gneisenau (1760–1831)
Miniatur um 1795
Aus süddeutschem Klein-
adel.
Diente für Ansbach-
Bayreuth 1782/83 in Nord-
amerika, bat dann um
Aufnahme in den preußi-
schen Dienst.

während auf den Wällen Kolbergs der Wahlpreuße Gneisenau das Kommando führte – Franke wie sein bester Gehilfe v. Waldenfels, der auf der Wolfsschanze fiel.

Schon ehe der Franke v. Stein den Staat, der Hannoveraner Scharnhorst die Armee im Großen reformiert, wird hier deutlich, was Preußen weiter für Deutschland bedeuten sollte: einen Kristallisationspunkt derer, die im Staat und seinen Machtmitteln eine moralische Verpflichtung verkörpert sahen, nämlich den Schutz einer Gemeinschaft, die Kleine und Schwache einbezieht. In die-

sem Sinne war Altpreußen fast 100 Jahre zuvor entstanden, und diese Vorstellung ging als preußisch in ein neues Jahrhundert über, von der Katastrophe unberührt.

Anhang

Zu den Tabellen

Es wurden außer Jany, Schmoller, Preuss und Koser (vgl. »Weiterführende Literatur«) herangezogen

W. Fix »Übersicht zur äußeren Geschichte des preussischen Staats« (Berlin 1858)
A. F. Riedel »Der Brandenburgisch-Preussische Staatshaushalt in den beiden letzten Jahrhunderten« (Berlin 1866)
R. Koser »Zur Bevölkerungsstatistik des preußischen Staates von 1756–1780« in »Forschungen zur brandenburgisch-preußischen Geschichte« Bd. 16, S. 583 (1903)

In all diesen Arbeiten sind allerdings die Bevölkerungsziffern für das 17. und frühe 18. Jahrhundert nur geschätzt, und Differenzen ergeben sich noch bis zum Ende des alten Preußen: Statistik wurde erst nach dem Siebenjährigen Kriege begonnen, und ihre Ergebnisse galten als so geheim, daß sie offenbar sogar absichtlich durch Widersprüche verschleiert wurden. So bleibt nur übrig, die wahrscheinlichen Mittelwerte einzusetzen.

Wesentlich zuverlässiger sind die Finanzetats, also Einnahmen und Ausgaben des Staates, bekannt. Die Flächenmaße schließlich sind ja noch heute kontrollierbar, also exakt; nur ist zu berücksichtigen, daß sich die Grenzen der Landesteile vor allem seit 1815 oft stark verändert haben.

I. Gebiet und Einwohner Brandenburg–Preußens 1640–1806

	Quadratmeilen*	Einwohner (Millionen)
Kurmark und Neumark	696	
(Ost-)Preußen	672	
Cleve/Mark/Ravensberg	102	
Kurfürst		
Friedrich Wilhelm 1640	1470	
dazu Hinterpommern	368	
Halberstadt	39	
Magdeburg	109	
Minden	24	
Friedrich III./I. 1688	2010	1,4 (?)
dazu Neufchatel	14	
Tecklenburg/Lingen/Mörs	32	
Friedrich Wilhelm I. 1713	2056	1,6
dazu Obergeldern	24	
Vorpommern	96	
Friedrich II. 1740	2176	2,3
dazu Schlesien	688	
Ostfriesland	54	
Mansfeld	8	
West-Preußen	620	
Friedrich Wilhelm II. 1786	3546	5,5
dazu Ansbach–Bayreuth	135	
Thorn/Danzig/ poln. Gebiet	1929	
Verlust: Geldern, Mörs, Cleve z. T.	48	
Friedrich Wilhelm III.	5562	8,7**
dazu aus »Reichs-Deputations-Hauptschluß«	189	
Hannover	569	
Verlust: Ansbach 57 Cleve rechts d. Rheins 22 Neufchatel 14 } 93		
1806	6227	10,8

* 1 Quadratmeile = 56,73 Quadratkilometer
** davon 2,4 Mill. Polen und 0,3 Mill. Juden

Es wurde bereits darauf hingewiesen, daß die Bevölkerungszahlen vor allem von 1640 bis 1688 nur ungewiß bekannt sind.

| Jahr | Zustand | Bataillone Infanterie | | | Schwadronen Reiterei | | | | Kompanien | Gesamtzahl Nominalstärke |
| | | Feld | | Garnison | Kürassiere | Dragoner | Husaren | Lanzenreiter | Technische Truppen | |
		schwer	leicht							
1657/58	Krieg	21		3	54	29			1	26 000
1661	Frieden	14		3	6	6			1	13 000
1678/79	Krieg	37		8	85	29			9	45 000
1688	Frieden	33		8	27	9			8	30 000
1701	Frieden	33		7	26	12			9	29 000
1712/13	Krieg	36		7	28	25			14	38 000
1716	Frieden	55		1	35	20			8	49 000
1740	Frieden	66		10	60	50	6		10	81 000
1756	Frieden	105 (6)	1	40	61	70	80	1	23	158 000
1757	Krieg	151 (29)	5	50	63	71	80	1	24	190 000
1762	Krieg	125 (30)	24	29	63	88	98	14	33	183 000
1764	Frieden	105 (6)	7	30	63	70	80	2	41	151 000
1786	Frieden	117 (7)	14	30	63	70	90	10	57	195 000
1791	Frieden	161 (52)	22	52	63	70	90	10	61	221 000
1806	Frieden	120	27	58	65	80	95	15	69	235 000

Die Kampfstärke einer Armee ergibt sich aus der Zahl der Bataillone (Infanterie) und der Schwadronen (Reiterei), während das »Regiment« nur eine Verwaltungseinheit darstellt, die eine wechselnde Zahl von Bataillonen – oft auch nur eins! – bzw. Schwadronen umfaßt.

Diese Kampfeinheiten sind in Kompanien gegliedert, deren Zahl, zumal im 17. Jahrhundert, ebenso variabel ist wie ihre Kopfstärke, doch ergibt sich für ein Bataillon fast immer 400 bis 600 Mann. Die Schwadron hat fast regelmäßig nur 2 Kompanien, die aber in der gleichen Frühzeit von 50 bis 100 Köpfen variieren können – nur selten mehr; in der Tabelle sind deshalb, um einen Vergleich mit den Schwadronen des 18. Jahrhunderts zu ermöglichen, Kompanien von mindest 100 Köpfen als ganze Schwadronen gerechnet.

Die Grenadiere bildeten seit 1735 eigene Kompanien. Sie traten bei den Garnisontruppen ab 1742 schon im Frieden zu besonderen Grenadier-Bataillonen zusammen – bei der Feldinfanterie dagegen bis 1787 nur im Krieg oder zu großen Manövern. In der Tabelle wird deshalb bei den Bataillonszahlen der Feldinfanterie der jeweilige Anteil der Grenadier-Bataillone von 1756 bis 1786 in Klammern beigefügt. Von 1787 bis 1798 hatte jedes Regiment auch im Frieden sein eigenes Grenadier-Bataillon, aber 1798 kehrte man zur alten Organisation zurück.

An die Stelle einer besonderen Garnison-Infanterie traten seit 1787 zunächst die »Depot-«, später »III. Bataillone« der (Feld-)Infanterie-Regimenter.

Die Jahresübersichten sind so gewählt, daß sie charakteristische Situationen oder Zustände verdeutlichen – also Kriegsanstrengungen oder Meilensteine einer organischen Entwicklung. So dokumentiert 1688 die Bemühungen des Großen Kurfürsten; 1716 und 1740 umschließen die Friedensarbeit des Soldatenkönigs, während 1701 und 1756 die Differenz der Ausgangspositionen belegen, auf denen zwei ebenso differente Herrscher den heraufziehenden Kriegssturm erwarten. 1757 enthält *schon* die gesamte Truppenvermehrung vom 1. März d. J. und *noch* die sächsischen »Beutepreußen« von Pirna.

Der vertikale Vergleich der Ziffern belegt den beginnenden Siegeszug der Technik schon im 18. Jahrhundert: Das Gewehr wird wichtiger als der Reiterdegen, und die Zunahme der Technischen Truppen, also der Artillerie, ist erstaunlich.

III. Militärlasten 1688–1805

	Einwohner (Millionen)	Heer (Tausend)	Prozent der Bevölkerung	Staatseinnahmen (Millionen Taler)	Militärausgaben (Millionen Taler)	Prozent des Etats	Militärlast (Taler/Kopf u. Jahr)
1688	1,4 (!)	30	2,3	?	1,1	?	0,8
1713	1,6	38	2,4	4,1	1,8	44 %	1,1
1740	2,3	81	3,5	6,9	5,0	72 %	2,2
1786	5,5	195	3,5	19,6	12,3	63 %	2,2
1805	9,8	235	2,4	27,0	16,6	61 %	1,7

Auch diese Tabelle leidet unter der Unsicherheit der Einwohnerzahlen, die selbst 1806 noch etwas different angegeben werden, wenn auch mit abnehmender Breite der Abweichungen.

Für 1688 liegt keine genügend sichere Aufrechnung der Staatseinnahmen vor.

1713 ist ein Kriegs- bzw. Nachkriegsjahr, während den übrigen Vergleichsjahren Friedensperioden vorangehen.

1805 wurde statt 1806 gewählt, weil durch die Übernahme von Hannover die Bevölkerungsziffer einseitig verändert wurde, ohne daß diese Erwerbung sich in Heeresstärke, Einnahmen oder Militärausgaben noch hätte auswirken können; rechnet man den Bevölkerungszuwachs von etwa 1 Million hinzu, so sinkt der prozentuale Militärdienst und die finanzielle Militärlast pro Kopf für 1806 noch weiter ab.

Es zeigt sich, daß relativ geringe Militärlasten weder eine günstige wirtschaftliche Situation markieren (1713) noch eine gute finanzielle Reservekraft: 1806 traf die Katastrophe einen Staat, der seine Sicherheitsaufwendungen reduzieren mußte, weil ihn die zivilen Aufgaben in den neu erworbenen Ostgebieten überforderten.

Auch hier sei noch einmal darauf hingewiesen, daß der Staatshaushalt mit seinen Einnahmen und Ausgaben nur etwa die Hälfte des Gesamthaushalts in modernem Sinne darstellt; die andere Hälfte erledigten zahlreiche Körperschaften sozusagen in finanziellem Eigenleben (vgl. S. 62).

Zu den Quellen

Dem Versuch, vergangenes Geschehen neu und möglichst unabhängig zu durchdenken, kann die Literatur – vor allem die sekundäre – nur Handlangerdienste leisten – allerdings äußerst wichtige: nachdem die originalen Zeugnisse deutscher Geschichte durch die Zeitereignisse stark gemindert wurden, finden sich Belege oft nur noch in der Literatur überliefert.

Da der vorliegende Band bewußt auf Einzelnachweise verzichtet hat, wäre der Versuch müßig, die etwa 2000 katalogisierten Titel zur altpreußischen Allgemein- und Militärgeschichte aufführen zu wollen. Diese Belegstellen für die dargelegten Fakten, Zusammenhänge und Entwicklungen hätten für den angesprochenen Leserkreis das Interesse wohl überfordert; wer sie vermißt, wird sie finden in den Bänden der Gesamtreihe »Das Altpreußische Heer...« – zumal für die entscheidende Zeit des frühen 18. Jahrhunderts massiert in der Dokumentensammlung und den Verweisen des Bandes »Der altpreußische Stilbruch von 1718 und seine historisch-politische Bedeutung«, dessen Erscheinen vorbereitet wird.

All diese Unterlagen – und damit auch die Quellen des hier vorgelegten Bandes – sind im wesentlichen vereinigt in einem Archiv zum »Militärwesen des Ancien Regime«, das den letzten Krieg, aber auch die Nachkriegsjahre überdauerte – zunächst bei Papiermüllern, später bei Antiquaren erheblich angereichert; dabei wurde dem ökonomisch-soziologischen Hintergrund die gleiche Aufmerksamkeit gewidmet wie den Fakten des eigentlichen Heerwesens.

Daß ein solches, zur Zeit noch privates, Archiv den früheren Reichtum preußischer Archive, Bibliotheken und Museen nicht voll ersetzen kann, liegt auf der Hand. Daß zur Zeit eine bessere Grundlage noch zu finden wäre, bedürfte des Beweises.

248

Weiterführende Literatur

»Die Pflichten eines Soldaten sind unzählich; Seine Lebenszeit ist zu kurtz, sie einzusehen, die gröste Fähigkeit ist nicht hinlänglich, sie alle zu erfüllen«, resigniert das sächsische Exerzier-Reglement von 1753 schon im ersten Satz, und wer die Gesamtliteratur preußischer Geschichte auch nur »lesen« wollte, würde ihm rasch beistimmen: die Druckwerke über Entwicklung, Zustand und Nachwirkung Preußens sind nur noch nach Quadratmetern Bücherwand zu berechnen, und wie einst im Staate selbst, so nimmt noch in diesem Erbe sein Heer einen hervorragenden Platz ein.

Eine solche Fülle mag der Wissenschaft dienen, überfordert jedoch ein freundliches, aber im Zeitaufwand begrenztes Interesse. Schon die dreibändige »Geschichte der preußischen Armee« von C. Jany ist ein auf den ersten Blick recht »schwerwiegendes« Werk, erfrischt aber den Leser durch die Kunst, die Fülle der Einzelheiten in flüssiger und fesselnder Darbietung zu bändigen; bei absoluter Zuverlässigkeit im Sachlichen überrascht das etwa ab 1900 entstandene, 1929 publizierte Werk dadurch, daß auch Probleme erkannt und fundiert behandelt werden, die uns erst in späteren Jahrzehnten wichtig wurden – wie etwa soziologische Aspekte.

Am anderen Pol literarischer Bemühung erscheint für intensivstes Studium von Einzelfragen zur Zeit ein auf 30 Bände angelegtes Spezialwerk »Das Altpreußische Heer, Erscheinungsbild und Wesen 1713/1806«; in seinen Quartbänden würdigen Fachleute neben den materiellen Fakten der Ausrüstung und Bewaffnung, der Uniformen, Fahnen etc. vor allem die ökonomischen und sozialen Grundlagen dieser Armee, unter möglichst erschöpfender Nutzung aller noch greifbaren Quellen. Eine Taschenbuchreihe »Altpreußischer Kommiß – offiziell, offiziös und privat« stellt zeitgenössische Einzelschriften zum Thema zur Verfügung.

Für die Schlüsselfigur altpreußischen Militärwesens, den Soldatenkönig Friedrich Wilhelm I., blieb durch Jahrzehnte von hohem Wert Jochen Kleppers »Der Vater«. Dieser angebliche Roman soll auf einem vielbändigen Geheimtagebuch des Königs beruhen, das Klepper entzifferte und veröffentlichen wollte. Leider bestand sein Verlag auf einem »Roman«, und das Tagebuch ist inzwischen – wie so vieles – verschollen. Hilfsweise sei verwiesen auf C. Hinrichs »Friedrich Wilhelm I.« (Hamburg 1941); leider liegt nur der erste Band der umfassend geplanten Biographie vor, also die Kronprinzenzeit bis 1713.

Das ist wenig für eine solche Persönlichkeit, aber auch in der Sekundärliteratur steht – allgemeingeschichtlich mit Recht – die Gestalt des »großen Friedrich« im Mittelpunkt, wobei sich – um neuere Autoren zu nennen – der Bogen von L. Reiners »Friedrich« (München 1952) bis zu R. Augsteins »Preußens Friedrich und die Deutschen« (Frankfurt 1968) spannt. Der Armee wird auch hier stets ihr Anteil gewidmet, meist jedoch gebunden an Vorstellungen, die den Erkenntnissen nicht mehr standhalten: wer heute noch von einer »Armee der Junker« spricht, hat die tieferen politischen und ökonomischen Bindungen dieses Staates nicht berücksichtigt.

Für die Entwicklung des Staatsapparates, also auch für seine Verflechtung mit dem Heerwesen, gibt eine Übersicht von der frühen brandenburgischen Zeit bis 1870 nach Originalakten die Arbeit von G. Schmoller »Preußische Verfassungs-, Verwaltungs- und Finanzgeschichte« (Berlin 1921); das Buch ist schwer erhältlich, doch ist ein Reprint vorgesehen, sobald es gelingt, die seinerzeit bei Drucklegung weggelassenen Quellenangaben zu eruieren.

Ausgehend vom Grundsatz, dem Leser im Widerstreit der Meinungen ein eigenes Bild zu ermöglichen, sei zu diesem Bereich auf ein weiteres beachtliches Buch verwiesen, das die Soziologie des preußischen Heeres, ihre Voraussetzungen und Auswirkungen recht anders sieht: O. Büsch »Militärsystem und Sozialleben im alten Preussen 1713–1807« (Berlin 1962). Eine Nachprüfung der Quellenverweise ergibt jedoch, daß es entscheidend die ständischen »Gravamina«, insbesondere die von 1740 heranzieht, also die Klagen der egoistisch interessierten adeligen Landstände, mit denen sie die alte »Untertänigkeit« ihrer Bauern zurückverlangten. Ihre Beschwerden spiegeln also – entgegen Büsch – nicht eigentlich staatliche Kalamitäten, sondern sollen klassengebundene Adelsziele begründen.

Zu Verfall und Katastrophe Altpreußens bieten sich als besonders eingängige Zeitbelege Publikationen an wie die »Vertrauten Briefe« oder die »Feuerbrände« des Kriegsrats v. Coelln. Anders als in den oft ledernen Staatschriften, »Briefen« o. ä. zum Siebenjährigen Krieg ist hier bereits ein Journalismus im modernen Sinn am Werk, dessen Urteile und Absichten auch dort interessant bleiben, wo sie zu weit gehen.

Will man den Bogen noch weiter spannen, so sei als Faktensammlung die »Geschichte des Preußischen Staates« von E. Berner empfohlen. Für das 18. Jahrhundert greifen zeitlich wie sachlich über die Person ihres Helden hinaus »Friedrich der Große« von J. D. E. Preuß (Berlin 1832/34), der Querschnitte mit einer ungeheuren Fülle von Belegmaterial gibt.

Carlyle bezeichnet ihn deshalb in seinem sechsbändigen Werk gleichen Titels (Berlin 1858–69) schlichtweg als »Dr. Staubtrocken« (dry as dust) und ist selbst tatsächlich auch heute noch ungleich flüssiger zu lesen. R. Kosers Biographie Friedrichs II. (Stuttgart und Berlin 1904/05) ist noch immer ein wissenschaftlich bemühtes Standardwerk – auch wenn man heute an dieser oder jener zeitgebundenen Meinung Zweifel hegt.

Bibliographische Daten

Jany, Kurt
»Geschichte der Königlichen Preußischen Armee«
Berlin 1928/29 (Karl Siegismund Verlag)
Reprint Osnabrück 1967 (Biblio Verlag)

»Das Altpreußische Heer – Erscheinungsbild und Wesen 1713–1807« Osnabrück 1970 ff
(Biblio Verlag)
Bisher erschienen:

Teil I	Band 1	Uniformentwicklung
	Band 2	Ökonomie-Reglements
Teil II	Band 1	Bibliographie der Truppengeschichten
Teil III	Band 1	Dessauer Spezifikation 1729
	Band 2	Dessauer Spezifikation 1737
	Band 3	Uniformen der Infanterie 1753/86
Teil IV	Band 1	Infanterie, allgemeiner Teil
	Band 4	Zelt und Lager
	Band 8	Handfeuerwaffen
Teil V	Band 1	Musik der Spielleute
Teil VIII	Band 1	Armeegeschichte d. Herzogs v. Bevern

Klepper, Jochen
»Der Vater«
Stuttgart/Berlin 1937
(Deutsche Verlags-Anstalt)

Reiners, Ludwig
»Friedrich«
München 1952 (C. H. Beck Verlag)

Augstein, Rudolf
»Preußens Friedrich und die Deutschen«
Frankfurt 1968 (S. Fischer Verlag)

Schmoller, Gustav
»Preußische Verfassungs-, Verwaltungs- und Finanzgeschichte«
Berlin 1921 (Verlag der Täglichen Rundschau)

Büsch, Otto
»Militärsystem und Sozialleben im alten Preussen«
Berlin 1962 (Walter de Gruyter Verlag)

v. Coelln, Friedrich
»Vertraute Briefe über die inneren Verhältnisse am Preußischen Hofe seit dem Tode Friedrichs II.«
Amsterdam und Coelln 1807–1809
(Peter Hammer Verlag)

v. Coelln, Friedrich
»Neue Feuerbrände«
Amsterdam und Coelln 1807/08
(Peter Hammer Verlag)

Berner, Ernst
»Geschichte des Preußischen Staates«
München und Berlin 1891
(Verlagsanstalt für Kunst und Wissenschaft)

Preuß, J. D. E.
»Friedrich der Große«
Berlin 1832–1834 (Verlag Nauck)

Carlyle, Thomas
»Geschichte Friedrichs II. von Preußen genannt Friedrich der Grosse«
Berlin 1858–1869 (Verlag R. v. Decker)

Koser, Reinhold
»König Friedrich der Große«
3. Aufl. Stuttgart und Berlin 1904/05
(Verlag Cotta)

Namen-, Orts- und Sachregister

Die *kursiv* gesetzten Ziffern verweisen auf Abbildungen.

Aachen, Friede zu 122
Absolutismus 21f., 26
Academie Militaire 74
Accada 32
Adel 16, 18, 22ff., 55, 58, 60, 73ff., 152f., 225, 236
Akzise 24ff., 62, 72, 87
Albemarle, Arnold Joost van Keppel 56
Alexander der Große 120
Altenzaun 237
Amsterdam 32, 38, 210
Anhalt, Leopold von 190
Ansbach 129
Aquino, Thomas von 127
Arkebuse 19, 21
Arnim, Generalleutnant von *76, 77*
Artillerie 19, 28, 31, 50, 56, 103, 113, 130, 137, 161, 170, 177f., 180, 211
Auerstedt 157, 236
Aufklärung 39, 224, 228
August der Starke, König von Polen 61
August Wilhelm von Preußen, Prinz, Bruder Friedrichs II. *87, 156*, 156, 190
August Wilhelm von Preußen, Prinz *241*
Ausländer 69f., 72, 148, 211
Axim 32

Bajonett 45, 110, 160f., 181
Barbarina (Barbara Campini) 190
Bauernbefreiung 58
Bayern 26, 121, 215
Bayreuth 129
Bayreuth, Markgraf Friedrich von 75
Befreiungskriege siehe Freiheitskriege
Belgien 38
Belling, Wilhelm Sebastian von 154, 191, 202
Berenhorst, von, Flügeladjutant 123f.
Berlin 17, 25, 28, 50, 55, 72, 77, 81, 98, 100, 125f., 130f., 145, 147, 150, 160, 174, 190, 203, 211, 214, 219, 236f.
Beurlaubte 70, 151, 160
Bevern, Herzog von 190
Blitzkrieg 160, 177, 185f.
Blücher, Gebhard Leberecht von 154, 202, *208*, 240, 243, *244*
Böhmen 121, 190
Bosniaken siehe Ulanen
Botzheim, Oberst von *74*
Bournonville, General 28
Bräker, Ulrich 131, 148, 162
Brandenburg 9, 12f., 15, 17, 19, 21f., 24, 27ff., 30ff., 34, 39f., 128

Brandenburg-Schwedt, Markgraf Albrecht von *78*
Brandenburg-Schwedt, Markgraf Christian Ludwig von *47*
Brandenburg-Schwedt, Markgraf Philipp von *46*, 55, 69, 192
Braunschweig-Wolfenbüttel, Carl Wilhelm Ferdinand von 157
Braunschweig-Wolfenbüttel, Ferdinand von 157, *159*, 191, 193
Bredow, Oberst von *74*
Bremen 29
Breslau 89, 130f., 185, 192
Buddenbrock, Baron Heinrich Magnus von 130
Bürgertum 76f.
Buhrmann 162
Bunzelwitz 208
Burgsdorff, Conrad von *17*, 17f.
Burkersdorf 186, 208

Cammin 15
Casanova, Giovanni Jacopo de Seingalt 74
Chargieren 66f., 158
Chotusitz 70
Clausewitz, Karl von 229
Cleve, Herzogtum 9, 12, 221
Constitutio Criminalis Carolina 150
Cosel 198, 243
Cosel, Anna Konstanze Reichsgräfin von 61
Crossen 31
Czarn-Damerow 74
Czwiczek, Matthias 19

Daegen, Dismar 89
Dänemark 28, 55, 208
Danckelmann, Kanzler 39
Danzig 243
»Defensiöner« 15, 23
Defensionswerk 15
Degen 46, 110f.
Derfflinger, Georg von 29, *30*, 31
Dohna, Alexander, Burggraf und Graf zu 18
Dohna-Coppet, Graf 54
Dominicus 162
Dossow, von, General 130
Dragoner 19, 43, 46, 52, 103f., 113, 126, 131f., 137, 180
Dreißigjähriger Krieg 9, 12, 16, 26, 39, 55, 130, 164
Dresden 99, 122
Dreyse, Nikolaus von 230

Elisabeth, Zarin von Rußland 129, 208
Elsaß 28
Emden 34
England 32, 38, 55, 81, 121f., 205, 208, 210, 232
Enrollierte 58, 70ff., 152
Ephraim, Münzjude 203
Erfurt 243

Eugen, Prinz von Savoyen 50, 56, 80, 121
Exerzierhäuser 137, 147
Fahnen siehe Feldzeichen
Fassman, David 89
Fehrbellin 29, 31, 50
Feldregiment 56
Feldzeichen *18*, 42f., 52, *62, 63, 64, 122*, 124ff., 164, *221*
Ferdinand, Prinz von Preußen 87, *155*, 155
Finck von Finkenstein, Graf 190f.
Flandern 39
Folard 232
Fontenoy 180
Fouquet, General 190
Frankfurt a.d. Oder 17, 25, 190
Frankreich 21, 26f., 29f., 38f., 50, 52, 54f., 58, 80f., 83, 121f., 127, 157, 174, 192, 202, 205, 210, 216, 218, 224, 232
Fraustadt 55
Freiberg 186, 199
Freiheitskriege 221, 237
Freikorps, -bataillone 106, 191, 196, 198, 203, 205
»Freiwächter« 148
Freiwillige 78, 174
Friedrich I., König in Preußen 34, 38, 41, 52, 128f.
Friedrich II., König in Preußen 8, 38, 54, 58, 60, 67, 69, 72, 74ff., 78, 80f., *86, 87*, 87, 89, 91, 92, *120*, 120ff., 127f., 132, 154f., 157, 171, 186, 190f., 197, 202, 208, 210, 215f., 218, 221, 224f.
Friedrich III., Kurfürst von Brandenburg siehe Friedrich I., König in Preußen
Friedrich Wilhelm, Kurfürst von Brandenburg (Der Große Kurfürst) 12, *15, 16*, 18, 25, 27ff., 31f., 34, 38, 92, 128
Friedrich Wilhelm I., König in Preußen (Soldatenkönig) 8, 34, 38f., 46, *50*, 51, 54, *57*, 58, 63, 65, 67, 73, 75, 79f., 82, 87, 89, 99f., 126ff., 130, 155, 174, 190, 192
Friedrich Wilhelm II., König in Preußen 129, 154, 156, 218, *219*, 219, 221
Friedrich Wilhelm III., König in Preußen 158, 219, *221*, 221
Füsil 45, 103, 110, 230
Füsiliere 103, 221

Gallas, Matthias Graf von Campo 12
Garden 56
»Garnisöner« 194
Gent 127
Georg Wilhelm, Kurfürst von Brandenburg 16
Geworbene 72
Glatz 138, 243
Glogau 178

251

Bildnachweis

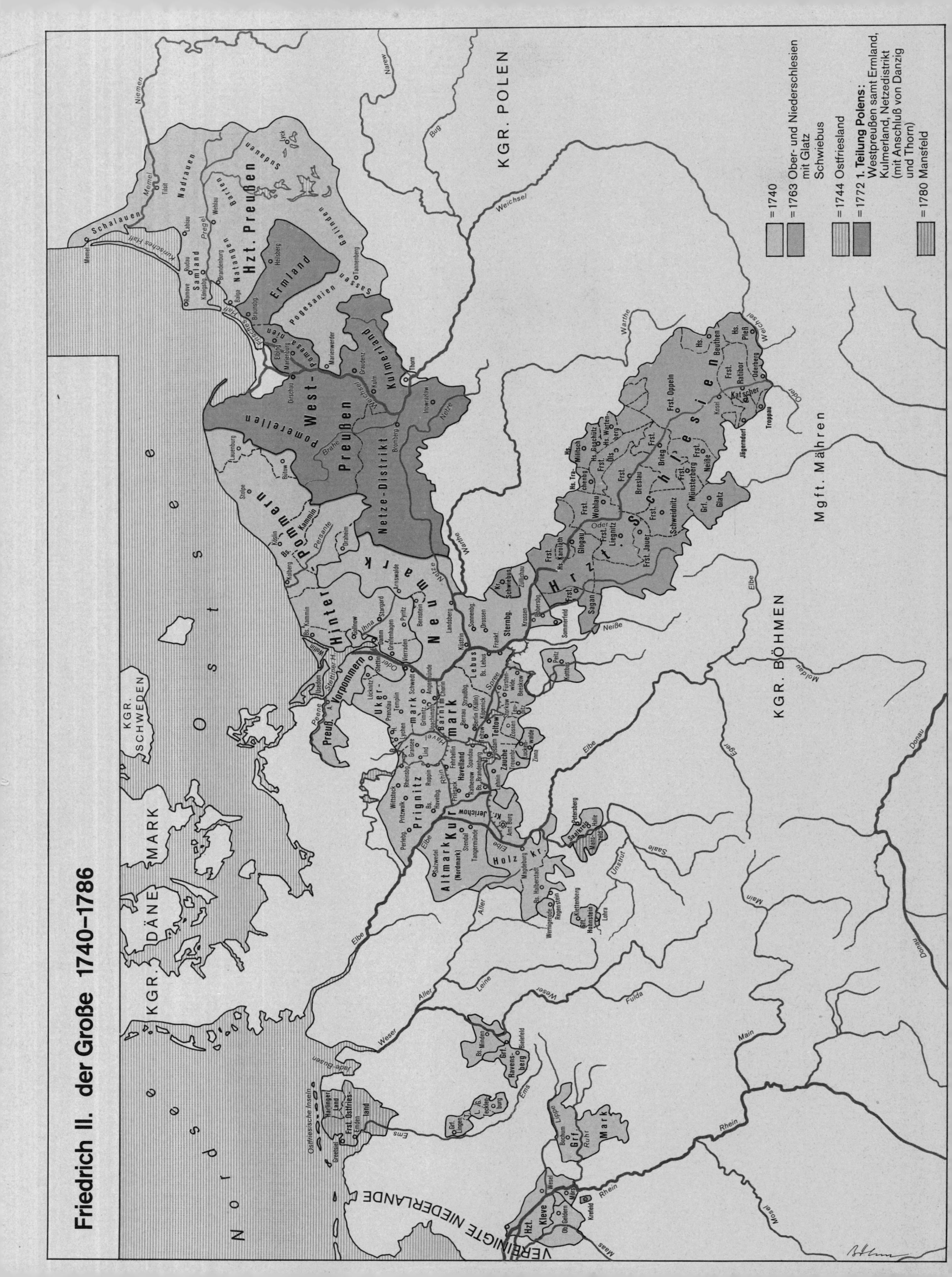

Friedrich II. der Große 1740–1786

Legende:

- = 1740
- = 1763 Ober- und Niederschlesien mit Glatz Schwiebus
- = 1744 Ostfriesland
- = 1772 1. Teilung Polens: Westpreußen samt Ermland, Kulmerland, Netzedistrikt (mit Anschluß von Danzig und Thorn)
- = 1780 Mansfeld